빠작 어휘 퀴즈

다음 자음자와 힌트를 보고, 문장을 완성해 보세요.

---

01 강이 있는 지역에 [ㅁ][ㅁ] 이 생겼다.

힌트 [한자어] 사람의 사회적·기술적·정신적 생활이 발전한 상태.

---

02 우리 조상은 눈부신 [ㅁ][ㅎ][ㅇ][ㅅ] 을 많이 남겨 주었다.

힌트 [한자어] 앞의 세대에게서 물려받은 가치 있는 문화적 재산.

---

03 내 초록색 색연필과 네 분홍색 사인펜을 [ㄱ][ㅎ] 하자.

힌트 [한자어] 물건이나 정보 등을 서로 맞바꾸거나 주고받는 것.

---

04 우리 가족은 옆집 가족과 자주 만나 활발하게 [ㄱ][ㄹ] 했다.

힌트 [한자어] 문화나 사상 따위가 서로 통함.

---

05 아버지께서는 아파트 [ㅈ][ㅁ] 대표로 뽑히셨다.

힌트 [한자어] 일정한 지역에 살고 있는 사람.

---

06 대도시에 [ㅈ][ㄱ] 하던 사람들이 도시 바깥쪽으로 이동했다.

힌트 [한자어] 일정한 곳에 머물러 삶. 또는 그런 집.

정답 01 문명 02 문화유산 03 교환 04 교류 05 주민 06 주거

07 책을 많이 읽는 것은 생각하는 힘을 키우는 것에 ㅇ ㅇ 하다.

[한자어] 이롭거나 도움이 될 만한 것이 있음.

08 나에게는 남들과는 다른 ㅇ ㅂ 난 취미가 있다.

[한자어] 여느 것과 두드러지게 다름.

09 서류를 먼저 ㅈ ㅅ 해야 통장을 만들 수 있다.

[한자어] 원고·서류·계획서 등을 만드는 것.

10 이 약은 나쁜 균을 없애는 ㅈ ㅇ 을 한다.

[한자어] 어떠한 현상이나 행동을 생기게 하는 것, 또는 그런 현상이나 행동.

11 우리나라는 정월 대보름에 견과류를 깨물어 먹는 ㅍ ㅅ 이 있다.

[한자어] 오래전부터 지켜 내려오는 사회적 풍속이나 관습.

12 해가 지는 날에 보았던 바다는 내가 보았던 ㅍ ㄱ 중에서 가장 아름다웠다.

[한자어] 아름다운 경치.

13 환경을 잘 ㅂ ㅈ 해야 멸종 위기 동물을 보호할 수 있다.

[한자어] 잘 보호하고 간수하여 남김.

14 ㅂ ㅇ 이 철저해야 정보가 새어 나가는 것을 막을 수 있다.

[한자어] 안전을 유지함.

정답 07 유익 08 유별 09 작성 10 작용 11 풍습 12 풍경 13 보존 14 보안

15 누나는 방에 세계 [ㅈ][ㄷ]를 걸어 두었다.

힌트 [한자어] 지구 표면의 상태를 일정한 비율로 줄여, 이를 약속된 기호로 평면에 나타낸 그림.

16 서울특별시 송파구는 '몽촌', '이동', '탄천'이라는 [ㅈ][ㅁ]을 거쳐 지금의 이름이 되었다.

힌트 [한자어] 마을이나 지방, 산천, 지역 따위의 이름.

17 봉사 동아리에 [ㅈ][ㅇ]하는 사람이 많다.

힌트 [한자어] 어떤 일을 자기 스스로 하고자 하여 나섬.

18 [ㅈ][ㅇ][ㅈ][ㅎ]인 홍수 때문에 도로가 물에 잠겼다.

힌트 [한자어] 태풍, 가뭄, 홍수, 지진, 화산 폭발, 해일 따위의 피할 수 없는 자연 현상으로 인하여 일어나는 재해.

19 반의 대표를 뽑는 일은 보통 학생들의 [ㅌ][ㅍ]로 진행된다.

힌트 [한자어] 선거를 하거나 여럿이 어떤 일을 의논하여 정할 때 자기의 의사를 일정한 방법에 따라 나타내는 것, 또는 그런 의사를 표시한 쪽지.

20 의사 선생님은 나에게 진통제를 [ㅌ][ㅇ]하셨다.

힌트 [한자어] 약 따위를 환자에게 복용시키거나 주사함.

21 그는 자신한테만 유리하게끔 [ㅍ][ㅂ]을 사용했다.

힌트 [한자어] 정상적인 절차를 따르지 않은 간편하고 손쉬운 방법.

22 우리 학교에는 도서관, 수영장 등 다양한 [ㅍ][ㅇ] 시설이 갖추어져 있다.

힌트 [한자어] 형편이나 조건 따위가 편하고 좋음.

정답 15 지도 16 지명 17 자원 18 자연재해 19 투표 20 투여 21 편법 22 편의

23 콩이 들어간 음식이라면 다 맛이 없다는 생각은 ㅍ ㄱ 이다.

힌트 [한자어] 공정하지 못하고 한쪽으로 치우친 생각.

24 할머니, 할아버지께서 나보다 내 동생을 ㅍ ㅇ 하는 것 같아 속상하다.

힌트 [한자어] 어느 한 사람이나 한쪽만을 치우치게 사랑함.

25 쌀을 ㄱ ㄱ 하면 떡이나 빵 등의 식품을 만들 수 있다.

힌트 [한자어] 원료나 재료에 기술과 힘을 들여 새로운 물건으로 만드는 것.

26 과학 시간에 알코올램프로 비커에 있는 액체를 ㄱ ㅇ 하여 실험했다.

힌트 [한자어] 어떤 물질에 열을 가함.

27 방 안이 추운 것을 보니 보일러가 고장이 나서 ㄴ ㅂ 이 안 되는 것 같다.

힌트 [한자어] 실내의 온도를 높여 따뜻하게 하는 일.

28 지구의 ㅇ ㄴ ㅎ 로 인해 북극의 빙하가 더욱 빠르게 녹고 있다.

힌트 [한자어] 지구의 기온이 높아지는 현상.

29 이 가방은 주머니가 많아서 ㅅ ㄴ 할 수 있는 공간이 많다.

힌트 [한자어] 받아서 넣어 둠.

30 나는 ㅅ ㄷ ㅈ 인 모습에서 벗어나 적극적으로 놀이를 즐겼다.

힌트 [한자어] 자기 힘이 아니라 남의 힘을 받아 움직이는 것.

정답 23 편견 24 편애 25 가공 26 가열 27 난방 28 온난화 29 수납 30 수동적

31 이 건물은 ⬜ㅎ ⬜ㅌ 가 특이하다.

힌트 [한자어] 사물의 생김새나 모양.

32 그는 세상이 돌아가는 ⬜ㅎ ⬜ㅍ 을 알기 위해 신문을 열심히 읽었다.

힌트 [한자어] 일이 되어 가는 상태나 경로 또는 결과.

33 ⬜ㅅ ⬜ㄱ 들은 비행기 표를 보면서 자신의 자리를 찾았다.

힌트 [한자어] 버스·기차·지하철·비행기·배 등의 탈것을 타는 손님.

34 ⬜ㅅ ⬜ㅁ ⬜ㅇ 은 승객 앞에서 구명조끼를 입는 방법을 보여 주었다.

힌트 [한자어] 비행기·기차·배 등에서 운항과 승객에 관한 일을 맡아보는 사람.

35 건강이 좋지 않아 야구 대회 때 실력을 제대로 ⬜ㅂ ⬜ㅎ 하지 못했다.

힌트 [한자어] 재능, 능력 따위를 떨치어 나타냄.

36 서로 편지를 주고받은 것을 ⬜ㅂ ⬜ㄷ 으로 친구와 교환 일기를 쓰게 되었다.

힌트 [한자어] 어떤 일이 벌어지게 된 이유. 일의 시작.

37 집중 호우가 시작되자 주민들은 모래주머니를 쌓아 ⬜ㅊ ⬜ㅅ 를 대비했다.

힌트 [한자어] 홍수나 큰비로 물이 넘쳐서 집·밭·시설 등이 물에 잠기는 것.

38 병원균이 몸속에 ⬜ㅊ ⬜ㅌ 했다.

힌트 [한자어] 세균이나 병균 따위가 몸속에 들어옴.

정답 31 형태 32 형편 33 승객 34 승무원 35 발휘 36 발단 37 침수 38 침투

39 여러 나라의 생활 문화를 배우며 문화의 ㄷㅇㅅ 을 엿볼 수 있었다.

힌트 [한자어] 모양, 빛깔, 형태, 양식 따위가 여러 가지로 많은 특성.

40 ㄷㄱㅎ 에는 삼각형, 사각형, 오각형 등이 있다.

힌트 [한자어] 세 개 이상의 선으로 둘러싸인 평면 도형.

41 상황이 지금 잘못된 것처럼 보여도 결국에는 ㅅㅍㄱㅈ 이 될 것이다.

힌트 [한자 성어] 모든 일은 반드시 바른길로 돌아감.

42 ㄱㅈㄱㄹ 라더니, 힘든 일 뒤에 이렇게 좋은 날도 오는구나.

힌트 [한자 성어] 쓴 것이 다하면 단 것이 온다는 뜻으로, 고생 끝에 즐거움이 옴을 이르는 말.

43 ㅊㅊㅅㅇ 이라더니, 그의 말을 듣고 뜨끔하여 반성한 사람들이 많다.

힌트 [한자 성어] 한 치의 쇠붙이로도 사람을 죽일 수 있다는 뜻으로, 간단한 말로도 남을 감동하게 하거나 남의 약점을 찌를 수 있음을 이르는 말.

44 거짓말이 탄로 나자 친구는 ㅇㄱ ㅁㅇ 이었다.

힌트 [한자 성어] 입은 있어도 말은 없다는 뜻으로, 변명할 말이 없거나 변명을 못함을 이르는 말.

45 그는 낮에는 일하고 밤에는 공부를 하면서 ㅈㄱㅇㄷ 으로 대학에 합격했다.

힌트 [한자 성어] 낮에는 농사짓고, 밤에는 글을 읽는다는 뜻으로, 어려운 여건 속에서도 꿋꿋이 공부함을 이르는 말.

46 그는 항상 책을 들고 다니면서 ㅅㅂ ㅅㄱ 하였다.

힌트 [한자 성어] 손에서 책을 놓지 아니하고 늘 글을 읽음.

정답 39 다양성　40 다각형　41 사필귀정　42 고진감래　43 촌철살인　44 유구무언　45 주경야독　46 수불석권

47 나 역시도 다른 사람과 다를 바 없는 [ㄱ][ㄴ][ㅇ][ㄴ] 의 하나일 뿐이다.

[힌트] [한자 성어] 갑이란 남자와 을이란 여자라는 뜻으로, 평범한 사람들을 이르는 말.

48 그는 우리 주변에서 흔히 볼 수 있는 [ㅈ][ㅅ][ㅇ][ㅅ] 중 한 사람이다.

[힌트] [한자 성어] 장씨의 셋째 아들과 이씨의 넷째 아들이란 뜻으로, 이름이나 신분이 특별하지 아니한 평범한 사람들을 이르는 말.

49 아무리 충고해도 그는 [ㅇ][ㅇ][ㄷ] [ㄱ] 으로 사람들의 말을 들으려 하지 않았다.

[힌트] [한자 성어] 쇠귀에 경 읽기라는 뜻으로, 아무리 가르치고 일러 주어도 알아듣지 못함을 이르는 말.

50 그 아이에겐 나의 의견이 [ㅁ][ㅇ][ㄷ] [ㅍ] 이더라.

[힌트] [한자 성어] 동풍이 말의 귀를 스쳐 간다는 뜻으로, 남의 말을 귀담아듣지 아니하고 지나쳐 흘려버림을 이르는 말.

51 하늘이 무너져도 솟아날 [ㄱ][ㅁ] 은 있다고, 버스를 놓쳐서 늦을 뻔했는데 택시가 바로 와서 학교에 늦지 않았다.

[힌트] [속담] 아무리 어려운 경우에 처하더라도 살아 나갈 방도가 생긴다는 말.

52 고생 끝에 [ㄴ] 이 온다더니, 공부할 때는 힘들었지만 일등을 하게 되어 정말 기쁘다.

[힌트] [속담] 어려운 일이나 고된 일을 겪은 뒤에는 반드시 즐겁고 좋은 일이 생긴다는 말.

53 그때는 내 [ㅋ] 가 석 자여서, 남을 도울 여유가 없었다.

[힌트] [속담] 내 사정이 급하고 어려워서 남을 돌볼 여유가 없음을 비유적으로 이르는 말.

54 오해를 풀기 위해 대화를 하다가 더욱 크게 싸우다니 갈수록 [ㅌ][ㅅ] 이다.

[힌트] [속담] 갈수록 더욱 어려운 지경에 처하게 되는 경우를 비유적으로 이르는 말.

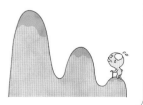

정답 47 갑남을녀 48 장삼이사 49 우이독경 50 마이동풍 51 구멍 52 낙 53 코 54 태산

55 백 번 듣는 것이 ⌈ㅎ⌉ 번 보는 것만 못하다고, 친구가 말해 준 딱지 접는 방법을 직접 보니 이해하기 쉬웠다.

힌트 **[속담]** 듣기만 하는 것보다는 직접 보는 것이 확실하다는 말.

56 서당 개 삼 년에 ⌈ㅍ⌉⌈ㅇ⌉을 읊는다고, 형이 요리하는 모습을 보다 보니 나도 라면은 끓일 수 있게 되었다.

힌트 **[속담]** 어떤 분야에 대하여 지식과 경험이 전혀 없는 사람이라도 그 부문에 오래 있으면 얼마간의 지식과 경험을 갖게 된다는 것을 비유적으로 이르는 말.

57 누나는 고학년이 되자 목에 ⌈ㅎ⌉을 주고 다녔다.

힌트 **[관용어]** 거드름을 피우거나 남을 깔보는 듯한 태도를 취하다.

58 그는 열심히 일해도 목구멍에 ⌈ㅍ⌉⌈ㅊ⌉ 하기 어려웠다.

힌트 **[관용어]** 굶지 않고 겨우 살아가다.

59 그는 그저 ⌈ㅇ⌉만 살아서, 하는 행동에는 변화가 없었다.

힌트 **[관용어]** 말에 따르는 행동은 없으면서 말만 그럴듯하게 잘하다.

60 두 사람이 똑같이 말하는 것을 보니 그들은 이미 ⌈ㅇ⌉을 맞춘 것이 틀림없다.

힌트 **[관용어]** 서로의 말이 일치하도록 하다.

61 친구가 자신의 잘못을 사과해서 ⌈ㅁ⌉ ⌈ㅇ⌉이 풀렸다.

힌트 **[관용어]** 마음속에 맺히거나 틀어졌던 것이 없어지다.

62 내 짝과 나는 ⌈ㅁ⌉⌈ㅇ⌉이 통하는 절친한 친구 사이이다.

힌트 **[관용어]** 서로 생각이 같아 이해가 잘되다.

정답 55 한 56 풍월 57 힘 58 풀칠 59 입 60 입 61 마음 62 마음

빠작 초등 국어 어휘×독해 무료 스마트러닝

첫째 QR코드 스캔하여 1초 만에 바로 강의 시청

둘째 최적화된 강의 커리큘럼으로 학습 효과 UP!

어휘·어법 강의
- 핵심어의 뜻과 쓰임을 통한 어휘 학습법 강의 제공
- 핵심어의 뜻과 주제로 연계되는 확장 어휘 학습 강의 제공

빠작 초등 국어 어휘×독해 3단계 학습 계획표

학습 계획표를 따라 차근차근 어휘 학습을 시작해 보세요.
빠작과 함께라면 어휘, 어렵지 않습니다.

어휘·어법	학습한 날		교재 쪽수	어휘·어법	학습한 날		교재 쪽수
문명	1일차	월 일	012 ~ 015쪽	침투	19일차	월 일	084 ~ 087쪽
교류	2일차	월 일	016 ~ 019쪽	다양성	20일차	월 일	088 ~ 091쪽
주민	3일차	월 일	020 ~ 023쪽	고진감래	21일차	월 일	094 ~ 097쪽
유익	4일차	월 일	024 ~ 027쪽	촌철살인	22일차	월 일	098 ~ 101쪽
작용	5일차	월 일	028 ~ 031쪽	수불석권	23일차	월 일	102 ~ 105쪽
풍습	6일차	월 일	032 ~ 035쪽	갑남을녀	24일차	월 일	106 ~ 109쪽
보안	7일차	월 일	036 ~ 039쪽	마이동풍	25일차	월 일	110 ~ 113쪽
지도	8일차	월 일	040 ~ 043쪽	하늘이 무너져도 솟아날 구멍이 있다	26일차	월 일	116 ~ 119쪽
자연재해	9일차	월 일	044 ~ 047쪽	갈수록 태산	27일차	월 일	120 ~ 123쪽
투표	10일차	월 일	048 ~ 051쪽	백 번 듣는 것이 한 번 보는 것만 못하다	28일차	월 일	124 ~ 127쪽
편의	11일차	월 일	052 ~ 055쪽	목구멍에 풀칠하다	29일차	월 일	128 ~ 131쪽
편견	12일차	월 일	056 ~ 059쪽	입만 살다	30일차	월 일	132 ~ 135쪽
가열	13일차	월 일	060 ~ 063쪽	마음이 통하다	31일차	월 일	136 ~ 139쪽
난방	14일차	월 일	064 ~ 067쪽	단일어, 복합어	32일차	월 일	142 ~ 145쪽
수동적	15일차	월 일	068 ~ 071쪽	유의 관계, 반의 관계, 포함 관계	33일차	월 일	146 ~ 149쪽
형태	16일차	월 일	072 ~ 075쪽	낱말의 활용과 기본형	34일차	월 일	150 ~ 153쪽
승무원	17일차	월 일	076 ~ 079쪽	고유어, 한자어, 외래어	35일차	월 일	154 ~ 157쪽
발휘	18일차	월 일	080 ~ 083쪽				

초등 국어

어휘 X 독해

3 단계
3·4학년

바른 어휘 학습의 빠른 시작,
『빠작 초등 국어 어휘×독해』를 추천합니다

독해력과
어휘력은 따로 떼어
성장시킬 수도 없고,
동시에 향상될 때
확실한 시너지가
생깁니다.

국어 공부를 '공부'라고만 생각하지 않게 해줄 수 있는 책입니다. 재미있게 접근하여 국어를 우리 아이에게 스며들게 해줄 수 있는 책. 꾸준히 차근차근, 탄탄하게 실력을 향상시켜 줄 책이라 추천합니다. 이 책은 기존에 출간된 많은 독해 교재와 어휘 교재들이 채워주지 못했던 독해와 어휘의 균형을 잡아준 교재라 생각합니다. **수능까지 이어지는 독해의 기초를 연관 어휘 공부로 확장해서 단단하게 잡아줄 수 있다는 점이 아주 큰 장점입니다.** 『빠작 초등 국어 어휘×독해』로 공부하면서 아이들은 올바른 국어 독해 공부 방법을 스스로 깨닫게 될 것 같습니다.

김소희 원장 | 한올국어학원

문해력 향상부터
독서와 논술,
나아가 내신 국어와
수능까지 이어지는
국어 학습의 핵심은
단연코 어휘와
독해입니다.

『빠작 초등 국어 어휘×독해』는 어휘와 독해를 유기적으로 연결한 동시에 수준 높은 문제를 출제하여 학습 효과가 탁월합니다. 그리고 독해 파트의 문제들이 어휘 학습의 문제의식을 자극하고, 다양한 방식으로 어휘 학습을 하도록 이어져 자연스럽게 어휘들이 이해되고 오래 기억할 수 있는 효과를 가져다 줍니다. 마지막으로 한자어 학습에 신경 쓴 점도 돋보입니다. 어휘와 독해가 중요하다는 것은 누구나 알지만 그것을 하나의 학습 교재로 풀어내는 일은 쉽게 엄두를 내지 못합니다. 『빠작 초등 국어 어휘×독해』를 공부해야 할 이유입니다.

최성호 원장 | 에이프로아카데미

어휘력을 높일 수
있을 뿐 아니라,
글을 읽고 이해하는
힘인 문해력을 높일
수 있습니다.

아이들에게 어휘 학습이 필요한 이유 중 하나는 글을 잘 이해하기 위함입니다.
『빠작 초등 국어 어휘×독해』는 핵심어를 학습함으로써 비문학 지문 독해법을
학습할 수 있도록 구성되어 있습니다. **한자어, 속담, 관용어 등의 핵심어가 들어간
지문으로 글의 내용을 이해하고 추론할 수 있도록 돕습니다.** 지문을 읽으며 핵심어
가 글 속에서 어떻게 활용되는지 익힐 수 있으며 글의 정확한 이해 또한 가능하
도록 합니다. 이렇게 어휘를 배움으로써 독해 능력을 키우는 것이 가능합니다.
이후, 핵심어의 뜻과 예문을 배운 후 비슷한 뜻의 어휘로 확장하여 학습함으로써
어휘력을 높일 수 있습니다.

박명선 선생님 | 서울방일초등학교

교재만
꼼꼼하게 풀어도
아이 스스로 하는
학습이
가능합니다.

한자어, 한자 성어, 속담, 관용어 등 아이들이 어려워하는 부분들을 모아서 어휘
실력을 골고루 갖출 수 있도록 교재를 체계적으로 구성한 것이 아주 좋습니다.
그리고 **다양한 어휘 유형에서 핵심어를 고르게 선정한 것과 핵심어, 내용 이해, 추
론, 적용, 관계, 심화 등 단계별로 꼼꼼하게 학습이 되도록 구성한 것이 매우 만족스
럽습니다.** 교재만 꼼꼼하게 풀어도 아이 스스로 하는 학습이 가능하도록 되어 있
고, 어휘 학습에서 그때그때 모르거나 어려운 부분을 동영상 강의를 통하여 이해
를 도와주어 완전 학습이 되도록 물샐틈없이 잘 만들어진 교재입니다.

장희원 선생님 | 부민초등학교 외 다수 출강

빠작 초등 국어 어휘×독해

☑ 독해 학습을 통해 학년별 필수 어휘를 이해할 수 있습니다.

☑ 핵심어에 담겨 있는 한자의 뜻이나 주제 중심으로 어휘를 확장 학습할 수 있습니다.

☑ 어휘 문제를 통해 어휘를 완벽하게 소화할 수 있습니다.

단계	대상	구분
1~2단계	1~2학년	한자어 · 속담 · 관용어 + 어법
3~4단계	3~4학년	한자어 · 한자 성어 · 속담 · 관용어 + 어법
5~6단계	5~6학년	한자어 · 한자 성어 · 관용어 + 어법

독해력을 키우는
바른 어휘 학습, 방법이 다릅니다

01

독해 과정에서
핵심어를 정확하게
이해해야 어휘력과
독해력이 향상됩니다.

독해를 곧잘 하는데도 어휘력이 떨어지는 아이들에 대한 부모님의 고민이 많습니다. 어휘력과 독해력 향상이 일치하지 않는 까닭은 어휘와 독해를 따로 학습하기 때문입니다. 독해력과 어휘력을 함께 향상시키려면 독해를 할 때 가장 먼저 지문 속 핵심어를 파악하고 핵심어의 뜻을 유추하면서 지문을 읽어야 합니다. 그리고 핵심어의 정확한 뜻을 이해하고 이를 확장하여 새로운 어휘를 학습하는 것이 효과적입니다.

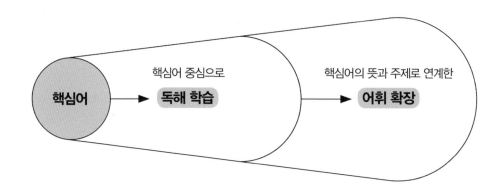

02

한자어, 한자 성어,
속담, 관용어 등
여러 분야의 어휘를
고르게 학습하는
것이 중요합니다.

우리말의 어휘는 70퍼센트 이상이 한자어로 이루어져 있습니다. 특히 학습 개념어나 비문학 글은 대부분 한자어로 이루어져 있기 때문에, 한자어 학습이 꼭 필요합니다. 그리고 한자 성어와 속담, 관용어는 특별한 뜻을 지니고 있어서 학습을 하지 않으면 그 뜻을 짐작하기가 어렵습니다. 이러한 어휘들을 학습하여 일상에서 활용할 때 어휘력을 풍부하게 키울 수 있습니다.

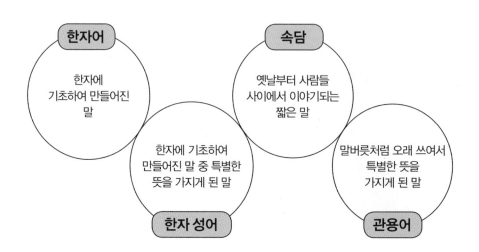

03

하나의 어휘에서
유기적으로 연계하여
어휘를 확장 학습하면
어휘를 오래 기억할 수
있습니다.

한자어는 같은 한자가 들어간 어휘끼리 연계하여 학습하면 그 뜻을 쉽게 이해할 수 있고, 오래 기억할 수 있습니다. 또한 한자 성어는 말이 나오게 된 유래나 쓰임을 이해하고 같은 주제를 가진 한자 성어로 확장하여 학습하는 것이 효과적입니다. 속담이나 관용어는 같은 주제를 가진 어휘들로 연계하여 확장하는 학습이 좋습니다.

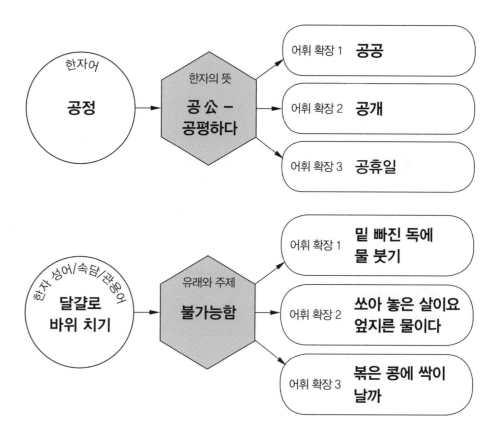

04

어법은 바른 독해와
글쓰기의 기초이므로
반드시 학습해야
합니다.

어법은 우리말의 일정한 법칙입니다. 어법 학습은 낱자의 구조부터 어휘, 문장의 구조까지 이해하는 데 기초가 됩니다. 어법을 알아야 정확하고 바르게 글을 읽고 쓸 수 있습니다. 따라서 초등 국어 교육과정에서 필수로 알아야 하는 어법을 어휘와 함께 학습하는 것이 중요합니다.

구성과 특징

빠작 초등 국어 어휘×독해 3단계는 초등 3~4학년 학생들이 꼭 알아야 하는 필수 어휘를 한자어, 한자 성어, 속담, 관용어에서 선정하여 핵심어로 구성하였습니다. 특히 핵심어를 바탕으로 지문을 정확하게 읽어 내고, 핵심어의 뜻이나 주제와 관련된 어휘를 확장하여 학습함으로써 어휘 학습의 효과를 높이고 독해력을 향상시킬 수 있도록 구성하였습니다.

1 필수 어휘 중심으로 핵심어 31개 선정

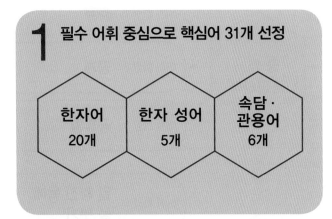

2 핵심어를 바탕으로 독해 학습

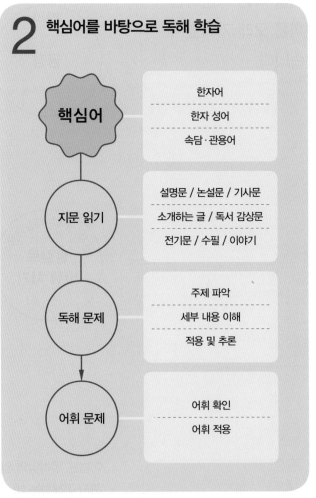

3 핵심어와 관련된 어휘로 확장 학습

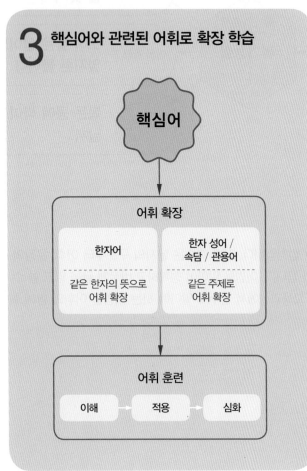

4 독해와 글쓰기의 기본, 어법 학습

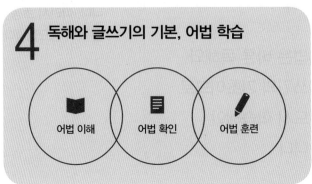

⊙ 한자어, 한자 성어, 속담, 관용어 등 핵심어를 통한 독해 학습

⊙ 독해 문제와 지문 속 어휘 문제

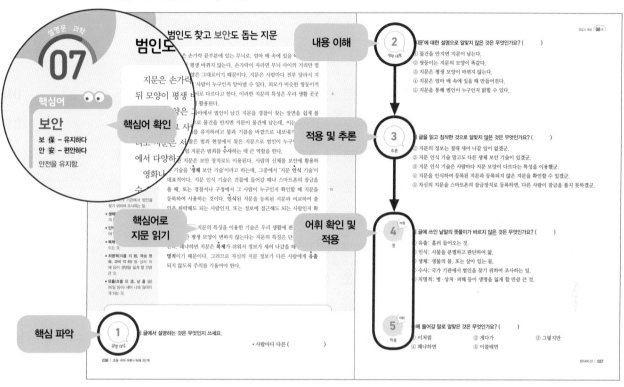

핵심어 확인

핵심어로 지문 읽기

핵심 파악

내용 이해

적용 및 추론

어휘 확인 및 적용

⊙ 핵심어와 관련된 어휘 확장 학습

⊙ 핵심어와 확장된 어휘를 문제로 완벽하게 훈련

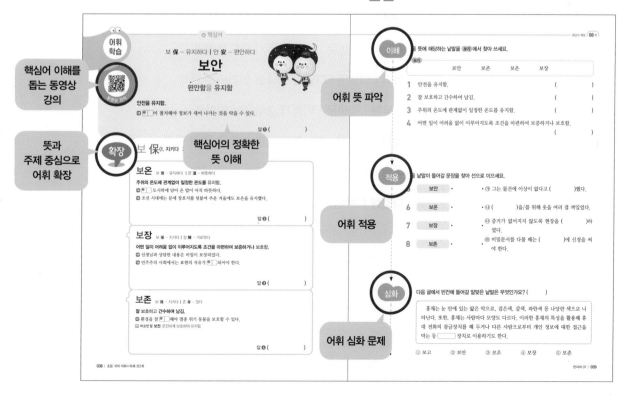

핵심어 이해를 돕는 동영상 강의

뜻과 주제 중심으로 어휘 확장

핵심어의 정확한 뜻 이해

어휘 뜻 파악

어휘 적용

어휘 심화 문제

빠작 초등 국어 어휘×독해 3단계

차례

어휘

어휘

한자어

한자어는 한자에 기초하여 만들어진 말입니다.

12
편견
偏見

11
편의
便宜

10
투표
投票

09
자연재해
自然災害

13
가열
加熱

14
난방
暖房

15
수동적
受動的

16
형태
形態

01 문명 文明
02 교류 交流
03 주민 住民
04 유익 有益
05 작용 作用
06 풍습 風習
07 보안 保安
08 지도 地圖

17 승무원 乘務員
18 발휘 發揮
19 침투 浸透
20 다양성 多樣性

문명의 발생

　자연 그대로의 삶과 다르게 사회적·기술적·정신적으로 발전한 것을 문명이라고 한다. 메소포타미아 문명, 이집트 문명, 인더스 문명, 황허 문명은 세계에서 처음으로 발생한 문명으로, '세계 4대 문명'이라고 불린다. 이들 문명은 모두 큰 강을 끼고 발생했다. 이렇듯 큰 강을 끼고 문명이 발생한 까닭은 무엇일까?　　　　　　　　　　　　　　　　　5

　아주 먼 옛날, 사람들은 사냥과 채집을 하면서 이곳저곳을 떠돌았다. 농사를 짓기 시작하면서 사람들은 농사하기에 좋은 땅을 찾아 한곳에 머물러 살았다. 사람들이 주로 모여 산 곳은 강가였는데, 농사를 지으려면 풍부한 물이 필요했기 때문이다. 그렇게 강 주변에 모여든 사람들은 마을을 형성했고, 점점 더 많은 사람이 모여서 도시가 세워졌다.　　10

　강은 사람들이 생활하는 데 좋은 환경을 만들어 주었다. 강물이 흘러 넘치면 강의 상류로부터 운반되어 온 흙이 땅을 비옥하게 하여 농사가 잘되었다. 또한 강에서 물고기를 잡아 생활할 수도 있었다. 사람들이 배로 이동하기 시작하면서부터 강은 사람이 오고 가거나 ㉠물자를 주고받을 수 있는 교통로의 역할도 했다.　　　　　　　　　　15

　이와 함께 기술과 문화도 빠른 속도로 발전하였다. 사람들은 농사에 필요한 물을 논밭에 대는 장치를 만들고, 나침반과 같이 생활에 필요한 도구를 발명했다. 또 서로 소식을 주고받기 위해 문자를 만들어 쓰고, 여러 예술 작품들을 만들기도 했다. 이렇듯 사람이 생활하는 데 있어 필요한 모든 발전이 강을 중심으로 이루어졌다.　　　　　　　　20

- **채집**(캘 채 採, 모을 집 集) 널리 찾아서 얻거나 캐거나 잡아 모으는 일.
- **도시**(도읍 도 都, 시장 시 市) 일정한 지역의 정치·경제·문화의 중심이 되는, 사람이 많이 사는 지역.
- **상류**(위 상 上, 흐를 류 流) 흐르는 강이나 냇물의 위쪽.
- **운반**(운전할 운 運, 옮길 반 搬) 강물이나 바람이 흙, 모래, 자갈 따위를 옮겨 나름.
- **비옥** 땅이 걸고 기름짐.
- **물자** 어떤 활동에 필요한 여러 가지 물건이나 재료.

1 핵심어

이 글에서 가장 중심이 되는 낱말은 무엇인지 두 글자로 쓰세요.

　　　　　　　　　　　　　　　　　(　　　　　　　)

2

내용 이해

이 글의 내용과 일치하지 <u>않는</u> 것은 무엇인가요? (   )

① 4대 문명은 모두 큰 강을 끼고 발생했다.

② 이집트 문명은 세계 4대 문명에 포함된다.

③ 문화가 발전하면서 예술 작품들이 만들어졌다.

④ 사람들은 강이 있어서 활발히 오고 갈 수 없었다.

⑤ 농사를 지으면서 사람들은 한곳에 머물러 살기 시작했다.

3

추론

이 글을 통해 답을 알 수 있는 질문은 무엇인가요? (   )

① 지역에 따른 문명의 차이점은 무엇일까?

② 문자를 처음 만든 나라는 어느 나라일까?

③ 강을 끼고 문명이 발생한 까닭은 무엇일까?

④ 사람들이 농사를 짓기 시작한 시기는 언제일까?

⑤ 사람들이 만든 예술 작품에는 어떤 종류가 있을까?

뜻

이 글에 쓰인 낱말의 뜻풀이가 바르지 <u>않은</u> 것은 무엇인가요? (   )

① 상류: 흐르는 강이나 냇물의 위쪽.

② 채집: 널리 찾아서 얻거나 캐거나 잡아 모으는 일.

③ 비옥: 집, 토지, 삼림 따위가 거칠어져 못 쓰게 됨.

④ 운반: 강물이나 바람이 흙, 모래, 자갈 따위를 옮겨 나름.

⑤ 문명: 사람의 사회적·기술적·정신적 생활이 발전한 상태.

적용

다음 빈칸에 ㉠을 넣었을 때 가장 자연스러운 것은 무엇인가요? (   )

① 땅속에서 선사 시대 [   ]를 발굴하였다.

② 방구석에 이상한 [   ]가 있는 것이 보였다.

③ 어린이날을 맞이하여 부모님께 [   ]를 받았다.

④ 기름값, 채소값, 과일값 등 [   ]가 크게 올랐다.

⑤ 봉사 단체에서 지진 피해 지역에 [   ]를 전달하였다.

⤋ 핵심어

문 文 – 글월 | 명 明 – 밝다

문명

사회적 · 기술적 · 정신적인 발전으로 생활이 **밝아짐**

사람의 사회적 · 기술적 · 정신적 생활이 발전한 상태.

예 강이 있는 지역에 ❶ □□이 생겼다.

☑ 반대되는 말 미개 사회가 발전되지 않고 문화 수준이 낮은 상태.

답 ❶ (   )

확장

문 文 (글월)이 들어간 한자어

문화유산
문 文 – 글월 | 화 化 – 되다 | 유 遺 – 남기다 | 산 産 – 낳다

앞의 세대에서 물려받은 가치 있는 문화적 재산.

예 우리 조상은 눈부신 ❷ □□□□을 많이 남겨 주었다.

예 조상들이 남긴 귀중한 문화유산이 전쟁 때문에 많이 사라졌다.

답 ❷ (   )

문자
문 文 – 글월 | 자 字 – 글자

말의 소리나 뜻을 볼 수 있도록 적기 위한 체계적인 부호.

예 한글은 세계에서 인정받은 뛰어난 ❸ □□이다.

예 문자의 발명은 인류의 발전에 커다란 영향을 미쳤다.

답 ❸ (   )

문맹률
문 文 – 글월 | 맹 盲 – 무지하다 | 률 率 – 비율

배우지 못하여 글을 읽거나 쓸 줄 모르는 사람의 비율.

예 우리나라는 ❹ □□□이 낮은 나라이다.

답 ❹ (   )

이해 다음 낱말과 뜻을 알맞게 선으로 이으세요.

1 문자 •

• ㉮ 앞의 세대에게서 물려받은 가치 있는 문화적 재산.

2 문명 •

• ㉯ 사람의 사회적·기술적·정신적 생활이 발전한 상태.

3 문맹률 •

• ㉰ 배우지 못하여 글을 읽거나 쓸 줄 모르는 사람의 비율.

4 문화유산 •

• ㉱ 말의 소리나 뜻을 볼 수 있도록 적기 위한 체계적인 부호.

적용 빈칸에 들어갈 알맞은 낱말을 보기 에서 찾아 쓰세요.

> **보기**
>
> 문명   문맹률   문자   문화유산

5 경복궁은 조상들에게 물려받은 우리나라의 (   )이다.

6 한글이 널리 퍼지면서 (   )이/가 두드러지게 떨어졌다.

7 4대 (   )은/는 큰 강을 끼고 있는 비옥한 땅에서 발생했다.

8 (   )의 발명으로 필요한 내용을 기록하고 전달할 수 있게 되었다.

심화 **9** 다음 글에서 밑줄 친 말과 뜻이 비슷한 말을 찾아 두 글자로 쓰세요.

> 특수 문자는 컴퓨터에서 사용되는 특별한 문자이다. 계산할 때 사용하는 기호나, 문장 부호, 혹은 단위를 나타내는 기호 등이 특수 문자에 포함된다. 또한, SNS에 글을 쓸 때 특수 문자를 사용하기도 한다. 글자 대신 특수 문자를 그림처럼 사용해서 자신의 감정을 표현하는 것이다.

(   )

02

교류하기 편한 SNS를 알맞게 이용하자

교류

교 交 – 주고받다
류 流 – 전하다

문화나 사상 따위가 서로 통함.

현대인들은 장소나 나이와 상관없이 SNS를 통해 여러 사람들과 교류하며 다양한 문화를 경험할 수 있게 되었다. SNS는 'Social Network Service(소셜 네트워크 서비스)'의 **약어**로 우리말로 '누리 소통망'이라고도 부른다. SNS에서는 관심사가 같은 사람들이 모여 정보를 주고받거나 가 보지 못한 세계 곳곳의 이야기를 빠르고 **생생하게** 전달받을 수 있다.   5

그러나 SNS가 좋은 점만 있는 것은 아니다. SNS를 잘못 이용하면 여러 가지 문제가 생길 수도 있다.

첫째, 주변 사람들과 사이가 멀어질 수 있다. SNS에 지나치게 빠지게 되면 가족이나 친구들과 직접 만나 어울리는 시간이 줄어들기 때문이다. 얼굴을 보며 ㉠**소통**하지 않으면 점점 주변 사람들과 생각이나 감정을 나누기 어려워진다.   10

둘째, 상대방을 **비난**하는 글이나 **터무니없는** 소문이 퍼질 수 있다. 온라인에서 교류하는 SNS에는 다른 사람에 대해 함부로 이야기하거나 거짓을 사실처럼 꾸며 내는 사람이 있기 때문이다. 또한, SNS는 누구나 쉽게 이용할 수 있는 만큼 잘못된 사실이 담긴 글이 빠르고 멀리 퍼져 나갈 수 있다.   15

셋째, 전화번호나 주소 같은 개인 정보가 글쓴이도 모르는 사이에 퍼질 수 있다. SNS에 올린 글이나 사진은 다른 사람들이 볼 수 있고, 글쓴이의 허락 없이 쉽게 퍼뜨릴 수 있기 때문이다.   20

SNS는 교류가 편하다는 ⓒ_____이 있지만 SNS를 잘못 이용하면 여러 가지 문제가 **발생**할 수도 있다. 따라서 나는 SNS를 어떻게 사용하고 있는지를 돌아보고, SNS를 알맞게 이용하도록 노력해야 한다.

- **약어** 긴 단어나 구를 줄여서 만든 말.
- **생생하게** 눈에 보이는 듯 또렷하게.
- **소통** 뜻이 서로 통하여 오해가 없음.
- **비난** 남의 허물이나 잘못을 들추어내어 나쁘게 말하는 것.
- **터무니없는** 허황하여 전혀 근거가 없는.
- **발생**(필 발 發, 날 생 生) 어떤 일이나 사물이 생겨남.

1
주장

이 글에서 주장하는 것은 무엇인지 쓰세요.

• (   )을/를 알맞게 이용하자.

2 이 글을 통해 알 수 있는 내용이 <u>아닌</u> 것은 무엇인가요? (   )

내용 이해

① SNS의 역사

② SNS의 다른 말

③ SNS를 이용할 때의 좋은 점

④ SNS를 알맞게 이용해야 하는 까닭

⑤ SNS를 잘못 이용할 때 생길 수 있는 문제

3 이 글을 읽은 뒤의 반응으로 알맞지 <u>않은</u> 것은 무엇인가요? (   )

추론

① 문제가 생기지 않도록 SNS를 이용하지 말아야겠어.

② SNS에서 퍼진 소문은 사실인지 확인하며 받아들여야겠어.

③ 가 보지 못한 세계의 이야기가 궁금할 때 SNS를 이용할 수 있겠다.

④ SNS에 전화번호나 주소 같은 정보가 올라가지 않게 주의해야겠어.

⑤ SNS에만 빠져 있지 말고 친구와 직접 소통하는 시간을 가져야겠어.

어휘

4 ㉠과 바꾸어 쓸 수 있는 낱말은 무엇인가요? (   )

관계

① 교환   ② 교체

③ 교차   ④ 교대

⑤ 교류

어휘

5 ㉡에 들어갈 말로 알맞은 것은 무엇인가요? (   )

적용

① 단점: 잘못되고 모자라는 점.

② 허점: 불충분하거나 허술한 점.

③ 장점: 좋거나 잘하거나 긍정적인 점.

④ 결점: 잘못되거나 부족하여 완전하지 못한 점.

⑤ 약점: 모자라서 남에게 뒤떨어지거나 떳떳하지 못한 점.

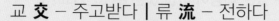

교 交 – 주고받다 | 류 流 – 전하다

교류

서로 **전하며 주고받음**

문화나 사상 따위가 서로 통함.

예 우리 가족은 옆집 가족과 자주 만나 활발하게 ❶[　　]했다.

☑ 비슷한 말 **소통** 뜻이 서로 통하여 오해가 없음.

답❶ (　　　　　　)

 확장

교 交 (1. 사귀다 2. 주고받다)가 들어간 한자어

교환　교 交 – 주고받다 | 환 換 – 바꾸다

물건이나 정보 등을 서로 맞바꾸거나 주고받는 것.

예 내 초록색 색연필과 네 분홍색 사인펜을 ❷[　　]하자.

예 우리 반은 합창 대회에서 무슨 노래를 할지에 대해 의견을 교환했다.

답❷ (　　　　　　)

교역　교 交 – 주고받다 | 역 易 – 바꾸다

주로 나라와 나라 사이에서 물건을 사고팔고 하여 서로 바꿈.

예 다른 나라와 물품을 ❸[　　]하는 일이 활발하게 이루어지고 있다.

☑ 비슷한 말 **무역** 서로 다른 지역들끼리 상품을 사고파는 것.

답❸ (　　　　　　)

교우　교 交 – 사귀다 | 우 友 – 벗

친구를 사귀는 것, 또는 사귀는 친구.

예 준기는 성격이 좋아서 ❹[　　] 관계가 좋다.

☑ 비슷한 말 **교제** 서로 사귀어 가까이 지냄.

답❹ (　　　　　　)

이해 다음 낱말의 뜻을 보기 에서 찾아 기호를 쓰세요.

보기

ㄱ 문화나 사상 따위가 서로 통함.

ㄴ 친구를 사귀는 것, 또는 사귀는 친구.

ㄷ 물건이나 정보 등을 서로 맞바꾸거나 주고받는 것.

ㄹ 주로 나라와 나라 사이에서 물건을 사고팔고 하여 서로 바꿈.

1 교역 (   )   **2** 교우 (   )

3 교환 (   )   **4** 교류 (   )

적용 밑줄 친 부분과 비슷한 뜻을 가진 낱말을 보기 에서 찾아 쓰세요.

보기

교환   교류   교우   교역

5 신라는 비단길을 통해 다른 나라와 물건을 사고팔았다.   (   )

6 지혜는 이야기를 잘 들어 주어서 친구들과 사이가 좋다.   (   )

7 할머니는 시장에서 산 가방을 다른 가방으로 바꾸어 오셨다.   (   )

8 우리나라와 멕시코는 서로 문화를 주고받으면서 한층 더 가까워졌다.

(   )

심화 **9** 다음 빈칸에 들어갈 알맞은 낱말은 무엇인가요? (   )

옛날에는 원하는 것을 얻기 위해 부족끼리 서로 필요한 물건을 바꾸었다. 그래서 농사를 짓지 않는 부족도 곡물을 얻을 수 있었고, 사냥을 하지 않는 부족도 고기를 얻을 수 있었다. 이것은 화폐가 생기기 전에 나라와 나라 사이에서 물건을 사고팔고 하여 서로 바꾸는 □□□의 옛 형태이기도 하다.

① 교감   ② 교대   ③ 교역

④ 교우   ⑤ 교제

03

소각장 설치, 지역 〔　　　　〕의 반대를 해결하자

핵심어

주민

주 住 – 살다
민 民 – 백성

일정한 지역에 살고 있는
사람.

소각장은 쓰레기를 불에 태워 버리는 곳으로, 우리가 살아가는 데 반드시 필요한 시설 중 하나이다. 그런데 자신이 사는 지역에 소각장을 짓는 것을 반대하는 주민이 많다. ㉠소각장이 지역 안에 있으면 더럽고 악취가 날 수 있기 때문에 주민들이 소각장 **설치**를 반대하는 것이다. 그렇다고 해서 소각장 설치를 피하기만 한다면, 쓰레기를 처리하지 못해 더 큰 문제가 발생할 수 있다. ㉮이 문제를 어떻게 해결해야 할까? 　5

첫째, 소각장이 다양한 공간으로 활용되어야 한다. 기술이 발달하면서 소각장을 냄새나고 더럽기만 한 곳에서 이로운 공간으로 바꿀 수 있게 되었다. 쓰레기 소각 시설을 지하에 두고 지상에 **편의** 시설을 만들어 지역 주민들의 삶의 **질**을 높인 사례도 있다. 　10

둘째, 지역 주민과 정부가 충분히 대화를 나누어야 한다. 주민들은 무조건 반대만 할 것이 아니라 반대하는 까닭을 확실하게 전달해야 한다. 정부는 시설물을 만들려는 이유를 충분히 설명한 후, 주민들의 걱정을 최대한 없앨 수 있는 방법을 제시해야 한다.

마지막으로, 지역끼리 서로 ㉡**손잡아** 문제를 해결해야 한다. 소각장이나 **하수** 처리장, 발전소 등은 오염이나 위험을 **핑계**로 설치하기를 꺼리지만 국가나 지역을 위해 꼭 필요하다. 여러 지역이 함께 논의해서 이런 시설들을 각 지역에 나누어 설치한다면 한 지역에만 **부담**을 주는 일을 막을 수 있을 것이다. 　15

사람이 생활하다 보면 쓰레기가 나올 수밖에 없으며 쓰레기를 처리해야 깨끗한 환경을 유지할 수 있다. 그러므로 소각장과 편의 시설을 함께 만들고, 지역 주민과 정부, 다른 지역과 함께 소통하는 노력을 기울여야 소각장 설치에 대한 반대도 줄일 수 있을 것이다. 　20

- **설치** 공적인 기관을 만드는 것
- **편의** 형편이나 조건 따위가 편하고 좋음.
- **질**(바탕 질 質) 사물의 가치의 바탕이 되는 성질.
- **손잡아** (누구와) 힘을 합쳐 같이 일하여.
- **하수**(아래 하 下, 물 수 水) 빗물이나 집, 공장, 병원 따위에서 쓰고 버리는 더러운 물.
- **핑계** 내키지 아니하는 사태를 피하거나 사실을 감추려고 방패막이가 되는 다른 일을 내세움.
- **부담** 어떠한 의무나 책임을 짐.

---

1 제목

빈칸에 알맞은 낱말을 넣어 이 글의 제목을 완성하세요.

- 소각장 설치, 지역 (　　　　　　　)의 반대를 해결하자

2 이 글에서 글쓴이가 주장하는 내용은 무엇인가요? (   )

주제

① 소각장은 모든 지역에 설치해야 한다.

② 소각장은 냄새나고 더러우므로 설치해서는 안 된다.

③ 주민들이 소각장 설치를 반대하는 문제를 해결해야 한다.

④ 소각장을 설치하지 않으려면 쓰레기를 만들지 말아야 한다.

⑤ 정부에서 소각장에 편의 시설을 같이 지어 준다는 약속을 해야 한다.

3 ㉮를 해결하기 위해 제시한 방법이 <u>아닌</u> 것을 두 가지 고르세요. (,   )

내용 이해

① 소각장을 다양한 시설로 활용한다.

② 소각장을 모두 다른 나라로 옮긴다.

③ 지역 주민과 정부가 서로 소통한다.

④ 다른 지역과 손잡아 문제를 해결한다.

⑤ 소각장 때문에 피해를 보는 주민들에게 보상금을 준다.

어휘

4 ㉠ 부분에 어울리는 낱말은 무엇인가요? (   )

적용

① 이해심   ② 이기심   ③ 경쟁심

④ 협동심   ⑤ 동정심

어휘

5 밑줄 친 낱말이 ㉡과 비슷한 뜻으로 쓰인 것은 무엇인가요? (   )

관계

① 나는 설희를 만나는 날을 <u>손꼽아</u> 기다렸다.

② 누가 더 점수를 많이 얻을 수 있는지 <u>겨루어</u> 보자.

③ 이 고민을 가족과 함께 <u>의논하여</u> 보는 것이 좋겠다.

④ 둘 중에 어떤 것이 더 나은지 서로 <u>비교하여</u> 보았다.

⑤ 우리는 서로 <u>협력하여</u> 선생님께서 내 주신 숙제를 해냈다.

⬇ 핵심어

주 **住** – 살다 | 민 **民** – 백성

주민

일정한 지역 안에 **살고** 있는 **사람**

일정한 지역에 살고 있는 사람.

📃 아버지께서 아파트 ❶⬜⬜ 대표로 뽑히셨다.

☑ 비슷한 말 **거주민** 일정한 지역에 거주하는 사람들.

답❶ (   )

확장

주 **住**(살다)가 들어간 한자어

주거 주 **住** – 살다 | 거 **居** – 살다

일정한 곳에 머물러 삶. 또는 그런 집.

📃 대도시에 ❷⬜⬜하던 사람들이 도시 바깥쪽으로 이동했다.

답❷ (   )

주소 주 **住** – 살다 | 소 **所** – 곳

살고 있는 곳, 일하고 있는 직장이나 관청 등이 위치하고 있는 곳을 행정 구역으로 나타낸 이름.

📃 친구의 집 ❸⬜⬜는 몰라도 전화번호는 안다.

☑ 비슷한 말 **소재지** 큰 건물이나 기관이 자리 잡고 있는 곳.

답❸ (   )

의식주 의 **衣** – 옷 | 식 **食** – 먹다 | 주 **住** – 살다

사람이 사는 데 기본적인 요소인 입는 것, 먹는 것, 사는 곳을 아울러 이르는 말.

📃 우리는 박물관에서 한복과 전통 음식, 궁궐 등을 두루 살펴보며 선조들의 ❹⬜⬜⬜ 문화를 체험했다.

답❹ (   )

이해 다음 낱말의 뜻을 보기 에서 찾아 기호를 쓰세요.

> 보기
>
> ㉠ 일정한 지역에 살고 있는 사람.
>
> ㉡ 일정한 곳에 머물러 삶. 또는 그런 집.
>
> ㉢ 사람이 사는 데 기본적인 요소인 입는 것, 먹는 것, 사는 곳을 아울러 이르는 말.
>
> ㉣ 살고 있는 곳, 일하고 있는 직장이나 관청 등이 위치하고 있는 곳을 행정 구역으로 나타낸 이름.

1 주거 (　　　　)　　　　**2** 주민 (　　　　　)

3 주소 (　　　　)　　　　**4** 의식주 (　　　　　)

적용 다음 낱말이 들어갈 문장을 찾아 알맞게 선으로 이으세요.

5 주거　•

6 주민　•

7 주소　•

8 의식주　•

㉮ 주변에 공원이 있어서 주민들의 (　　　　) 환경이 쾌적하다.

㉯ (　　　　)은/는 사람이 사람답게 살기 위한 최소한의 필수 요소이다.

㉰ 받는 사람의 (　　　　)을/를 잘못 적어서 편지가 엉뚱한 곳으로 갔다.

㉱ 이 동네에 사는 (　　　　)을/를 대상으로 독서 모임 참여자를 모집하고 있다.

심화 **9** 다음 빈칸에 들어갈 알맞은 낱말은 무엇인가요? (　　　　)

> 님비(NIMBY)는 '내 뒷마당에는 안 된다.'를 뜻하는 'Not In My Back Yard' 의 앞 글자에서 따온 말이다. 이 말은 사회 전체의 이익을 위해 꼭 필요하다는 것을 알면서도, 환경 기초 시설이 자신이 사는 지역에 설치되는 것을 지역 ☐☐☐들이 반대하는 현상을 가리킨다. 주로 소각장이나 납골당 등을 설치하려고 할 때 나타난다.

① 거주　　　② 주거　　　③ 주민　　　④ 주소　　　⑤ 의식주

[   ]하는 습관의 유익함을 말하다

유익

유 有 – 있다
익 益 – 이롭다

이롭거나 도움이 될 만한 것이 있음.

○○초등학교에서는 지난 6일 또래 강사 이하영 학생이 '**기록**하는 습관의 유익함'이라는 주제로 **강연**을 하였다. 전 학년을 대상으로 신청자를 받아 약 90여 명의 학생이 강연회에 참석했다.

이하영 학생은 최근 ㉠**남다른 필기** 방법으로 SNS에서 유명해졌다. 이 학생은 주로 자신만의 방식대로 정리해 둔 필기 공책을 게시물로 올렸다. 이하영 학생의 필기는 수업에서 어떤 내용이 중요했는지, 수업을 들으며 궁금한 점은 무엇이었는지 누가 봐도 한눈에 알 수 있도록 기록한 것이 특징이다. `5`

이하영 학생은 이날 강연에서 필기하는 방법과 필기를 통해 성적을 올린 과정 등을 소개하며 기록의 유익함을 강조했다. 예를 들어, 필기를 할 때 수업 내용 중에서 **핵심**이 되는 낱말이나 중심 문장을 표시하면 수업에 대한 이해를 높일 수 있고, 배운 내용에 대한 자신의 의견을 함께 적으면 오래 기억에 남는다고 설명했다. 이하영 학생은 무언가를 기록하는 것은 그것에 대해 고민을 많이 하는 것이라고 말했다. 또한 "날마다 기록하는 것이 어렵더라도 포기하지 않고 꾸준히 하는 것이 중요하다. 기록하는 습관을 들이면 자연스레 생각하는 힘도 생길 것이다."라고 자신의 생각을 밝혔다. `10` `15`

강연을 들은 학생들은 "어떻게 필기해야 할지 고민이었는데, 기록하는 습관의 유익함은 물론이고 필기를 하는 **구체적**인 방법에 대해 알 수 있어서 ㉡**뜻깊은** 시간이었다."라고 말했다. 이하영 학생의 강의는 다음 달 7일에 또 한 번 열릴 예정이다. `20`

- **기록** 주로 후일에 남길 목적으로 어떤 사실을 적음. 또는 그런 글.
- **강연** 많은 사람들에게 어떤 말할 거리에 대한 자기의 주장·생각·지식 등을 조리 있고 길게 말하는 것.
- **남다른** 보통의 사람과 유난히 다른.
- **필기**(붓 필 筆, 기록할 기 記) 강의, 강연, 연설 따위의 내용을 받아 적음.
- **핵심** 사물의 가장 중심이 되는 부분.
- **구체적** 잘 알 수 있을 만큼 실례가 있고 자세한 것.
- **뜻깊은** 가치나 중요성이 큰.

1

제목

빈칸에 알맞은 낱말을 넣어 이 글의 제목을 완성하세요.

- (   )하는 습관의 유익함을 말하다

2 이 글의 주제로 가장 알맞은 것은 무엇인가요? (　　　)

① SNS에서 유명한 사람들
② 기록하는 습관을 기르는 과정
③ 초등학교 학생들이 관심 있는 강연회
④ 이하영 학생의 강의를 들은 학생들의 반응
⑤ 기록하는 습관의 유익함을 소개한 학생의 강연

3 이하영 학생의 강연에 대한 설명으로 알맞지 <u>않은</u> 것은 무엇인가요? (　　　)

① 기록하는 습관의 유익함에 대해 말했다.
② 필기를 하는 구체적인 방법을 설명했다.
③ 기록하는 것에 대한 자신의 생각을 말했다.
④ 필기를 통해 성적을 올린 과정을 소개했다.
⑤ SNS 게시물이 인기를 끌 수 있는 방법에 대해 설명했다.

4 다음 빈칸에 ㉠을 넣었을 때 어울리지 <u>않는</u> 것은 무엇인가요? (　　　)

① 그는 [　　　] 노래 실력으로 천재라고 불렸다.
② 친구들 중에서 나만 안경을 쓰지 않는 것이 [　　　] 점이다.
③ 그 방은 [　　　] 것처럼 보이지만, 특별한 비밀이 숨겨져 있다.
④ 누나는 글을 잘 쓸 뿐만 아니라 그림 실력 또한 [　　　] 편이다.
⑤ 그는 영화에 [　　　] 관심이 있어서 누구보다 영화를 많이 봤다.

5 ㉡과 바꾸어 쓸 수 <u>없는</u> 말은 무엇인가요? (　　　)

① 값진　　　　　　② 신중한
③ 보람된　　　　　④ 가치 있는
⑤ 의미 있는

어휘
학습

동영상 강의

유 有 – 있다 | 익 益 – 이롭다

유익

이로움이 있음

이롭거나 도움이 될 만한 것이 있음.

예 책을 많이 읽는 것은 생각하는 힘을 키우는 것에 ❶□□하다.

☑ 비슷한 말 **보탬** 보태어 돕는 일. 또는 그런 것.

답❶ (   )

확장

유 有 (1. 있다 2. 가지다)가 들어간 한자어

유별 유 有 – 있다 | 별 別 – 다르다

1. 다름이 있음.

　　예 옛날 어르신들은 남녀가 유별하니 서로 행동을 조심하라는 말씀을 많이 하셨다.

2. 여느 것과 두드러지게 다름.

　　예 나에게는 남들과는 다른 ❷□□난 취미가 있다.

답❷ (   )

유효 유 有 – 있다 | 효 效 – 본받다

보람이나 효과가 있음.

예 이 약은 감기 증상에 ❸□□하다.

☑ 반대되는 말 **무효** 보람이나 효과가 없음.

답❸ (   )

고유 고 固 – 굳다 | 유 有 – 가지다

오래된 집단이나 사물이 본래부터 지니고 있는 것. 어떤 것에만 있는 것.

예 한옥에는 우리나라 ❹□□의 아름다움과 멋이 있다.

답❹ (   )

이해 다음 낱말과 뜻을 알맞게 선으로 이으세요.

1 유별 •

2 유효 •

3 고유 •

4 유익 •

• ㉮ 보람이나 효과가 있음.

• ㉯ 여느 것과 두드러지게 다름.

• ㉰ 이롭거나 도움이 될 만한 것이 있음.

• ㉱ 오래된 집단이나 사물이 본래부터 지니고 있는 것. 어떤 것에만 있는 것.

적용 빈칸에 들어갈 알맞은 낱말을 보기 에서 찾아 쓰세요.

> 보기
>
> 유효   유별   유익   고유

5 한복은 우리나라의 (   )한 전통 의복이다.

6 동생은 우리 가족 중에서 (   )나게 빵을 좋아한다.

7 스마트폰도 잘 사용하면 수업하는 데 (   )한 점이 있다.

8 네가 내기에서 이겼으니 소원을 들어주겠다는 약속은 (   )하다.

심화 **9** 다음 글에서 밑줄 친 말과 뜻이 비슷한 말을 찾아 두 글자로 쓰세요.

> 나는 꽃들 중에서도 유별나게 봉숭아를 좋아한다. 나에게는 봉숭아에 대한 기억이 특별하게 남아 있기 때문이다. 나는 어렸을 때, 할아버지 댁에 놀러 가면 할아버지와 자주 산책하러 가곤 했다. 그때마다 할아버지께서는 봉숭아 꽃잎을 따서 나에게 주셨다. 집에 돌아오면 할아버지께서 따 주신 봉숭아 꽃잎으로 손톱을 물들였다. 아직도 봉숭아를 보면 할아버지 생각이 난다.

(   )

05

핵심어

작용

작 作 - 일으키다
용 用 - 일

어떠한 현상을 일으키거나 영향을 미침.

성장 호르몬의 작용

호르몬은 우리 몸의 여러 활동을 **조절**해 주는 **물질**로, 키를 크게 하거나 체온이나 감정을 조절하는 등의 역할을 한다. 호르몬은 혈액과 함께 몸속 구석구석을 돌아다니며 필요한 곳에 전달된다. 호르몬의 종류는 다양하지만 각각의 호르몬은 ㉠**특정**한 **기관**에서만 ㉡작용한다. 예를 들어 키가 자라도록 돕는 **성장** 호르몬은 근육과 뼈에 작용한다. 5

그렇다면 성장 호르몬은 어떻게 작용하는 것일까? 먼저 키가 자라려면 뼈와 근육이 자라야 한다. 어린이의 손가락뼈와 팔뼈, 다리뼈 등의 끝부분에는 새로운 뼈를 만들어 내는 성장판이 있다. 이때 성장판이 활발하게 활동할 수 있도록 도움을 주는 것이 성장 호르몬이다. 성장 호르몬은 뇌의 아래쪽에서 나오는데, 여기서 나온 성장 호르몬이 근육이나 10
뼈에 작용해서 몸이 자라게 한다. 말랑말랑하던 성장판이 딱딱한 뼈로 바뀌고 나면 새로운 뼈가 더 자라지 않는다. 뼈를 새로 만들 공간이 없어서 성장을 멈추기 때문이다.

성장 호르몬은 낮에는 거의 나오지 않고, 주로 밤에 깊은 잠을 잘 때 나온다. 성장 호르몬이 가장 많이 나오는 시간은 밤 10시부터 새벽 2시 15
사이이다. 깊은 잠에 빠지려면 잠든 뒤 한 시간 이상이 지나야 하므로 저녁 9시 전에는 잠자리에 들어야 한다. 만약 자기 직전에 스마트폰이나 인터넷 게임을 하면 뇌가 흥분해서 성장 호르몬이 거의 나오지 않는다.

성장 호르몬은 키를 자라게 하는 데에도 도움을 줄 뿐만 아니라 몸속 **지방**을 줄이는 일도 한다. 따라서 몸무게를 조절하고 건강한 몸을 만들 20
려면 성장 호르몬이 나오는 시간에 잠을 자도록 해야 한다.

- **조절**(고를 조 調, 마디 절 節) 균형이 맞게 바로잡음. 또는 적당히 맞추어 나감.
- **물질** 세상의 온갖 것을 이루며, 보고 만질 수 있거나 과학적으로 다룰 수 있는 것.
- **특정**(특별할 특 特, 정할 정 定) 특별히 지정함.
- **기관** (생물의 몸에서) 일정한 모양과 기능을 가지고 있는 부분.
- **성장** 사람이나 동식물 따위가 자라서 점점 커짐.
- **지방** 보통 온도에서 고체가 되는 기름으로, 생물체의 몸 안에서 열과 힘을 내는 데 가장 필요한 영양소.

---

1 이 글에서 설명하는 것은 무엇인지 쓰세요.

설명 대상

• 성장 호르몬의 (   )

2 호르몬에 대한 설명으로 알맞지 <u>않은</u> 것은 무엇인가요? ( )

세부 내용

① 혈액과 함께 몸속을 이동한다.

② 체온이나 감정을 조절하기도 한다.

③ 우리 몸의 여러 활동을 조절해 준다.

④ 키와 관련된 호르몬은 성장 호르몬이다.

⑤ 하나의 호르몬이 전체 기관에 작용한다.

3 이 글을 읽고 짐작한 것으로 알맞지 <u>않은</u> 것은 무엇인가요? ( )

추론

① 체온을 조절하는 호르몬도 있겠군.

② 뼈와 근육이 자라면 키가 커지는군.

③ 성장 호르몬은 몸무게에는 영향을 주지 않는군.

④ 성장판이 딱딱한 뼈로 바뀌면 키가 자라지 않겠군.

⑤ 밤 10시 전에 잠이 들면 성장 호르몬이 잘 나오겠군.

어휘

4 ㉠의 뜻으로 알맞은 것은 무엇인가요? ( )

뜻

① 특별히 지정한.

② 바르고 확실한.

③ 큰 의미나 가치가 있는.

④ 지금까지 있은 적이 없는.

⑤ 뛰어나거나 색다른 점이 없이 보통인.

어휘

5 다음 빈칸에 ㉡을 넣었을 때 자연스러운 것은 무엇인가요? ( )

적용

① 소독약은 세균을 없애는 ⬚⬚⬚⬚을 한다.

② 너무 시끄러워서 음악 소리를 작게 ⬚⬚⬚⬚하였다.

③ 소풍 갈 때에는 ⬚⬚⬚⬚하기 편한 옷을 입고 가야 한다.

④ 지훈이는 한번 이야기를 ⬚⬚⬚⬚하면 멈출 줄을 몰랐다.

⑤ 너무 바빠서 지원이 앞으로 온 택배를 지원이에게 ⬚⬚⬚⬚하지 못했다.

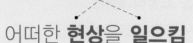 핵심어

작 作 – 일으키다 | 용 用 – 일

작용

어떠한 **현상**을 **일으킴**

어떠한 현상을 일으키거나 영향을 미침.

예 이 약은 나쁜 균을 없애는 ❶◻◻을 한다.

답❶ (   )

 확장

작 作(1. 짓다 2. 일으키다)이 들어간 한자어

작성 작 作 – 짓다 | 성 成 – 이루다

원고·서류·계획서 등을 만드는 것.

예 서류를 먼저 ❷◻◻해야 통장을 만들 수 있다.

☑ **비슷한 말 기록** 생각이나 사실에 대하여 적는 것. 또는 그 글.

답❷ (   )

작문 작 作 – 짓다 | 문 文 – 글월

글을 지음. 또는 지은 글.

예 국어 시간에 선생님께서 ❸◻◻ 숙제를 내 주셨다.

답❸ (   )

제작 제 製 – 짓다 | 작 作 – 짓다

재료를 가지고 기능과 내용을 가진 새로운 물건이나 예술 작품을 만듦.

예 이 영화는 실제 이야기를 바탕으로 ❹◻◻되었다.

☑ **비슷한 말 생산** 인간이 생활하는 데 필요한 각종 물건을 만들어 냄.

답❹ (   )

이해 보기 에서 글자들을 골라, 뜻에 알맞은 낱말을 만드세요.

> 보기
>
> | 작 | 고 | 제 | 약 | 용 |
> | 문 | 성 | 연 | 가 | 자 |

1 글을 지음. 또는 지은 글. ( )

2 원고·서류·계획서 등을 만드는 것. ( )

3 어떠한 현상을 일으키거나 영향을 미침. ( )

4 재료를 가지고 기능과 내용을 가진 새로운 물건이나 예술 작품을 만듦.

( )

적용 빈칸에 들어갈 알맞은 낱말을 보기 에서 찾아 쓰세요.

> 보기
>
> 작문   작성   작용   제작

5 볼펜을 들어 신청서를 ( )하였다.

6 나는 커서 우주 탐사 로봇을 ( )하고 싶다.

7 이번 백일장에서 나의 꿈을 주제로 ( )을 했다.

8 식물은 오염된 공기를 깨끗하게 하는 ( )을 한다.

심화 **9** 다음 빈칸에 들어갈 알맞은 낱말은 무엇인가요? ( )

> 내 꿈은 영상을 [ ]하는 크리에이터가 되는 것이다. 이 꿈을 가지게 된 계기는 최근에 고양이의 일상을 다룬 누리 소통망 영상에 빠지고부터였다. 영상에는 어떤 할아버지의 오랜 친구인 고양이의 귀여운 모습이 잔뜩 담겨 있었다. 영상을 보는 내내 미소가 절로 지어졌다. 이처럼 내가 만든 영상을 다른 사람들이 즐겁게 봐 준다면 굉장히 행복할 것 같다.

① 작문   ② 작사   ③ 작성   ④ 작용   ⑤ 제작

06

핵심어

풍습

풍 風 – 풍속
습 習 – 풍습

오래전부터 지켜 내려오는
사회적 풍속이나 관습.

- **간신**(간음할 간 奸, 신하 신 臣) 충신인 척하면서 임금을 속이는 신하.

- **충신**(충성 충 忠, 신하 신 臣) 나라와 임금을 위해 충성을 다하는 신하.

- **모함** 나쁜 꾀로 남을 어려운 처지에 빠지게 함.

- **풍년**(풍년 풍 豊, 해 년 年) 농사가 잘된 해.

- **기원** 바라는 일이 이루어지기를 빎.

- **왕성**(성할 왕 旺, 성할 성 盛) 한창 성함.

- **상투** 예전에, 장가든 남자가 머리털을 끌어 올려 정수리 위에 틀어 감아 맨 것.

☐☐☐의 유래와 풍습

우리나라는 예로부터 계절에 따라 의미 있는 날을 명절로 정해 놓고 이를 즐겼다. 음력 5월 5일은 우리나라의 명절 가운데 하나인 단오이다. 조선 시대에는 단오가 설, 추석과 함께 3대 명절로 꼽혔다.

단오의 유래는 중국 초나라 때로 거슬러 올라간다. **간신**들이 **충신** 굴원을 **모함**하며 미워하자 굴원은 자신의 충성심을 보이려고 강에 몸을 던져 목숨을 끊었다. 사람들은 굴원이 죽은 날인 음력 5월 5일에 그를 위한 제사를 지냈고, 그것이 중국의 단오로 발전했다. 중국의 단오는 우리나라로 건너와 모내기를 마치고 이를 축하하던 풍습과 만나 우리나라의 단오로 ㉠자리 잡게 되었다. `5`

단오는 모내기가 끝난 뒤 여름을 알리고 **풍년**을 **기원**하는 데에 의미가 있다. 옛날 사람들은 이날을 1년 가운데 태양의 기운이 가장 **왕성**한 날로 여겨서 건강과 풍년을 빌었다. 여자들은 창포의 잎과 뿌리를 우려 낸 물에 머리를 감고, 창포의 뿌리를 깎아 붉게 물을 들인 비녀를 꽂기도 했다. 남자들은 창포로 **상투**가 풀어지지 않게 하는 '동곳'을 만들어 꽂거나 창포 뿌리를 허리춤에 차고 다녔다. 호수나 연못가의 습지에서 자라는 창포가 나쁜 귀신과 병을 물리친다고 믿었기 때문이다. `10` `15`

또한 사람들은 이른 여름에 많이 나는 앵두와 오디, 산딸기 등으로 화채를 만들어 먹고, 수리취를 넣어 떡을 만들어 먹기도 했다. 수리취떡은 수리취를 잘게 짓이겨 쌀가루에 섞어 빚은 뒤, 그 위에 수레바퀴 모양의 무늬를 찍어서 만든 떡이다. 단오에 수리취떡을 먹는다고 해서 단오를 '수릿날'이라고 부르기도 했다. `20`

1
제목

이 글의 제목으로 어울리도록 빈칸에 들어갈 알맞은 낱말을 두 글자로 쓰세요.

• ( )의 유래와 풍습

2

글의 특징

이 글에 대한 설명으로 알맞은 것은 무엇인가요? (   )

① 계절의 변화 과정을 설명하는 글이다.

② 단오의 유래와 풍습을 설명하는 글이다.

③ 여러 가지 명절의 종류를 설명하는 글이다.

④ 굴원의 충성심을 본받아야 한다고 주장하는 글이다.

⑤ 우리나라 명절을 지켜야 하는 이유를 주장하는 글이다.

3

세부 내용

우리나라의 '단오'에 대한 설명으로 알맞지 않은 것은 무엇인가요? (   )

① '수릿날'이라고도 부른다.

② 풍년을 기원하는 의미가 있다.

③ 이른 여름에 많이 나는 열매로 화채를 만들어 먹었다.

④ 나쁜 귀신과 병을 물리치기 위해 창포물에 머리를 감았다.

⑤ 조선 시대에는 정월 대보름, 동지와 함께 3대 명절로 꼽혔다.

4

어휘

뜻

㉠의 뜻으로 알맞은 것은 무엇인가요? (   )

① 서로 자리를 바꾸게.

② 일정한 지위나 공간을 차지하게.

③ 벌여 놓은 판이 오랜 시간 계속되게.

④ 좋은 지위나 자리를 차지하려고 다투게.

⑤ 더 나아가지 못하고 일정한 수준이나 범위에 그치게.

5

어휘

관계

** 의 두 낱말의 관계와 다르게 짝 지어진 것은 무엇인가요? (   )**

> **보기**
>
> 간신 – 충신

① 남성 – 여성   ② 앞면 – 뒷면   ③ 동무 – 친구

④ 아이 – 어른   ⑤ 아래쪽 – 위쪽

어휘 학습

동영상 강의

↓ 핵심어

풍 風 – 풍속 | 습 習 – 풍습

풍습

오랫동안 지켜 온 **풍속**이나 **관습**

오래전부터 지켜 내려오는 사회적 풍속이나 관습.

예 우리나라는 정월 대보름에 견과류를 깨물어 먹는 **❶**◻◻이 있다.

☑ **비슷한 말 풍속** 옛날부터 그 사회에 전해 오는 생활 전반에 걸친 습관 따위를 이르는 말.

답❶ (   )

확장

풍 風 (1. 바람 2. 풍속 3. 경치)이 들어간 한자어

풍경   풍 風 – 경치 | 경 景 – 경치

1. 아름다운 경치.

예 해가 지는 날에 보았던 바다는 내가 보았던 **❷**◻◻ 중에서 가장 아름다웠다.

2. 어떤 상황의 모습.

예 매일 보던 풍경이지만 오늘따라 낯설게 느껴졌다.

답❷ (   )

풍문   풍 風 – 바람 | 문 聞 – 소문

바람처럼 떠도는 소문.

예 그는 자신을 둘러싼 **❸**◻◻을 잘 모르는 듯했다.

☑ **비슷한 말 소문** 사람들 입에 오르내려 전하여 들리는 말.

답❸ (   )

풍파   풍 風 – 바람 | 파 波 – 물결

1. 세찬 바람과 거친 물결.

예 바람이 많이 부는 날씨 탓에 우리 배는 항해 도중 **❹**◻◻를 계속 만났다.

2. 인생에서 겪는 온갖 어려움.

예 그는 어린 시절에 힘들게 자라면서 세상 풍파를 많이 겪었다.

답❹ (   )

이해 다음 낱말의 뜻을 보기 에서 찾아 기호를 쓰세요.

보기

㉠ 아름다운 경치.

㉡ 바람처럼 떠도는 소문.

㉢ 인생에서 겪는 온갖 어려움.

㉣ 오래전부터 지켜 내려오는 사회적 풍속이나 관습.

1 풍경 (   )   **2** 풍문 (   )

3 풍습 (   )   **4** 풍파 (   )

적용 밑줄 친 부분과 비슷한 뜻을 가진 낱말을 보기 에서 찾아 쓰세요.

보기

풍경   풍문   풍습   풍파

5 떠도는 소문은 꼬리에 꼬리를 물고 주변으로 퍼졌다.

→ (   )

6 유채꽃이 핀 들판의 아름다운 경치는 마치 그림 같았다.

→ (   )

7 새해에 떡국을 먹는 것은 우리나라의 오래전부터 지켜 내려온 풍속이다.

→ (   )

8 마음을 굳게 먹는다면 인생에서 겪는 온갖 어려움을 어찌 이겨 내지 못하겠니!

→ (   )

심화 **9** 다음 글에서 밑줄 친 말과 뜻이 비슷한 말을 찾아 두 글자로 쓰세요.

설날, 추석과 같은 명절처럼 해마다 특정한 시기에 되풀이해 온 고유의 행사와 풍습을 세시 풍속이라고 합니다. 예를 들어 음력 1월 1일 설날에 웃어른께 세배하고 떡국을 먹는다거나, 동지에 팥죽을 먹는 풍습이 이에 해당합니다.

(   )

07

범인도 찾고 보안도 돕는 지문

보안

보 保 – 유지하다
안 安 – 편안하다

안전을 유지함.

지문은 손가락 끝부분에 있는 무늬로, 엄마 배 속에 있을 때 만들어진 뒤 모양이 평생 바뀌지 않는다. 손가락이 자라면 무늬 사이의 거리만 멀어질 뿐 모양은 그대로이기 때문이다. 지문은 사람마다 전부 달라서 지문을 보면 그 사람이 누구인지 알아낼 수 있다. 외모가 비슷한 쌍둥이끼리도 지문은 서로 다르다고 한다. 이러한 지문의 특성은 우리 생활 곳곳에서 다양하게 활용된다. 5

영화나 드라마에서 범인이 남긴 지문을 경찰이 찾는 장면을 쉽게 볼 수 있다. 손으로 물건을 만지면 지문이 물건에 남는데, 이는 피부가 늘 촉촉한 상태를 유지하려고 물과 기름을 바깥으로 내보내기 때문이다. 그래서 경찰은 범죄 현장에서 찾은 지문으로 범인이 누구인지 알아낸 10 다. 이처럼 지문은 범죄를 **수사**하는 데 큰 역할을 한다.

또한 지문은 보안 장치로도 이용된다. 사람의 신체를 보안에 활용하는 기술을 '**생체** 보안 기술'이라고 하는데, 그중에서 '지문 **인식** 기술'이 대표적이다. 지문 인식 기술은 건물에 들어갈 때나 스마트폰의 잠금을 풀 때, 또는 경찰서나 구청에서 그 사람이 누구인지 확인할 때 지문을 15 등록하여 사용하는 것이다. 인식된 지문을 등록된 지문과 비교하여 출입을 허락해도 되는 사람인지, 또는 정보에 접근해도 되는 사람인지 확인한다.

　　ㄱ　　 지문의 특징을 이용한 기술은 우리 생활에 편리하게 쓰인다. 하지만 평생 모양이 변하지 않는다는 지문의 특징은 단점이 되기도 20 한다. 왜냐하면 지문은 **복제**가 쉬워서 정보가 새어 나갔을 때 보안에 **치명적**이기 때문이다. 그러므로 자신의 지문 정보가 다른 사람에게 **유출**되지 않도록 주의를 기울여야 한다.

- **수사** 국가 기관에서 범인을 찾기 위하여 조사하는 일.
- **생체**(날 생 生, 몸 체 體) 생물의 몸. 또는 살아 있는 몸.
- **인식** 사물을 분별하고 판단하여 앎.
- **복제** 본래의 것과 똑같이 만드는 것.
- **치명적**(이를 치 致, 목숨 명 命, 과녁 적 的) 병·상처·피해 등이 생명을 잃게 할 만큼 큰 것.
- **유출**(흐를 유 流, 날 출 出) (비밀 등이) 새어 나와 알려지게 되는 것.

1 이 글에서 설명하는 것은 무엇인지 쓰세요.

설명 대상

• 사람마다 다른 (　　　　　　　　　　　)

2 '지문'에 대한 설명으로 알맞지 <u>않은</u> 것은 무엇인가요? (　　　)

세부 내용

① 물건을 만지면 지문이 남는다.

② 쌍둥이는 지문의 모양이 똑같다.

③ 지문은 평생 모양이 바뀌지 않는다.

④ 지문은 엄마 배 속에 있을 때 만들어진다.

⑤ 지문을 통해 범인이 누구인지 밝힐 수 있다.

3 이 글을 읽고 짐작한 것으로 알맞지 <u>않은</u> 것은 무엇인가요? (　　　)

추론

① 지문의 정보는 절대 새어 나갈 일이 없겠군.

② 지문 인식 기술 말고도 다른 생체 보안 기술이 있겠군.

③ 지문 인식 기술은 사람마다 지문 모양이 다르다는 특성을 이용했군.

④ 지문을 인식하여 등록된 지문과 등록되지 않은 지문을 확인할 수 있겠군.

⑤ 자신의 지문을 스마트폰의 잠금장치로 등록하면, 다른 사람이 잠금을 풀지 못하겠군.

어휘

4 이 글에 쓰인 낱말의 뜻풀이가 바르지 <u>않은</u> 것은 무엇인가요? (　　　)

뜻

① 유출: 흘러 들어오는 것.

② 인식: 사물을 분별하고 판단하여 앎.

③ 생체: 생물의 몸. 또는 살아 있는 몸.

④ 수사: 국가 기관에서 범인을 찾기 위하여 조사하는 일.

⑤ 치명적: 병·상처·피해 등이 생명을 잃게 할 만큼 큰 것.

어휘

5 ㉠에 들어갈 말로 알맞은 것은 무엇인가요? (　　　)

적용

① 이처럼 　　　　　② 게다가 　　　　　③ 그렇지만

④ 왜냐하면 　　　　　⑤ 이를테면

↓ 핵심어

보 保 – 유지하다 | 안 安 – 편안하다

보안

편안함을 유지함

안전을 유지함.

예 **❶**□□이 철저해야 정보가 새어 나가는 것을 막을 수 있다.

답 ❶ ( )

확장

보 保(1. 지키다 2. 유지하다)가 들어간 한자어

보온 보 保 – 유지하다 | 온 溫 – 따뜻하다

주위의 온도에 관계없이 일정한 온도를 유지함.

예 **❷**□□ 도시락에 담아 온 밥이 아직 따뜻하다.

예 조선 시대에는 문에 창호지를 덧붙여 추운 겨울에도 보온을 유지했다.

답 ❷ ( )

보장 보 保 – 지키다 | 장 障 – 가로막다

어떤 일이 어려움 없이 이루어지도록 조건을 마련하여 보증하거나 보호함.

예 선생님과 상담한 내용은 비밀이 보장되었다.

예 민주주의 사회에서는 표현의 자유가 **❸**□□되어야 한다.

답 ❸ ( )

보존 보 保 – 지키다 | 존 存 – 있다

잘 보호하고 간수하여 남김.

예 환경을 잘 **❹**□□해야 멸종 위기 동물을 보호할 수 있다.

☑ **비슷한 말 보전** 온전하게 보호하여 유지함.

답 ❹ ( )

이해 다음 뜻에 해당하는 낱말을 보기 에서 찾아 쓰세요.

> **보기**
>
> 보안   보존   보온   보장

1 안전을 유지함. ( )

2 잘 보호하고 간수하여 남김. ( )

3 주위의 온도에 관계없이 일정한 온도를 유지함. ( )

4 어떤 일이 어려움 없이 이루어지도록 조건을 마련하여 보증하거나 보호함.

( )

적용 다음 낱말이 들어갈 문장을 찾아 선으로 이으세요.

5 보안 •

6 보온 •

7 보장 •

8 보존 •

• ㉮ 그는 물건에 이상이 없다고 ( )했다.

• ㉯ ( )을/를 위해 옷을 여러 겹 껴입었다.

• ㉰ 증거가 없어지지 않도록 현장을 ( )하였다.

• ㉱ 비밀문서를 다룰 때는 ( )에 신경을 써야 한다.

심화 **9** 다음 글에서 빈칸에 들어갈 알맞은 낱말은 무엇인가요? ( )

> 홍채는 눈 안에 있는 얇은 막으로, 검은색, 갈색, 파란색 등 다양한 색으로 나타난다. 또한, 홍채는 사람마다 모양도 다르다. 이러한 홍채의 특성을 활용해 휴대 전화의 잠금장치를 해 두거나 다른 사람으로부터 개인 정보에 대한 접근을 막는 등 ☐ 장치로 이용하기도 한다.

① 보고   ② 보안   ③ 보온   ④ 보장   ⑤ 보존

08

지도

지 地 - 땅
도 圖 - 그림

지구 표면의 상태를 일정한 비율로 줄여, 이를 약속된 기호로 평면에 나타낸 그림.

지도의 [ ]

지도는 우리가 사는 곳을 작게 줄여 알기 쉽게 나타낸 그림이다. 지도를 보면 동네의 모습이나 ㉠위치를 알 수 있다. 또한 낯선 장소에서 길을 찾을 때도 지도의 도움을 받는다. 지도를 만들 때는 땅 위의 모든 것을 그대로 지도에 담을 수는 없으므로 땅의 모습을 **일정한** 크기로 줄여야 한다. 이때 지도에서 실제 땅의 크기를 얼마나 줄였는지 알려 주는 것이 바로 '축척'이다.   5

우리는 축척을 통해 지도에 표시된 거리의 실제 거리를 알 수 있다. 축척을 표시하는 방법에는 세 가지가 있는데, 첫 번째로 **분수**로 나타내는 방법이 있다. 이 방법은 실제 거리 50,000센티미터(500미터)를 1센티미터로 **축소**했을 때 $\frac{1}{50,000}$ 로 나타낸다. 두 번째로 ':'을 이용하여   10
나타내는 방법이 있다. '지도상의 거리:실제 거리'로 표현하는 것인데, 이 방법도 분수로 나타내는 방법과 ㉡마찬가지로 축척이 1:50,000이면 지도에서의 1센티미터가 실제 거리로는 50,000센티미터라는 의미이다. 마지막으로 축척을 막대자로 나타낼 수도 있다. 지도에 1센티미터인 선을 긋고 '0 ____ 500m'와 같이 표현하면 이것은 실제로 500미터(50,000 센   15
티미터)인 거리를 지도에서 1센티미터로 나타냈다는 뜻이다.

지도는 축척에 따라서 **정보**의 양이 서로 다를 수 있다. 예를 들어 축척이 1:50,000인 지도보다 1:20,000인 지도가 **지형**을 더 크게 나타낸 것이기 때문에 좀 더 자세한 정보를 담을 수 있다. 그러므로 지도를 이용할 때는 축척이 이용하는 목적에 알맞은지 확인하는 것이 필요하다.   20

- **일정**(하나 일 一, 정할 정 定) 한 얼마간인. 또는 얼마간으로 정하여져 있는.
- **분수**(나눌 분 分, 셀 수 數) 어떤 수를 0이 아닌 수로 나눈 몫을 가로선으로 나타낸 수.
- **축소** 모양이나 규모 따위를 줄여서 작게 함.
- **정보** 어떤 사실에 대한 지식.
- **지형**(땅 지 地, 형상 형 形) 땅의 생긴 모양.

1

제목

빈칸에 알맞은 낱말을 넣어 이 글의 제목을 완성하세요.

• 지도의 (   )

2

내용 이해

이 글을 통해 알 수 있는 내용이 <u>아닌</u> 것은 무엇인가요? (　　　　)

① 지도의 쓰임

② 축척이 필요한 까닭

③ 축척을 표시하는 방법

④ 축척이 처음 사용된 시기

⑤ 축척에 따른 지도의 차이

3

세부 내용

'축척'에 대한 설명으로 알맞지 <u>않은</u> 것은 무엇인가요? (　　　　)

① 분수로 나타낼 때는 $\dfrac{1}{50,000}$ 과 같이 표시한다.

② 축척을 나타내는 방법에는 분수, ':', 막대자 등이 있다.

③ ':'을 이용하여 '지도상의 거리 : 실제 거리'로 나타낼 수 있다.

④ 축척이 1:50,000이면 지도의 1센티미터는 실제 거리로 50,000미터를 나타낸다.

⑤ 1센티미터 선을 긋고 '0⎽⎽⎽⎽500m'와 같이 표시하면 지도의 1센티미터가 실제 거리로 500 미터라는 뜻이다.

4

어휘

뜻

보기 를 참고할 때, 밑줄 친 낱말이 ㉠과 같은 뜻으로 쓰인 것은 무엇인가요? (　　　　)

> **보기**
>
> 위치
>
> 1. 일정한 곳에 자리를 차지함. 또는 그 자리.
> 2. 사회적으로 담당하고 있는 지위나 역할.

① 이 가구의 <u>위치</u>를 옮기는 것이 좋겠다.

② 학생의 <u>위치</u>에서 벗어나는 행동을 하면 안 된다.

③ 내 짝은 우리 반에서 중요한 <u>위치</u>를 차지하고 있다.

④ 우리나라는 반도체 산업에서 높은 <u>위치</u>를 차지하고 있다.

⑤ 자신의 <u>위치</u>를 이용해 권력을 함부로 사용하는 사람이 많다.

5

어휘

관계

㉡과 바꾸어 쓸 수 있는 낱말은 무엇인가요? (　　　　)

① 같이　　　　　② 다르게　　　　　③ 대립하여

④ 공평하게　　　　⑤ 구분하여

↓ 핵심어

지 **地** - 땅 | 도 **圖** - 그림

지도

땅의 모습을 나타낸 **그림**

지구 표면의 상태를 일정한 비율로 줄여, 이를 약속된 기호로 평면에 나타낸 그림.

예 누나는 방에 세계 **❶**◻️를 걸어 두었다.

답 ❶ (   )

확장 지 **地**(땅)가 들어간 한자어

지명 지 **地** - 땅 | 명 **名** - 이름

마을이나 지방, 산천, 지역 따위의 이름.

예 서울특별시 송파구는 '몽촌', '이동', '탄천'이라는 **❷**◻️을 거쳐 지금의 이름이 되었다.

☑ **형태는 같지만 뜻이 다른 말 지명** 여럿 중에서 특히 누구를 골라서 그 이름을 말하는 것.

답 ❷ (   )

지방 지 **地** - 땅 | 방 **方** - 방향

1. 어느 방면의 땅.

예 대나무는 추위를 잘 못 견디기 때문에 남쪽 **❸**◻️에서 잘 자란다.

2. 서울 이외의 지역.

예 그는 지방에서 고등학교를 나오고 서울에서 대학을 다녔다.

답 ❸ (   )

지표 지 **地** - 땅 | 표 **表** - 겉

지구의 표면. 또는 땅의 겉면.

예 달의 **❹**◻️에는 운석이 충돌하면서 만들어진 웅덩이가 있다.

☑ **형태는 같지만 뜻이 다른 말 지표** 방향이나 목적, 기준 따위를 나타내는 표지.

답 ❹ (   )

이해 다음 낱말의 뜻을 보기 에서 찾아 기호를 쓰세요.

보기
ㄱ 어느 방면의 땅.
ㄴ 지구의 표면. 또는 땅의 겉면.
ㄷ 마을이나 지방, 산천, 지역 따위의 이름.
ㄹ 지구 표면의 상태를 일정한 비율로 줄여, 이를 약속된 기호로 평면에 나타낸 그림.

1 지도 ( )　　　　**2** 지명 ( )

3 지표 ( )　　　　**4** 지방 ( )

적용 빈칸에 들어갈 알맞은 낱말을 보기 에서 찾아 쓰세요.

보기
지도　　　지명　　　지방　　　지표

5 공주는 옛날에 '고마나루'라는 ( )(으)로 불렸다.

6 우리 가족은 관광 ( )을/를 보고 놀러 갈 장소를 정했다.

7 한반도의 남쪽 ( )에서는 오래전부터 벼농사를 지어 왔다.

8 지구 온난화가 심해지며 ( )의 온도가 점점 상승하고 있다.

심화 **9** 다음 빈칸에 들어갈 알맞은 낱말은 무엇인가요? ( )

지도는 길을 찾을 때 중요한 역할을 한다. 어떤 장소를 처음 찾아가거나, 주변에 무슨 건물이 있는지 찾고 싶을 때 우리는 지도를 본다. 지도에는 지역의 이름을 나타내는 [   ]뿐만 아니라 다리나 하천 등을 그림으로 나타낸 기호가 있기 때문에 장소를 쉽게 찾을 수 있다.

① 가명　　　　② 개명　　　　③ 무명
④ 성명　　　　⑤ 지명

09

여름철 자연재해, 태풍

자연재해

자 自 - 스스로
연 然 - 그러하다
재 災 - 재앙
해 害 - 해롭다

태풍, 가뭄, 홍수, 지진, 화산 폭발, 해일 따위의 피할 수 없는 자연 현상으로 인하여 일어나는 재해.

- **재난**(재앙 재 災, 어려울 난 難) 뜻밖에 일어난 재앙과 고난.

- **상승**(위 상 上, 오를 승 昇) 낮은 데서 위로 올라감.

- **형성**(형상 형 形, 이룰 성 成) 어떤 일정한 모양이나 구조를 이룸.

- **기상** 비·바람·눈·구름 등 대기 속에서 일어나는 현상.

- **관측** 자연 현상을 관찰하여 어떤 사실을 조사하거나 알아내는 것.

- **첨단** (유행, 기술, 학문 등의 변화에서) 가장 앞서 나가는 것.

- **예보** 앞으로 일어날 일을 미리 알림. 또는 그런 보도.

자연재해는 자연 현상으로 일어나는 **재난**이나 피해를 말한다. 자연재해의 종류에는 가뭄, 황사, 지진, 우박, 태풍 등이 있다. 우리나라에는 특히 여름철에 '태풍'이라는 반갑지 않은 손님이 자주 찾아온다. 태풍은 많은 비가 내리는 강한 바람을 뜻하는데, 사람들에게 ㉠막대한 피해를 주어서 두려움의 대상이 된다.

태풍은 일 년 내내 비가 많이 오고 ㉡기온이 높은 지역에서 발생한다. 태양열을 받아 바닷물의 온도가 높아지면, 바다 위의 공기도 뜨거워져서 공기가 ㉢**상승**하는 흐름이 생긴다. 뜨거워진 공기가 위로 올라가면 아래쪽에는 공기가 적어지므로 주위보다 공기의 미는 힘이 적어지는 현상인 '저기압'이 ㉣**형성**된다. 그리고 주변의 찬 공기가 공기가 적어진 곳의 빈 자리를 채우려고 움직이면서 바람이 부는데, 바닷물의 온도 때문에 이 공기도 데워져서 상승한다. 이러한 과정이 반복되면 하늘에 커다란 구름이 생기고 강한 바람이 ㉤빙글빙글 돌면서 불어 들어오는 태풍이 되는 것이다.

바다 한복판에서 만들어진 태풍은 바람을 타고 이동하는 도중에 대부분 힘이 약해진다. 그러나 힘을 잃지 않은 일부 태풍은 육지에 이르러서 비와 강한 바람으로 산사태와 홍수를 일으키고 농작물을 망치는 등 큰 피해를 준다.

태풍 피해를 줄이기 위해 **기상 관측** 센터에서는 정확한 기상 정보를 얻으려고 **첨단** 장비를 이용한다. 농촌에서는 태풍 **예보**가 있으면 집이나 비닐하우스를 점검하는 등 대비를 한다. 또한, 태풍이 지나간 뒤에는 정부에서 태풍으로 피해를 입은 사람에게 필요한 물건을 전달하는 등 도움을 준다.

5

10

15

20

1 설명 대상

이 글에서 설명하는 것은 무엇인지 두 글자로 쓰세요.

(   )

2
글의 특징

이 글에 대한 설명으로 알맞은 것은 무엇인가요? (   )

① 태풍을 막는 방법에 대해 설명한 글이다.

② 태풍 예측 방법을 자세히 설명한 글이다.

③ 태풍 이름을 붙이는 방법에 대해 소개한 글이다.

④ 여름철 자연재해 중 하나인 태풍에 대해 설명한 글이다.

⑤ 인간의 활동으로 인해 자연재해의 피해가 커졌다고 주장하는 글이다.

3
내용 이해

이 글의 내용과 일치하는 것은 무엇인가요? (   )

① 태풍은 추운 지역에서 발생한다.

② 태풍은 사람의 영향으로 일어난 현상이다.

③ 대부분의 태풍은 이동하면서 점점 강해진다.

④ 태풍은 일단 생겨나면 무조건 큰 피해를 입힌다.

⑤ 기상 관측 센터에서 태풍에 관한 기상 정보를 확인할 수 있다.

어휘
4
관계

㉠~㉤을 바꾼 말로 알맞지 <u>않은</u> 것은 무엇인가요? (   )

① ㉠: 엄청난

② ㉡: 고온인

③ ㉢: 내려가는

④ ㉣: 발생한다

⑤ ㉤: 회전하면서

어휘
5
관계

이 글에서 다음 낱말들을 모두 포함하는 말을 찾아 네 글자로 쓰세요.

우박	가뭄	지진	황사	태풍

(   )

↓ 핵심어

자 自 – 스스로 | 연 然 – 그러하다 | 재 災 – 재앙 | 해 害 – 해롭다

자연재해

자연 현상으로 인한 재난 또는 손해

태풍, 가뭄, 홍수, 지진, 화산 폭발, 해일 따위의 피할 수 없는 자연 현상으로 인하여 일어나는 재해.

예 ❶ ☐☐☐☐인 홍수 때문에 도로가 물에 잠겼다.

답❶ (   )

자 自(스스로)가 들어간 한자어

자원   자 自 – 스스로 | 원 願 – 바라다

어떤 일을 자기 스스로 하고자 하여 나섬.

예 봉사 동아리에 ❷ ☐☐하는 사람이 많다.

☑ 형태는 같지만 뜻이 다른 말 **자원** 사람의 생활과 생산에 필요한 물질·재료·노동력·기술 등.

답❷ (   )

자율   자 自 – 스스로 | 율 律 – 법

자기 스스로의 원칙에 따라 행동하는 것. 스스로 자기의 행위를 통제하는 것.

예 우리 학교는 교복 입는 것을 학생 ❸ ☐☐에 맡기고 있다.

답❸ (   )

자제   자 自 – 스스로 | 제 制 – 억제하다

자기의 감정이나 욕망을 스스로 억제함.

예 양치질을 한 후에는 군것질을 ❹ ☐☐해야 한다.

답❹ (   )

이해 | 다음 뜻에 해당하는 낱말을 보기 에서 찾아 쓰세요.

보기

| 자원 | 자율 | 자제 | 자연재해 |

1 자기의 감정이나 욕망을 스스로 억제함. ( )

2 어떤 일을 자기 스스로 하고자 하여 나섬. ( )

3 자기 스스로의 원칙에 따라 행동하는 것. 스스로 자기의 행위를 통제하는 것.
( )

4 태풍, 가뭄, 홍수, 지진, 화산 폭발, 해일 따위의 피할 수 없는 자연 현상으로 인하여 일어나는 재해. ( )

적용 | 다음 낱말이 들어갈 문장을 찾아 알맞게 선으로 이으세요.

5 자원 •

6 자율 •

7 자제 •

8 자연재해 •

• ㉮ 건강을 위해 콜라 마시는 것을 ( )했다.

• ㉯ 선생님께서는 과제를 학생들의 ( )에 맡기셨다.

• ㉰ 태풍과 같은 ( )(으)로 인해 농부들의 피해가 크다.

• ㉱ 봉사를 ( )한 사람들이 함께 쓰레기를 주우러 갔다.

심화 | **9** 다음 빈칸에 들어갈 알맞은 낱말을 네 글자로 쓰세요.

프랑스 혁명 직전에 프랑스 사람들은 어려움을 겪고 있었다. 가뭄, 홍수와 같은 ☐☐☐☐이/가 계속해서 발생해 거두어들인 농작물의 양이 크게 줄어들었는데, 귀족들은 이것을 모른 척하고 더 많은 세금을 거두었기 때문이다. 이로 인해 사람들의 불만은 나날이 쌓여 갔다.

( )

10

투표

투 投 – 던지다
표 票 – 표

선거를 하거나 여럿이 어떤 일을 의논하여 정할 때 자기의 의사를 일정한 방법에 따라 나타내는 것, 또는 그런 의사를 표시한 쪽지.

- **국토**(나라 국 國, 흙 토 土) 나라의 통치권이 미치는 지역.

- **실시** 국가나 공공의 기관에서 어떤 법이나 제도를 실제로 행하는 것.

- **후보** 선거에서, 어떤 직위나 신분을 얻으려고 일정한 자격을 갖추어 나섬. 또는 그런 사람.

- **실현** 꿈, 기대 따위를 실제로 이룸.

- **공정**(공평할 공 公, 바를 정 正) 공평하고 올바름.

- **원칙**(근원 원 原, 법 칙 則) 여러 가지 경우에 적용되는 기본적인 규칙이나 법칙.

투표와 선거

민주주의란 모든 국민이 나라의 주인이 되어, 스스로를 다스리는 정치 방식을 말한다. 민주주의는 옛날 그리스에서 시작되었다. 그리스인들은 광장에 모여 의견을 나누고, 모든 나랏일을 직접 투표로 결정했다.

민주주의는 직접 민주주의와 대의 민주주의로 나눌 수 있다. 직접 민주주의는 나라의 중요한 일을 모든 국민이 모여 직접 투표로 결정하는 방식이다. 국토가 작고 국민이 적었던 옛날에는 직접 민주주의를 할 수 있었다. 그러나 오늘날에는 **국토**의 크기가 훨씬 커지고 국민의 수도 많아졌기 때문에 모든 사람이 한곳에 모여 의견을 나누고 결정을 내리기가 어려워졌다. 그래서 대다수 국가에서는 국민을 대신해 일할 대표자를 뽑아 중요한 일을 결정하도록 맡기는 대의 민주주의를 **실시**한다.

대의 민주주의를 위해 국민이 투표로 대표자를 뽑는 일을 선거라고 한다. 선거에 나온 **후보**들은 자신이 대표자가 되면 국민을 위해 어떤 일을 할지 약속한다. 국민은 후보자들의 ⎡ ㉠ ⎤을 보고, 어떤 것이 자신에게 이익이 되고 사회 발전에 도움이 되는지 등을 헤아려 투표한다.

국민을 대신할 대표를 뽑는 선거는 민주주의를 **실현**하기 위해 매우 중요하다. 따라서 다음과 같이 **공정**한 선거를 위한 네 가지 **원칙**이 정해져 있다. 우선 만 18세 이상의 나이가 되면 누구나 투표할 수 있고, 모든 사람이 똑같이 한 표씩만 투표할 수 있다. 또한 다른 사람을 시키지 않고 직접 투표해야 하며, 누구에게 투표했는지 알 수 없도록 비밀을 지켜야 한다.

5

10

15

20

---

1 설명 대상

이 글에서 설명하는 것은 무엇인지 쓰세요.

• 민주주의를 실현하기 위한 (   )와 선거

2

내용 이해

이 글의 내용과 일치하지 <u>않는</u> 것은 무엇인가요? (   )

① 민주주의는 그리스에서 시작되었다.

② 공정한 선거를 위한 원칙이 정해져 있다.

③ 대의 민주주의는 투표를 통해 대표자를 뽑는다.

④ 직접 민주주의는 국민이 국가의 중요한 일을 직접 투표해 결정한다.

⑤ 직접 민주주의가 대의 민주주의보다 더 좋은 민주주의 실현 방식이다.

3

세부 내용

선거의 원칙에 대한 설명으로 알맞은 것은 무엇인가요? (   )

① 바쁘면 다른 사람이 대신 투표할 수 있다.

② 만 18세 이상이면 누구나 투표할 수 있다.

③ 자신이 선거 후보자이면 두 표를 투표할 수 있다.

④ 어린이도 자신이 원하는 후보에게 투표할 수 있다.

⑤ 자신이 누구를 뽑았는지 다른 사람들에게 알려 줘야 한다.

4

뜻

이 글에 쓰인 낱말의 뜻풀이가 바르지 <u>않은</u> 것은 무엇인가요? (   )

① 공정: 공평하고 올바름.

② 실현: 아직 마치지 못함.

③ 원칙: 여러 가지 경우에 적용되는 기본적인 규칙이나 법칙.

④ 실시: 국가나 공공의 기관에서 어떤 법이나 제도를 실제로 행하는 것.

⑤ 후보: 선거에서, 어떤 직위나 신분을 얻으려고 일정한 자격을 갖추어 나섬. 또는 그런 사람.

5

적용

㉠에 들어갈 말로 알맞은 것에 ○표 하세요.

(1) 선약: 먼저 약속함. 또는 그런 약속.   (   )

(2) 제약: 조건을 붙여 내용을 제한함. 또는 그 조건.   (   )

(3) 공약: 선거에서 후보자가 어떤 일에 대하여 국민에게 실행할 것을 약속함. 또는 그런 약속.   (   )

↓ 핵심어

투 投 – 던지다 | 표 票 – 표

투표

자신의 의사를 표시한 **표**를 **던짐**

선거를 하거나 여럿이 어떤 일을 의논하여 정할 때 자기의 의사를 일정한 방법에 따라 나타내는 것, 또는 그런 의사를 표시한 쪽지.

예 반의 대표를 뽑는 일은 보통 학생들의 ❶◻◻로 진행된다.

답❶ (   )

확장

투 投 (1. 던지다 2. 보내다 3. 주다)가 들어간 한자어

투서 투 投 – 보내다 | 서 書 – 글

(감춰져 있던) 남의 잘못을 적어서 어떤 조직이나 단체에 몰래 보내는 것, 또는 그런 글.

예 정치인의 잘못을 알리기 위해 신문사에 ❷◻◻를 보냈다.

답❷ (   )

투여 투 投 – 주다 | 여 與 – 주다

1. 약 따위를 환자에게 복용시키거나 주사함.

   예 의사 선생님은 나에게 진통제를 ❸◻◻하셨다.

2. 돈이나 노력 따위를 어떤 일에 들임.

   예 그 회사는 이번 신제품 개발에 막대한 비용을 투여했다.

답❸ (   )

투입 투 投 – 던지다 | 입 入 – 들이다

1. 던져 넣음.

   예 자판기에 동전을 투입하였다.

2. 사람이나 물자, 자본 따위를 필요한 곳에 넣음.

   예 정부는 자금을 ❹◻◻해서 공공 기관을 지원했다.

답❹ (   )

이해 다음 낱말과 뜻을 알맞게 선으로 이으세요.

1 투서 •

• ㉮ 약 따위를 환자에게 복용시키거나 주사함.

2 투여 •

• ㉯ 사람이나 물자, 자본 따위를 필요한 곳에 넣음.

3 투입 •

• ㉰ (감춰져 있던) 남의 잘못을 적어서 어떤 조직이나 단체에 몰래 보내는 것, 또는 그런 글.

4 투표 •

• ㉱ 선거를 하거나 여럿이 어떤 일을 의논하여 정할 때 자기의 의사를 일정한 방법에 따라 나타내는 것.

적용 빈칸에 들어갈 알맞은 낱말을 보기 에서 찾아 쓰세요.

> 보기
>
> 투서   투여   투입   투표

5 그 공사는 많은 노동자가 (   )되어 빠른 속도로 진행되었다.

6 헌법을 고칠 때 국민 (   )(으)로 찬성과 반대를 물을 수 있다.

7 어린이나 몸이 약한 사람에게 약을 함부로 (   )하면 안 된다.

8 경찰은 기업의 드러나지 않은 잘못을 알리는 (   )을/를 받았다.

심화 **9** 다음 빈칸에 들어갈 알맞은 낱말은 무엇인가요? (   )

> 새 학기가 되어 학급 회장 선거를 했다. 우혁이와 지원이가 회장 후보로 나왔다. 우혁이는 회장이 되면 학급 친구들에게 햄버거를 사겠다고 했다. 지원이는 회장이 되면 숙제를 잘할 수 있도록 함께 공부하는 시간을 만들겠다고 했다. 친구들의 이야기를 들으면서 나는 누구에게 ☐☐ 해야 할지 고민이 되었다.

① 투서   ② 투여   ③ 투입
④ 투정   ⑤ 투표

설명문 | 예술

11

핵심어

편의

편 便 – 편하다
의 宜 – 마땅하다

형편이나 조건 따위가 편
하고 좋음.

편의를 위해 발명된 튜브 물감

　미술 시간에 그림을 그릴 때 한 번쯤 튜브 물감을 사용해 보았을 것이다. 튜브 물감은 부드러운 튜브에 들어 있는 물감으로, 1841년 미국의 화가인 존 고프 랜드가 최초로 발명했다.

　존이 활동하던 시대에는 지금처럼 물감을 쉽게 사서 쓸 수 없었다. 그래서 화가들은 스스로 물감을 만들어 돼지 오줌보에 넣은 뒤 끈으로 묶어 보관해 두고 썼다. 그러나 돼지 오줌보가 터지는 ㉠**바람에** **애써** 만든 물감을 버리거나, 한 번 열고 나면 금방 말라서 다시 사용할 수 없는 경우가 많았다. 이렇듯 물감을 가지고 다니면서 그림을 그리기에는 불편한 점이 많았기 때문에, 많은 화가가 풍경을 기억해 두었다가 집으로 돌아와 기억을 ㉡**더듬으면서** 그림을 그렸다.

　존은 물감을 제대로 보관하는 방법을 찾기 위해 늘 주위를 살폈다. 어느 날 그는 금속인데도 조금만 힘을 주면 모양이 변하는 아연 통을 발견했다. 아연 통에 물감을 넣어 보니, 물감이 새지 않을 뿐만 아니라 돌돌 말면 아래쪽에 남은 물감이 밀려 나와서 쓰기에도 편했다. 여기에 뚜껑을 달아 **여닫을** 수 있도록 만들자, 시간이 지나도 **간편하게** 물감을 짜서 쓰고, 필요할 때 다시 사용할 수 있게 되었다.

　편의를 가져다준 튜브 물감 덕분에 화가들은 물감을 버리지 않고 쓸 만큼만 사용한 뒤 보관해 둘 수 있었다. 또한 가고 싶은 곳이면 어디든 물감을 가져가 그림을 그릴 수 있었다. 물감을 담던 튜브는 오늘날의 치약이나 화장품 등 여러 가지 재료를 담는 데에도 편리하게 쓰이고 있다.

5

10

15

20

- **바람에** 뒷말의 근거나 원인을 나타내는 말.

- **애써** 마음과 힘을 다하여 무엇을 이루려고 힘써.

- **더듬으면서** 어렴풋한 생각이나 기억을 마음으로 짐작하여 헤아리면서.

- **여닫을** 문 따위를 열고 닫고 할.

- **간편**(대쪽 간 簡, 편할 편 便)**하게** 간단하고 편리하게.

1

설명 대상

이 글에서 설명하는 것은 무엇인지 네 글자로 쓰세요.

(　　　　　　　　　)

2

내용 이해

이 글을 통해 알 수 있는 내용이 <u>아닌</u> 것은 무엇인가요? (   )

① 튜브 물감의 장점

② 튜브 물감의 단점

③ 튜브 물감을 발명한 계기

④ 튜브 물감이 발명된 시기

⑤ 튜브 물감을 발명한 사람

3

추론

이 글을 읽고 짐작한 것으로 알맞은 것은 무엇인가요? (   )

① 튜브 물감이 발명되기 전에는 물감을 보관하지 않았다.

② 튜브 물감이 발명되기 전에는 물감을 휴대하기 어려웠다.

③ 화가들은 바깥보다 집에서 그림을 그리는 것을 좋아했다.

④ 튜브 물감은 한 번 열고 나면 금방 말라서 다시 사용할 수 없었다.

⑤ 화가들은 기억을 더듬으며 그리는 것이 더 좋은 그림이라고 생각했다.

어휘

4

적용

다음 빈칸에 ㉠을 넣었을 때 어울리지 <u>않는</u> 것에 ○표 하세요.

(1) 음식을 급하게 먹는 ☐☐☐ 체했다.   (   )

(2) 알람 시계가 고장 나는 ☐☐☐ 늦잠을 잤다.   (   )

(3) 도서관에서 책을 읽는 ☐☐☐ 떠들면 안 된다.   (   )

어휘

5

뜻

보기 를 참고할 때, 밑줄 친 낱말이 ㉡과 같은 뜻으로 쓰인 것은 무엇인가요? (   )

> **보기**
>
> 더듬다
>
> 1. 잘 보이지 않는 것을 손으로 이리저리 만져 보며 찾다.
>
> 2. 어렴풋한 생각이나 기억을 마음으로 짐작하여 헤아리다.

① 그 장소에 갔던 추억을 <u>더듬어</u> 보았다.

② 그는 머리맡에 둔 휴대폰을 <u>더듬어</u> 찾았다.

③ 잘 보이지 않는 것을 손으로 이리저리 <u>더듬었다</u>.

④ 갑자기 정전이 되어 방 안을 <u>더듬어</u> 손전등을 찾았다.

⑤ 나는 어둠 속에서 손발로 나무를 <u>더듬으며</u> 길을 찾았다.

동영상 강의

↓ 핵심어

편 便 – 편하다 | 의 宜 – 마땅하다

편의

이용하는 데 **편리하고 마땅함**

형편이나 조건 따위가 편하고 좋음.

예 우리 학교에는 도서관, 수영장 등 다양한 ❶◻◻ 시설이 갖추어져 있다.

☑ **비슷한 말 편리** 편하고 이로우며 이용하기 쉬움.

답❶ (   )

확장

편 便(편하다)이 들어간 한자어

편법　편 便 – 편하다 | 법 法 – 방법

정상적인 절차를 따르지 않은 간편하고 손쉬운 방법.

예 그는 자신한테만 유리하게끔 ❷◻◻을 사용했다.

답❷ (   )

간편　간 簡 – 간략하다 | 편 便 – 편하다

간단하고 편리함.

예 그는 산을 오르기에 ❸◻◻한 등산복을 입었다.

답❸ (   )

방편　방 方 – 방법 | 편 便 – 편하다

그때그때의 경우에 따라 편하고 쉽게 이용하는 수단과 방법.

예 나는 졸음을 쫓기 위한 ❹◻◻으로 세수를 하였다.

☑ **비슷한 말 방법** 어떤 일을 해 나가거나 목적을 이루기 위하여 취하는 수단이나 방식.

답❹ (   )

이해 다음 낱말의 뜻을 보기 에서 찾아 기호를 쓰세요.

> **보기**
> ㉠ 간단하고 편리함.
> ㉡ 형편이나 조건 따위가 편하고 좋음.
> ㉢ 정상적인 절차를 따르지 않은 간편하고 손쉬운 방법.
> ㉣ 그때그때의 경우에 따라 편하고 쉽게 이용하는 수단과 방법.

1 편의 (   )   **2** 편법 (   )

3 간편 (   )   **4** 방편 (   )

적용 빈칸에 들어갈 알맞은 낱말을 보기 에서 찾아 쓰세요.

> **보기**
> 간편   방편   편법   편의

5 배고픔을 해결하려는 (   )(으)로 빵을 한 조각 먹었다.

6 접을 수 있는 우산은 크기가 작아서 가지고 다니기에 (   )하다.

7 우리 학교는 학생들의 (   )을/를 위해 주말에도 도서관을 연다.

8 조선 말기에는 백성에게 많은 세금을 거두어들이려고 여러 (   )을/를 만들었다.

심화 **9** 다음 글에서 밑줄 친 말과 뜻이 비슷한 말을 찾아 두 글자로 쓰세요.

>   공공시설은 국가 또는 공공 단체가 주민 생활의 <u>편의</u>와 안전을 위해 만든 시설을 말한다. 공공시설에는 다리, 지하철, 가로등, 공원 등이 있다. 국가나 공공 단체는 우리가 살아가는 데 필요한 것들을 대신 계획하고 만들어 주민들이 편리하게 이용할 수 있게 한다.

                                                (   )

문화적 편견과 차별을 없애자

편견

편 偏 – 치우치다
견 見 – 보다

공정하지 못하고 한쪽으로
치우친 생각.

영어가 쓰인 옷이나 외국 **브랜드**의 제품이 더 좋다고 생각해 본 적이 있는가? 이러한 생각은 편견에 속한다. 편견이란 공정하지 못하고 한쪽으로 치우친 의견이나 생각을 의미한다. 편견에 빠지면 내가 좋다고 생각하는 것을 더 **우선**으로 여기며, 반대로 내가 좋지 않다고 여기는 것들은 상대적으로 낮게 **취급**하게 된다. 즉, 무언가를 ㉠**차별**하는 태도를 지니게 되는 것이다. 5

미국이나 유럽 등의 문화를 자주 접하면서, 자연스럽게 백인과 서양 문화가 다른 문화보다 좋다고 생각하는 사람들이 있다. 이렇듯 어떤 문화가 좋고 어떤 문화가 나쁘다고 생각하는 것을 문화적 편견이라고 한다. 영어가 한글보다 멋있어 보인다거나, 수입품이 더 좋아 보인다는 생각도 문화적 편견의 예이다. 10

문화적 편견이 생기면, 특정한 문화에 거부감을 갖거나 그 문화를 다른 문화보다 **열등**하게 생각할 수 있다. 이러한 차별적 태도는 다른 문화를 가진 누군가에게 상처를 줄 수 있고, 나아가 서로 다른 문화에 속한 사람들 사이에 갈등을 불러일으키게 된다. 15

따라서 우리 삶 속에 자리 잡은 문화적 편견과 차별을 없애기 위해 노력해야 한다. 그러려면 먼저 나와 다른 문화 또는 생각을 이해하려는 자세가 필요하다. 예를 들어 외국인이 우리말에 능숙하지 않다고 놀리거나 무시하는 대신에, ㉡내가 외국인이면 어떨지 상대방의 입장을 헤아릴 수 있어야 한다. 이렇게 하다 보면 다양한 문화를 존중할 수 있고, ㉰어느 하나만 무조건 좋거나 옳다는 식의 치우친 생각을 하지 않을 수 있다. 20

- **브랜드** 생산 회사나 제품의 이름.
- **우선** 앞서 다루어지거나 특별히 여겨짐.
- **취급**(취할 취 取, 취급할 급 扱) 사람이나 사건을 어떤 태도로 대하거나 처리함.
- **차별**(다를 차 差, 나눌 별 別) 둘 이상의 대상을 각각 등급이나 수준 따위의 차이를 두어 구별함.
- **열등** 보통의 수준이나 등급보다 낮음. 또는 그런 등급.

1 주장

이 글에서 주장하고 있는 것은 무엇인지 쓰세요.

• 문화적 (　　　　　　)와/과 차별을 없애자.

2
내용 이해

이 글을 통해 알 수 있는 내용이 <u>아닌</u> 것은 무엇인가요? (   )

① 편견의 의미

② 차별적 태도의 문제점

③ 문화적 편견의 구체적인 예시

④ 문화적 편견과 차별을 없애는 방법

⑤ 상대방의 편견이나 차별에 대처하는 방법

3
적용

㉮에 해당하지 <u>않는</u> 것은 무엇인가요? (   )

① 피부색이 다른 외국인 친구를 놀렸다.

② 우리나라 사람이 유럽 사람보다 뛰어나다고 생각한다.

③ 우리나라 옷보다 외국의 옷이 무조건 좋다고 생각한다.

④ 멋있어 보이려고 대화할 때 일부러 영어를 섞어서 말한다.

⑤ 다른 나라의 전통 음식이 입맛에 맞지 않는다고 함부로 평가하지 않는다.

4
어휘
관계

밑줄 친 낱말이 ㉠과 반대되는 뜻으로 쓰인 것은 무엇인가요? (   )

① 그는 항상 웃어른을 <u>공경</u>했다.

② 법 앞에서는 모두가 <u>평등</u>해야 한다.

③ 남자 화장실과 여자 화장실이 <u>구분</u>되어 있다.

④ 그들은 문화적 <u>차이</u>를 극복하고 친한 친구가 되었다.

⑤ 새끼 강아지들의 생김새가 비슷해서 <u>구별</u>하기 어려웠다.

5
어휘
적용

㉡에 어울리는 한자 성어는 무엇인가요? (   )

① 박학다식: 학식이 넓고 아는 것이 많음.

② 역지사지: 처지를 바꾸어서 생각하여 봄.

③ 일취월장: 나날이 다달이 자라거나 발전함.

④ 문방사우: 종이, 붓, 먹, 벼루의 네 가지 문방구.

⑤ 감언이설: 귀가 솔깃하도록 남의 비위를 맞추거나 이로운 조건을 내세워 꾀는 말.

핵심어

편 偏 – 치우치다 | 견 見 – 보다

편견

한쪽으로 **치우쳐서 봄**

공정하지 못하고 한쪽으로 치우친 생각.

예 콩이 들어간 음식이라면 다 맛이 없다는 생각은 ❶⬚이다.

☑ **비슷한 말 색안경** 주관이나 선입견에 얽매여 좋지 않게 보는 태도를 비유적으로 이르는 말.

답 ❶ (   )

확장

편 偏(치우치다)이 들어간 한자어

편애 편 偏 – 치우치다 | 애 愛 – 사랑

어느 한 사람이나 한쪽만을 치우치게 사랑함.

예 할머니, 할아버지께서 나보다 내 동생을 ❷⬚하는 것 같아 속상하다.

답 ❷ (   )

편협 편 偏 – 치우치다 | 협 狹 – 좁다

1. **한쪽으로 치우쳐 생각이나 마음이 좁고 너그럽지 못함.**

   예 내가 아니면 안 된다는 ❸⬚한 생각은 버리는 것이 좋다.

2. **땅 따위가 좁음.**

   예 그는 편협한 땅을 벗어나 넓은 세상에서 자신의 꿈을 펼치고 싶다고 말했다.

답 ❸ (   )

편파적 편 偏 – 치우치다 | 파 頗 – 치우치다 | 적 的 – ~의

공정하지 못하고 어느 한쪽으로 치우친 (것).

예 그 기자는 회사 측의 말만 듣고 ❹⬚⬚⬚ 보도를 하였다.

답 ❹ (   )

이해 다음 낱말과 뜻을 알맞게 선으로 이으세요.

1 편견 •

• ㉮ 공정하지 못하고 한쪽으로 치우친 생각.

2 편애 •

• ㉯ 공정하지 못하고 어느 한쪽으로 치우친 것.

3 편협 •

• ㉰ 어느 한 사람이나 한쪽만을 치우치게 사랑함.

4 편파적 •

• ㉱ 한쪽으로 치우쳐 생각이나 마음이 좁고 너그럽지 못함.

적용 빈칸에 들어갈 알맞은 낱말을 보기 에서 찾아 쓰세요.

보기

편견   편애   편협   편파적

5 부모님이 형만 (   )하는 것 같아 불만이다.

6 우리나라 축구팀 감독은 심판의 (   ) 태도에 항의하였다.

7 지호는 키가 작은 사람은 농구를 못할 것이라는 (   )을/를 깨트렸다.

8 다른 나라의 문화를 무조건 받아들이지 말자고 하는 것은 (   )한 생각이다.

심화 **9** 다음 빈칸에 들어갈 알맞은 낱말은 무엇인가요? (   )

친구들과 영화를 보는데 너무 슬퍼서 눈물이 났다. 그러자 옆에 있던 연우가 "남자가 왜 울고 그래?"라며 나를 놀렸다. 당황한 나는 아무 말도 하지 못했다. 그때 원준이가 "슬퍼서 우는 건 남자든 여자든 상관없어. 남자는 울면 안 된다는 □□□을/를 버려야 해."라고 따끔하게 말했다.

① 편견   ② 편식   ③ 편애

④ 편의   ⑤ 편파적

13

핵심어

가열

가 加 - 더하다
열 熱 - 열

어떤 물질에 열을 가함.

- **비행**(날 비 飛, 다닐 행 行) 공 중으로 날아가거나 날아다님.

- **쬐자** 볕이나 불기운 따위를 몸에 받자.

- **공감**(함께 공 共, 느낄 감 感) 남의 감정, 의견, 주장 따위에 대하여 자기도 그렇다고 느낌. 또는 그렇게 느끼는 기분.

- **성질**(성품 성 性, 바탕 질 質) 사물이나 현상이 가지고 있는 고유의 특성.

- **착륙**(붙을 착 着, 뭍 륙 陸) 비 행기 따위가 공중에서 활주로 나 판판한 곳에 내림.

- **최초**(가장 최 最, 처음 초 初) 맨 처음.

공기를 가열해 비행하다

커다란 풍선처럼 생긴 열기구를 띄워 사람이 하늘을 날 수 있도록 한 사람은 과연 누구일까? 바로 종이를 만들던 프랑스의 몽골피에 형제이 다. 열기구는 주머니 속의 공기를 가열하여 공중에 ㉠떠오르게 한 것으 로, 사람이 타고 **비행**할 수 있는 기구이다.

어느 날 형인 조제프 몽골피에는 종이봉투를 접고 있었다. 종이봉투 에 바른 풀을 빨리 말리려고 봉투에 난롯불을 **쬐자** 종이봉투가 공중으 로 떠올랐다. 이를 본 조제프는 '만약 위로 올라가는 공기를 커다란 주머 니에 담으면 사람도 하늘을 날 수 있지 않을까?'라고 생각했다. 즉, 위로 올라가는 공기의 힘이 종이를 공중에 뜨게 한다고 생각한 것이다. 동생 인 자크 몽골피에는 형의 생각에 깊이 **공감**했다.

두 사람은 천 조각을 이어 붙여 공기를 담을 수 있는 커다란 주머니를 만들었다. 그리고 주머니 아래에서 짚을 태웠다. ㉮따뜻한 공기가 주머 니에 가득 담기자 팽팽하게 부푼 주머니가 하늘로 둥실 떠올랐다. 공기 는 따뜻해지면 가벼워져서 위로 올라가는 **성질**이 있는데, 이것을 이용 해 열기구를 띄운 것이다.

몽골피에 형제가 이 주머니를 10분 동안 하늘에 띄우자, 많은 사람이 이를 보고 놀라워했다. 이후 형제는 여러 번의 시험을 거쳐, 1783년 11 월 21일에 열기구에 사람을 태워 하늘로 날려 보내는 데 ㉡성공했다. 그들은 약 25분 동안 하늘을 난 뒤 안전하게 **착륙**했다. 이것이 바로 사 람이 **최초**로 하늘을 난 사건이다.

5

10

15

20

1

설명 대상

이 글에서 설명하는 것은 무엇인지 세 글자로 쓰세요.

(   )

2
글의 특징

이 글에 대한 설명으로 알맞은 것은 무엇인가요? (   )

① 열기구 실험이 실패한 원인을 설명하고 있다.

② 열기구와 다양한 비행 수단을 비교하며 설명하고 있다.

③ 열기구에 대한 질문으로 글을 시작해 호기심을 느끼게 하고 있다.

④ 열기구에 대한 사람들의 긍정적인 반응과 부정적인 반응을 대조해 설명하고 있다.

⑤ 구체적인 숫자를 활용해서 열기구가 다른 비행 기구보다 우수함을 주장하고 있다.

3
적용

㉮에 대해 알맞게 이해한 친구는 누구인가요? (   )

① 가원: 주머니를 천으로 만들었기 때문에 열기구가 떠올랐어.

② 경원: 주머니 안에 끓는 물을 넣었기 때문에 열기구가 떠올랐어.

③ 민지: 주머니의 크기가 사람보다 컸기 때문에 열기구가 떠올랐어.

④ 소영: 주머니 안에 짚을 충분히 넣었기 때문에 열기구가 떠올랐어.

⑤ 지훈: 따뜻한 공기가 주머니 속으로 이동했기 때문에 열기구가 떠올랐어.

어휘

4
뜻

㉠의 뜻으로 알맞은 것은 무엇인가요? (   )

① 솟아서 위로 올라가게.

② 지난 일을 돌이켜 생각하여 내게.

③ 사실보다 지나치게 불려서 나타내게.

④ 어떤 표정이나 태도 따위를 얼굴이나 몸에 나타내게.

⑤ 어떤 현상이 관심의 대상이 되거나 어떤 사람이 훨씬 좋은 위치로 올라서게.

어휘

5
관계

㉡과 뜻이 반대되는 말은 무엇인가요? (   )

① 성사: 일을 이룸. 또는 일이 이루어짐.

② 순환: 주기적으로 자꾸 되풀이하여 돎.

③ 가동: 사람이나 기계 따위가 움직여 일함.

④ 시도: 어떤 것을 이루어 보려고 계획하거나 행동함.

⑤ 실패: 일을 잘못하여 뜻한 대로 되지 아니하거나 그르침.

↓ 핵심어

가 加 – 더하다 | 열 熱 – 열

가열

어떤 것에 **열**을 **더함**

어떤 물질에 열을 가함.

예 과학 시간에 알코올램프로 비커에 있는 액체를 ❶[   ]하여 실험했다.

☑ **반대되는 말 냉각** 식어서 차게 됨. 또는 식혀서 차게 함.

답❶ (   )

확장

가 加(더하다)가 들어간 한자어

가공 가 加 – 더하다 | 공 工 – 공

원료나 재료에 기술과 힘을 들여 새로운 물건으로 만드는 것.

예 쌀을 ❷[   ]하면 떡이나 빵 등의 식품을 만들 수 있다.

☑ **비슷한 말 제조** 원료를 가공하여 물품을 만드는 것.

답❷ (   )

가입 가 加 – 더하다 | 입 入 – 들다

조직이나 단체 따위에 들어가거나, 서비스를 제공하는 상품 따위를 신청함.

예 합창부에 ❸[   ]할 사람들은 수업이 끝나고 잠깐 모이기로 했다.

☑ **반대되는 말 탈퇴** 관계하고 있던 조직이나 단체 따위에서 관계를 끊고 물러남.

답❸ (   )

첨가 첨 添 – 더하다 | 가 加 – 더하다

이미 있는 것에 덧붙이거나 보탬.

예 이것은 설탕을 ❹[   ]하지 않은 생과일주스이다.

답❹ (   )

이해 다음 뜻에 해당하는 낱말을 보기 에서 찾아 쓰세요.

> 보기
>
> 가공   가열   가입   첨가

1 어떤 물질에 열을 가함.   (   )

2 이미 있는 것에 덧붙이거나 보탬.   (   )

3 원료나 재료에 기술과 힘을 들여 새로운 물건으로 만드는 것. (   )

4 조직이나 단체 따위에 들어가거나, 서비스를 제공하는 상품 따위를 신청함.

(   )

적용 다음 낱말이 들어갈 문장을 찾아 알맞게 선으로 이으세요.

5 가공 •

⑦ 올해는 친구가 추천한 무용 동아리에 (   ) 했다.

6 가열 •

⑭ 이 옷감은 물에 닿아도 젖지 않도록 (   ) 되었다.

7 가입 •

⑮ 물을 주전자에 넣어 (   )했더니 수증기가 생겼다.

8 첨가 •

⑯ 색소가 지나치게 많이 (   )된 식품은 몸에 해롭다는 의견이 있다.

심화 **9** 다음 글에서 밑줄 친 말과 뜻이 반대되는 말을 찾아 두 글자로 쓰세요.

> 담임 선생님의 추천으로 학교에서 열린 방과 후 독서 모임에 가입했다. 처음에는 책 읽기를 좋아하지 않는 내가 잘할 수 있을까 걱정이 되었다. 어려운 내용의 책을 읽게 되었을 때는 <u>탈퇴</u>하고 싶은 마음도 들었다. 하지만 나와 같은 책을 읽은 친구들이 서로 다른 생각을 할 수도 있다는 것을 알게 되니 재미있고 신기해서 어느새 모임에 나가는 게 즐거워졌다.

(   )

조상의 지혜가 담긴 □□□ 장치, 온돌

난방

난 暖 - 따뜻하다
방 房 - 방

실내의 온도를 높여 따뜻
하게 하는 일.

우리나라는 사계절이 뚜렷하다. 춥고 **건조한** 겨울이 지나면 따스한 봄이 찾아오고, 곧이어 덥고 **습한** 여름을 맞이하게 된다. 시원한 가을이 지나면 다시 **매서운** 바람이 부는 겨울이 온다. 우리나라는 일 년 동안 계속 계절의 변화를 겪기 때문에 옛날부터 다양한 **장치**와 도구를 사용해 왔다. 그중에서도 겨울의 추위와 같이 계절의 변화를 이겨 내기 위한 조상들의 지혜를 엿볼 수 있는 대표적인 장치가 바로 온돌이다. 5

온돌의 짜임새를 살펴보면, 방바닥에 구들장이라는 얇고 넓은 돌이 깔려 있고, 구들장 아래에 이어진 통로에 불을 **지피는** 공간인 아궁이가 있다.

그렇다면 온돌은 어떤 방식으로 난방을 하는 것일까? 아궁이에 불을 10 때면 불에서 올라온 **열기**가 구들장 아래를 지나며 돌을 따뜻하게 데운다. 이때 아궁이와 가까운 방바닥은 열기를 많이 받아서 조금 더 따뜻한데 이를 '아랫목'이라고 부른다. 따뜻하게 데워진 돌은 방바닥에 **고르게** 열을 전달한다. 또한 따뜻해진 바닥의 공기는 가벼워져서 위로 올라가고 위쪽에 있던 찬 공기가 아래로 내려와서 방바닥의 열기를 받는다. 이 15 렇게 방바닥에서부터 올라온 열이 방 전체로 퍼지면서 방 안이 따뜻하게 되는 것이다.

온돌은 돌로 만들어져서 천천히 데워지고 천천히 식는다. 따라서 아궁이의 불이 꺼져도 방바닥이 오랫동안 따뜻하기 때문에 난방에 효과적이다. ㉠게다가 여름에는 방바닥에 깔린 구들장에서 찬 기운이 올라와 20 방 안이 서늘해지므로 온돌은 겨울에만 쓸모가 있는 것이 아니라 여름에 더위를 이기는 데에도 도움이 된다.

- **건조한** 말라서 습기가 없는.
- **습한** 메마르지 않고 물기가 많아 축축한.
- **매서운** 정도가 매우 심한.
- **장치** 어떤 목적에 따라 기능하도록 기계, 도구 따위를 그 장소에 장착함. 또는 그 기계, 도구, 설비.
- **지피는** 아궁이나 화덕 따위에 땔나무를 넣어 불을 붙이는.
- **열기**(더울 열 熱, 기운 기 氣) 뜨겁게 가열된 기체.
- **고르게** 여럿이 다 높낮이, 크기, 양 따위의 차이가 없이 한결같게.

1

제목

빈칸에 알맞은 낱말을 넣어 이 글의 제목을 완성하세요.

• 조상의 지혜가 담긴 (　　　　　　) 장치, 온돌

2 이 글의 내용과 일치하지 <u>않는</u> 것은 무엇인가요? (　　　)

내용 이해

① 온돌은 여름에도 쓸모가 있다.
② 구들장의 위에 아궁이가 있다.
③ 우리나라는 사계절이 뚜렷하다.
④ 온돌에는 조상들의 지혜가 담겨 있다.
⑤ 온돌은 계절의 변화를 이겨 내기 위한 장치이다.

3 이 글을 통해 답을 알 수 있는 질문이 <u>아닌</u> 것은 무엇인가요? (　　　)

추론

① 온돌은 언제부터 사용되었을까?
② 온돌은 어떻게 방을 따뜻하게 할까?
③ 우리나라 사계절의 특징은 무엇일까?
④ 온돌의 짜임새는 어떻게 이루어져 있을까?
⑤ 계절의 변화를 이겨 내기 위한 대표적인 장치엔 어떤 것이 있을까?

어휘

4 이 글에 쓰인 낱말의 뜻풀이가 바르지 <u>않은</u> 것은 무엇인가요? (　　　)

뜻

① 매서운: 정도가 매우 심한.
② 건조한: 말라서 습기가 없는.
③ 고르게: 여럿 중에서 가려내거나 뽑게.
④ 습한: 메마르지 않고 물기가 많아 축축한.
⑤ 지피는: 아궁이나 화덕 따위에 땔나무를 넣어 불을 붙이는.

어휘

5 ㉠과 바꾸어 쓸 수 있는 말은 무엇인가요? (　　　)

관계

① 또한　　　　　② 예컨대　　　　　③ 그런데
④ 하지만　　　　　⑤ 그러므로

난 暖 – 따뜻하다 | 방 房 – 방

난방

실내의 온도를 높여 **따뜻하게** 하는 일

실내의 온도를 높여 따뜻하게 하는 일.

예 방 안이 추운 것을 보니 보일러가 고장이 나서 ❶ ☐ ☐ 이 안 되는 것 같다.

☑ 반대되는 말 **냉방** 실내의 온도를 낮춰 차게 하는 일.

답 ❶ ( )

확장

난 **暖**(따뜻하다)이 들어간 한자어

난류 난 暖 – 따뜻하다 | 류 流 – 흐르다

따뜻한 해류.

예 이곳은 따뜻한 해류인 ❷ ☐ 와 온도가 낮은 해류인 한류가 만나는 곳이다.

☑ 반대되는 말 **한류** 지구의 양극에서 적도 쪽으로 흐르는 찬 바닷물.

답 ❷ ( )

난로 난 暖 – 따뜻하다 | 로 爐 – 화로

석탄·석유·장작 등을 연료로 써서 방 안을 따뜻하게 하는 기구.

예 어젯밤에는 날씨가 추워서 ❸ ☐ ☐ 에 장작을 넣어 불을 지폈다.

답 ❸ ( )

온난화 온 溫 – 따뜻하다 | 난 暖 – 따뜻하다 | 화 化 – 되다

지구의 기온이 높아지는 현상.

예 지구의 ❹ ☐ ☐ ☐ 로 인해 북극의 빙하가 더욱 빠르게 녹고 있다.

답 ❹ ( )

이해 다음 낱말의 뜻을 보기 에서 찾아 기호를 쓰세요.

> 보기
>
> ㉠ 따뜻한 해류.
>
> ㉡ 지구의 기온이 높아지는 현상.
>
> ㉢ 실내의 온도를 높여 따뜻하게 하는 일.
>
> ㉣ 석탄·석유·장작 등을 연료로 써서 방 안을 따뜻하게 하는 기구.

1 난방 ( ) **2** 온난화 ( )

3 난류 ( ) **4** 난로 ( )

적용 다음 밑줄 친 부분과 비슷한 뜻을 가진 낱말을 보기 에서 찾아 쓰세요.

> 보기
>
> 난류   난로   난방   온난화

5 겨울에는 방 안의 온도를 높여 따뜻하게 하는 일을 해야 한다. ( )

6 오징어는 따뜻한 해류를 따라왔다가 태어난 곳으로 가서 알을 낳는다.

( )

7 날이 추워서 석유를 연료로 써서 방 안을 따뜻하게 하는 기구를 틀었다.

( )

8 지구의 기온이 높아지는 현상 때문에 우리나라의 여름은 점점 길어지고 있다.

( )

심화 **9** 다음 글에서 밑줄 친 말과 뜻이 반대되는 말을 찾아 두 글자로 쓰세요.

> 지구 온난화로 여름은 갈수록 더워지고 겨울은 점점 추워지고 있다. 더울 때는 냉방 장치인 에어컨을 사용해서 방 안의 온도를 낮추고 추울 때는 난방 장치를 사용해 방 안의 온도를 높인다. 하지만, 이러한 장치를 사용하면 공기를 오염시키는 온실가스가 나오기 때문에 지구의 온도가 높아진다. 따라서 여름에는 에어컨 온도를 26도로 하고, 겨울에는 난방 장치의 온도를 20도로 하는 것이 좋다.

( )

수동적 독서 태도를 바꿔요

수동적

수 受 – 받다
동 動 – 움직이다
적 的 – ~의

자기 힘이 아니라 남의 힘을 받아 움직이는 (것).

독서 감상문은 책을 읽은 후에 자신의 생각이나 느낌을 적은 글이다. 책을 읽은 후에 감상문을 쓰면 작품의 내용을 깊이 있게 이해하고, 작품을 읽으며 받은 감동을 오래 간직할 수 있다. 또한 자신의 생각을 **조리** 있게 정리할 수 있는 힘도 생긴다.

그러나 많은 학생이 독서 감상문 쓰는 것을 힘들어한다. 독서 감상문을 쓰라고 하면 줄거리만 길게 늘어놓고 자신의 생각은 한두 줄만 보태는 경우가 적지 않다. 책을 다 읽고 나면 머릿속에 남는 것이 많지 않기 때문이다. 독서 감상문은 작품의 간단한 줄거리에 감동을 받은 부분, 혹은 깨달은 점 등 자신의 생각을 더해 한 편의 글로 정리해야 한다. 따라서 책 속의 내용과 생각을 그대로 받아들이는 수동적 태도로 책을 읽으면 독서 감상문을 쓰는 것이 어려울 수 있다.

그렇다면 수동적 독서 태도를 바로잡는 방법에는 무엇이 있을까? 우선 책을 읽을 때 등장인물의 입장이 되어 '나라면 그 일을 어떻게 해결했을지'를 생각해 보아야 한다. 또한, 등장인물의 말이나 행동에 대한 생각을 적어 보는 것도 좋은 방법이다. 예를 들어 인물의 말이나 행동이 잘못되었다고 생각하면 그 부분을 ㉠**지적**하면서 감상문을 쓴다. 과학책 같이 정보가 담긴 책을 읽을 때는 내가 알고 있는 사실과 새롭게 알게 된 사실을 비교해 보고 더 알고 싶은 내용을 적어 본다. 이렇게 내가 읽고 있는 이야기에 대해 끊임없이 생각하고 질문하면서 **적극적**인 방식으로 ㉡**능동적**인 독서를 한다면 독서 감상문을 잘 쓸 수 있을 뿐만 아니라 독서 태도 또한 바로잡을 수 있다.

5

10

15

20

• **조리** (글이나 말이) 이치가 잘 통하고 분명한 논리가 있는 것.

• **지적** 잘못된 점이나 허물을 가리켜 말하는 것.

• **적극적** 대상에 대한 태도가 긍정적이고 능동적인 것.

• **능동적**(능할 능 能, 움직일 동 動, 과녁 적 的) 다른 것에 이끌리지 아니하고 스스로 일으키거나 움직이는 것.

1 이 글에서 설명하는 것은 무엇인지 쓰세요.

설명 대상

• (   ) 독서 태도를 바로잡는 방법

2 이 글의 내용과 일치하지 <u>않는</u> 것은 무엇인가요? (   )

내용 이해

① 독서 감상문에 간단한 줄거리를 적어도 된다.

② 과학책을 읽을 때는 더 알고 싶은 내용을 적어 본다.

③ 독서 감상문을 쓰면 책의 내용을 깊이 있게 이해할 수 있다.

④ 인물의 행동을 지적하는 것은 능동적인 독서 태도가 아니다.

⑤ 독서 감상문은 책을 읽은 후에 자신의 생각이나 느낌을 적은 글이다.

3 능동적인 독서를 하고 있지 <u>않은</u> 친구의 이름을 쓰세요.

적용

> 지민: 내가 홍길동이라면 어떻게 행동했을지 생각하며 책을 읽었어.
>
> 호준: 별자리에 대해 궁금한 점을 적어 가며 별자리에 관한 책을 읽었어.
>
> 다연: 부자가 된 주인공이 잠을 조금만 잤다고 했으니 나도 잠을 조금만 자야겠다.
>
> 서윤: 심청이 없으면 앞을 못 보는 아버지가 살 수 없을 텐데 인당수에 빠진 게 잘한
>   일인지 모르겠어.

(   )

4 어휘

다음 빈칸에 ㉠을 넣었을 때 자연스러운 것은 무엇인가요? (   )

적용

① 관객들은 [   ]된 자리에 앉아야 한다.

② 평일이라 그런지 놀이공원은 매우 [   ]하였다.

③ 사람들이 그의 음식 솜씨가 훌륭하다고 [   ]하였다.

④ 연수는 새로운 학교에 [   ]하는 데 어려움을 겪었다.

⑤ 아무리 친한 친구라도 잘못한 점이 있으면 [   ]해야 한다.

5 어휘

㉡과 뜻이 반대되는 낱말로 알맞은 것은 무엇인가요? (   )

관계

① 적극적   ② 수동적

③ 활동적   ④ 자발적

⑤ 개방적

⬇ 핵심어

수 受 – 받다 | 동 動 – 움직이다 | 적 的 – ~의

수동적

남의 힘을 **받아 움직이는 (것)**

자기 힘이 아니라 남의 힘을 받아 움직이는 (것).

예 나는 ❶[　][　]인 모습에서 벗어나 적극적으로 놀이를 즐겼다.

☑ **반대되는 말 능동적** 다른 것에 이끌리지 아니하고 스스로 일으키거나 움직이는 것.

답❶ (　　　　　　　)

확장

수 受(받다)가 들어간 한자어

수납 수 受 – 받다 | 납 納 – 들이다

받아서 넣어 둠.

예 이 가방은 주머니가 많아서 ❷[　][　]할 수 있는 공간이 많다.

☑ **형태는 같지만 뜻이 다른 말 수납** (공공 기관에서) 돈이나 물건 등을 받는 것.

답❷ (　　　　　　　)

수신 수 受 – 받다 | 신 信 – 편지

우편물·통신 등을 받는 것.

예 휴대폰의 ❸[　][　] 상태가 고르지 못해서 전화가 중간에 끊겼다.

☑ **반대되는 말 발신** 소식이나 우편 또는 전신을 보냄. 또는 그런 것.

답❸ (　　　　　　　)

수락 수 受 – 받다 | 락 諾 – 승낙하다

요구를 받아들임.

예 그는 우리의 요구 조건을 마침내 ❹[　][　]해 주었다.

☑ **비슷한 말 승낙** 청하는 것을 들어주는 것.

답❹ (　　　　　　　)

이해 다음 낱말의 뜻을 보기 에서 찾아 기호를 쓰세요.

보기

㉠ 받아서 넣어 둠.

㉡ 요구를 받아들임.

㉢ 우편물·통신 등을 받는 것.

㉣ 자기 힘이 아니라 남의 힘을 받아 움직이는 (것).

1 수동적 (   )   **2** 수신 (   )

3 수납 (   )   **4** 수락 (   )

적용 다음 밑줄 친 부분과 비슷한 뜻을 가진 낱말을 보기 에서 찾아 쓰세요.

보기

| 수납 | 수락 | 수신 | 수동적 |

5 물건을 상자에 <u>넣어 두었더니</u> 방이 깔끔해졌다.   (   )

6 그들은 바빠서 나의 초대를 <u>받아들이지</u> 못했다.   (   )

7 이 핸드폰은 발신은 되지만 <u>메시지를 받는 것</u>이 잘되지 않는다.   (   )

8 <u>자기 힘이 아니라 남의 힘을 받아 움직이는</u> 태도는 바람직하지 않다.

(   )

심화 **9** 다음 글에서 밑줄 친 말과 뜻이 반대되는 말을 찾아 세 글자로 쓰세요.

나는 주목받는 것이 싫다. 그래서 친구들이 하자는 대로 행동하는 편이다. 엄마께서는 나에게 수동적인 자세에서 벗어나야 한다고 말씀하신다. 나도 <u>능동적</u>인 사람이 되고 싶지만, 친구들 앞에 나서는 것이 쉽지 않다. 내일부터는 조금 더 용기를 내 보아야겠다.

(   )

16

형태

형 形 – 형상
태 態 – 모양

사물의 생김새나 모양.

● **멸종** 생물의 한 종류가 아주 없어짐. 또는 생물의 한 종류를 아예 없애 버림.

● **몸체** 물체나 구조물의 중심을 이루는 큰 부분.

● **흔적** (어떤 것이 있었거나 지나가고) 뒤에 남은 자국.

● **음각**(응달 음 陰, 새길 각 刻) 조각에서, 평평한 면에 글자나 그림 따위를 안으로 들어가게 새기는 일. 또는 그런 조각.

● **양각**(볕 양 陽, 새길 각 刻) 조각에서, 평평한 면에 글자나 그림 따위를 도드라지게 새기는 일. 또는 그 조각.

● **특정**(특별할 특 特, 정할 정 定) 특별히 지정함.

● **가늠할** 사물을 어림잡아 헤아릴.

다양한 형태로 발견되는 화석

멸종된 공룡이 지구에 살았다는 사실을 우리는 어떻게 알 수 있었을까? 바로 공룡이 남긴 화석이 발견되었기 때문이다. 화석은 옛날에 살았던 동물이나 식물의 ㉠**몸체**나 **흔적**이 지층 속에 남아 있는 것을 말한다.

오랜 세월이 흐르는 동안 여러 종류의 흙이 쌓여 층을 이루면서 돌처럼 굳어지며 생기는 것이 지층이다. 지층은 시간의 흐름에 따라 차곡차곡 쌓이므로, 이를 통해서 어떤 생물이 먼저 존재했는지, 어떤 생물들이 같은 시대에 살았는지, 언제까지 지구에 살았는지 등을 추측할 수 있다. 당시에 살았던 생물의 흔적은 지층 사이에 쌓이면서 화석으로 굳어진다.

화석은 다양한 형태로 발견되는데, 생물의 껍데기나 뼈 등이 그대로 남아 있는 화석 외에 **음각**과 **양각** 형태의 화석도 발견된다. 음각 형태의 화석은 땅속에 묻혀 있던 화석이 녹아 없어지면서 그 자리에 그 모양 그대로 공간이 남아 생기는 것이다. 나뭇잎이나 동물 껍질의 모양이 찍혀 있는 화석, 또는 공룡의 발자국도 음각 화석의 예이다. 양각 형태의 화석은 원래 화석이 있던 부분이 사라지고 그 부분에 다른 물질이 채워져, 원래 화석과 같은 모양의 모형이 만들어지며 생긴다. 양각 화석에는 조개류인 암모나이트 화석 등이 있다.

공룡 발자국 화석의 경우, 화석의 눌린 정도나 남아 있는 흔적 간의 거리를 통해 공룡의 무게나 걸음걸이, 뛰는 속도 등을 ┌ ㉡ ┐ 볼 수 있다. 또한, 암모나이트 화석의 경우, 암모나이트가 **특정** 시기에만 살았던 생물이기 때문에 화석을 통해 화석이 발견된 지층의 나이를 **가늠할** 수 있다.

(우측 행 번호: 5, 10, 15, 20)

1

설명 대상

이 글에서 설명하는 것은 무엇인지 쓰세요.

• ( )의 다양한 형태와 형성 원리

2

내용 이해

이 글을 통해 알 수 있는 내용이 <u>아닌</u> 것은 무엇인가요? (   )

① 지층의 의미
② 화석 형태의 종류
③ 공룡이 멸종된 까닭
④ 화석이 만들어지는 과정
⑤ 화석을 통해 알 수 있는 점

3

추론

이 글을 읽고 짐작한 것으로 알맞은 것은 무엇인가요? (   )

① 공룡의 발자국만으로는 화석이라고 할 수 없군.
② 나뭇잎이 찍힌 모양이 있는 화석은 양각 형태의 화석이군.
③ 암모나이트 모양의 돌을 발견했다면 음각 형태의 화석이라 볼 수 있겠군.
④ 같은 지층에서 발견된 화석은 비슷한 시대를 살았던 생물이라고 할 수 있겠군.
⑤ 화석을 통해 어떤 생물이 먼저 존재했는지 추측할 수 있는 것은 지층이 잘 부서지기 때문이군.

4

어휘

뜻

㉠의 뜻으로 알맞은 것은 무엇인가요? (   )

① 물체나 구조물의 중심을 이루는 큰 부분.
② 어떤 물건의 모양을 본떠서 만들어 놓은 것.
③ (어떤 것이 있었거나 지나가고) 뒤에 남은 자국.
④ 평평한 면에 글자나 그림 따위를 도드라지게 새기는 일.
⑤ 평평한 면에 글자나 그림 따위를 안으로 들어가게 새기는 일.

5

어휘

적용

㉡에 들어갈 말로 알맞지 <u>않은</u> 것은 무엇인가요? (   )

① 가늠해   ② 논의해   ③ 짐작해
④ 추측해   ⑤ 미루어

핵심어

형 形 – 형상 | 태 態 – 모양

형태

사물의 **모양**

사물의 생김새나 모양.

예 이 건물은 ❶◻️가 특이하다.

☑ **비슷한 말 꼴** 겉으로 보이는 사물의 모양.

답❶ (   )

확장

형 形 (1. 형상 2. 형세)이 들어간 한자어

형편 형 形 – 형세 | 편 便 – 편하다

1. 일이 되어 가는 상태나 경로 또는 결과.

예 그는 세상이 돌아가는 ❷◻️을 알기 위해 신문을 열심히 읽었다.

2. 살림살이의 형세.

예 집안 형편이 나아지면 큰 집으로 이사할 것이다.

답❷ (   )

원형 원 原 – 근원 | 형 形 – 형상

원래의 모양. 처음 생긴 대로의 모습.

예 그들은 손상된 유물의 ❸◻️을 복원하고 있다.

☑ **형태는 같지만 뜻이 다른 말 원형** 둥근 모양.

답❸ (   )

무형 무 無 – 없다 | 형 形 – 형상

형상이나 형체가 없음.

예 때로는 돈과 같은 유형의 가치보다 믿음이나 용기와 같은 ❹◻️의 가치들이 더 중요하다.

☑ **반대되는 말 유형** 형상이나 형체가 있음.

답❹ (   )

다음 낱말과 뜻을 알맞게 선으로 이으세요.

1 무형 •

• ㉮ 살림살이의 형세.

2 원형 •

• ㉯ 사물의 생김새나 모양.

3 형태 •

• ㉰ 형상이나 형체가 없음.

4 형편 •

• ㉱ 원래의 모양. 처음 생긴 대로의 모습.

적용 **빈칸에 들어갈 낱말을 보기 에서 찾아 쓰세요.**

보기

무형 　　　 원형 　　　 형태 　　　 형편

5 장사가 잘돼서 가게의 (　　　　　　　)이/가 작년보다 좋아졌다.

6 그 산봉우리의 (　　　　　　)은/는 마치 토끼 귀와 비슷해 보였다.

7 오래 걸렸지만 그 건물을 (　　　　　　)대로 복원하는 데 성공했다.

8 판소리를 열심히 부르시던 할머니는 (　　　　　) 문화재가 되셨다.

9 **다음 빈칸에 공통으로 들어갈 알맞은 낱말은 무엇인가요? (　　　　)**

　　문화재는 문화적 가치가 두드러져 특별히 법으로 보호받는 나라의 문화유산으로, 유형 문화재와 ☐☐☐☐ 문화재로 구분된다. 유형 문화재는 건축물, 조각, 책, 예술품 등 만지고 볼 수 있는 문화재를 말한다. 이와 달리, 전통 연극, 음악, 무용, 민속놀이, 공예 기술 등과 같이 형태가 없는 문화재는 ☐☐☐☐ 문화재라고 한다.

① 무형 　　　　　　② 원형 　　　　　　③ 대형

④ 모형 　　　　　　⑤ 변형

비행기 승무원이 되려면

승무원

승 乘 – 타다
무 務 – 힘쓰다
원 員 – 관원

비행기·기차·배 등에서 운항과 승객에 관한 일을 맡아보는 사람.

- **승객**(탈 승 乘, 손님 객 客) 버스·기차·지하철·비행기·배 등의 탈것을 타는 손님.

- **일정** 그날 하루에 가야 할 길. 또는 그 길의 분량이나 순서.

- **장비** 어떤 일을 하기 위하여 지니거나 갖추어야 하는 물건.

- **비상**(아닐 비 非, 항상 상 常) 위급한 상황이나 긴급한 사태. 또는 그에 대응하기 위한 조치나 명령.

- **대비**(대답할 대 對, 갖출 비 備) 앞으로 일어날지도 모르는 어떠한 일에 대응하기 위하여 미리 준비함. 또는 그런 준비.

- **규칙**(법 규 規, 법 칙 則) 한 조직에 속한 여러 사람이 다 같이 지키기로 정한 법칙.

- **역할** 하기로 되어 있는 일. 또는 맡아서 하는 일.

코로나 19로 막혔던 하늘길이 다시 열리면서 해외로 여행을 다녀오는 사람들이 많아졌다. 비행기 승무원은 비행기에 탄 모든 **승객**이 목적지까지 안전하고 편안하게 도착할 수 있도록 돕는다. 그렇다면 승무원은 구체적으로 어떤 일을 할까?

먼저, 승무원은 비행 전에 그날의 기상 상황에 대해 듣고 비행 **일정**을 확인한다. 그다음 비행기가 출발하기 1시간 전에 탑승해서 신문이나 판매 용품 등을 확인하고 비행기 안을 정리한다. 승객들이 비행기에 타기 시작하면 승객에게 자리를 안내한다. 출발 전에는 구명조끼 같은 안전 **장비** 사용법이나 탈출 방법 등 **비상** 상황에 **대비**해 지켜야 할 안전 **규칙**을 승객들에게 알려 준다. 비행기가 출발하면 승객에게 음료나 식사를 나누어 주고, 도움이 필요한 사람이 있는지 살핀다. 만약 비행하는 도중에 위험한 상황이 일어나면 승객의 탈출을 책임지는 ㉠**역할**도 한다.

비행기 승무원이 되기 위해서는 무엇을 해야 할까? 승무원이 되려면 먼저 우리나라나 외국 항공사의 시험을 통과해야 한다. 시험을 보려면 고등학교 이상의 교육을 받아야 한다. 승무원은 다양한 나라의 승객을 대해야 하므로 외국어 실력도 갖추어야 한다. 또한, 오랜 시간 비행을 하는 일이 많기 때문에 체력도 좋아야 한다.

승무원이 하는 일 중에서 가장 중요한 것은 승객의 안전을 지키는 것이다. 승무원은 위험한 상황에서도 자신보다 승객의 안전을 책임져야 한다. 따라서 승무원이 되기 위해서는 책임감 있는 마음가짐을 갖추는 것이 매우 중요하다.

5

10

15

20

1 이 글에서 가장 중심이 되는 낱말은 무엇인지 세 글자로 쓰세요.

핵심어

(   )

2

내용 이해

이 글을 통해 알 수 있는 내용이 <u>아닌</u> 것은 무엇인가요? (   )

① 승무원의 역할

② 승무원이 되면 좋은 점

③ 승무원이 비행 전에 하는 일

④ 승무원이 갖추어야 할 마음가짐

⑤ 승무원이 되기 위해 필요한 여러 가지 조건

3

추론

이 글을 읽고 짐작한 것으로 알맞지 <u>않은</u> 것은 무엇인가요? (   )

① 비행기 승무원은 외국인과 소통할 수 있어야겠군.

② 비행기 승무원은 승객에게 문제가 생기면 도움을 주는군.

③ 비행기 승무원은 하늘 위에서 승객의 안전을 책임지고 있군.

④ 승객들은 비상 상황에 대비해 승무원에게 안전 장비 사용법을 배우겠군.

⑤ 비행기 승무원이 되려면 우리나라 항공사와 외국 항공사의 시험을 모두 통과해야 하는군.

4 어휘

뜻

이 글에 쓰인 낱말의 뜻풀이가 바르지 <u>않은</u> 것은 무엇인가요? (   )

① 장비: 어떤 일을 하기 위하여 지니거나 갖추어야 하는 물건.

② 대비: 두 가지의 차이를 밝히기 위하여 서로 맞대어 비교함.

③ 일정: 그날 하루에 가야 할 길. 또는 그 길의 분량이나 순서.

④ 승객: 버스·기차·지하철·비행기·배 등의 탈것을 타는 손님.

⑤ 규칙: 한 조직에 속한 여러 사람이 다 같이 지키기로 정한 법칙.

5 어휘

적용

밑줄 친 낱말이 ㉠과 비슷한 뜻으로 쓰인 것은 무엇인가요? (   )

① 승연이는 나에게 비밀을 지켜 달라고 당부하였다.

② 윤애가 약속에 늦은 데는 그럴 만한 사정이 있었다.

③ 합창 대회에 나간 것은 나에게 좋은 경험이 되었다.

④ 우리 반은 이번 체육 대회에서 우승하겠다는 각오를 다졌다.

⑤ 반 친구들의 의견에 귀 기울이는 것이 학급 회장의 임무이다.

↓ 핵심어

승 乘 – 타다 | 무 務 – 힘쓰다 | 원 員 – 관원

승무원

탈것에서 운항과 승객에 관한 **일**을 맡아보는 **사람**

비행기·기차·배 등에서 운항과 승객에 관한 일을 맡아보는 사람.

예 ❶ □□□은 승객 앞에서 구명조끼를 입는 방법을 보여 주었다.

답❶ ( )

확장

승 乘(타다)이 들어간 한자어

승객 승 乘 – 타다 | 객 客 – 손님

버스·기차·지하철·비행기·배 등의 탈것을 타는 손님.

예 ❷ □□들은 비행기표를 보면서 자신의 자리를 찾았다.

답❷ ( )

승마 승 乘 – 타다 | 마 馬 – 말

1. **말을 탐.**

   예 나는 승마하다가 떨어져서 다친 적이 있다.

2. **사람이 말을 타고 여러 가지 동작을 함. 또는 그런 경기.**

   예 말과 유난히 잘 통하는 서희는 ❸ □□ 경기에서 우승했다.

답❸ ( )

환승 환 換 – 바꾸다 | 승 乘 – 타다

(버스·기차 등을) 다른 것으로 바꾸어 타는 것.

예 나는 버스로 ❹ □□하기 위해 지하철에서 내렸다.

답❹ ( )

이해 다음 낱말의 뜻을 보기 에서 찾아 기호를 쓰세요.

> 보기
>
> ㉠ 말을 탐.
> ㉡ (버스·기차 등을) 다른 것으로 바꾸어 타는 것.
> ㉢ 버스·기차·지하철·비행기·배 등의 탈것을 타는 손님.
> ㉣ 비행기·기차·배 등에서 운항과 승객에 관한 일을 맡아보는 사람.

1 승객 (   )   **2** 승마 (   )

3 환승 (   )   **4** 승무원 (   )

적용 빈칸에 들어갈 낱말을 보기 에서 찾아 쓰세요.

> 보기
>
> 승객   승마   환승   승무원

5 (   )은/는 승객을 자리로 안내해 주었다.

6 예희는 중간에 버스에서 지하철로 (   )해서 할머니 댁에 갔다.

7 (   )을/를 할 때는 말에서 떨어지지 않도록 항상 주의해야 한다.

8 고속버스에 탄 (   )들은 안내에 따라 자리에 앉아 안전벨트를 착용하였다.

심화 **9** 다음 빈칸에 들어갈 알맞은 낱말은 무엇인가요? (   )

> 할머니와 버스를 탔을 때의 일이다. 할머니께서 예전에는 버스 차장이 있었다고 말씀해 주셨다. 지금은 승객이 직접 요금을 내지만 그때는 차장이 차 안을 돌아다니며 승객에게 차비를 받았다고 한다. 차장은 비행기 [   ]처럼 기차, 버스 등에 탄 승객을 도와주는 일을 하는 직업이었나 보다. 할머니께서는 세상이 참 많이 변했다고 하셨다.

① 관객   ② 손님   ③ 승객

④ 승무원   ⑤ 탑승객

18

발휘

발 發 – 피다
휘 揮 – 나타내다

재능, 능력 따위를 떨치어
나타냄.

- **현명**(어질 현 賢, 밝을 명 明) 어질고 슬기로워 사리에 밝음.
- **판결**(판가름할 판 判, 결정할 결 決) 재판에서 옳고 그름을 법률적으로 따져서 결정하는 것.
- **굽히지** (자기 생각이나 주장을) 누그러뜨리지. 양보하지.
- **공평**(공평할 공 公, 평평할 평 平) 어느 쪽으로도 치우치지 않고 고름.
- **새파랗게** 춥거나 겁에 질려 얼굴이나 입술 따위가 매우 푸르게하게.
- **질려서** 몹시 놀라거나 무서워 얼굴빛이 변해서.
- **지혜** 생활의 이치를 잘 이해하고 판단하는 능력.

지혜를 발휘한 솔로몬 왕의 판결

어느 마을에 두 여인이 한 아기를 두고 서로 자신의 아기라고 주장했다. 어느 쪽도 서로 물러서지 않자 두 사람은 솔로몬 왕에게 재판을 받기로 하였다. 마을 사람들은 **현명**하기로 이름난 솔로몬 왕이 어떤 **판결**을 할지 몹시 궁금해했다.

어느덧 재판 날이 되었다. 솔로몬 왕은 두 여인에게 물었다.   5

"저 아기가 너의 아이임이 틀림없는가?"

"네. 이 아기는 세상에 둘도 없는, 제가 가장 사랑하는 아이입니다."

다른 여인도 대답했다.

"아닙니다. 이 아기는 제가 배 아파 낳은 저의 자식입니다."

두 여인 모두 끝까지 주장을 ㉮**굽히지** 않자 솔로몬 왕이 말했다.   10

"여봐라, 칼을 가져오너라. 두 사람이 한 아기를 두고 서로 자신의 아이라고 하니, 아기를 절반으로 갈라 두 여인에게 **공평**하게 나누어 주겠다."

살아 있는 아기를 칼로 베어 둘로 나눈다는 말에 구경하던 사람들은 깜짝 놀랐다. 한 여인은 현명한 왕의 판결대로 따르겠다고 말했다. 그러   15
나 다른 여인은 **새파랗게** ㉯**질려서** 떨리는 목소리로 말했다.

㉠"안 됩니다. 저 여인이 아기의 엄마가 맞습니다. 그냥 저 여인에게 아기를 키우게 하십시오. 전 아기가 죽는 건 도저히 볼 수 없습니다."

그러자 솔로몬 왕이 말했다.

"아기가 죽는 걸 볼 수 없다는 네가 바로 이 아기의 진짜 엄마로구나."   20

솔로몬 왕은 아기가 죽을 수 있는 상황에서 아이를 구하려고 한 사람이 진짜 엄마라고 생각한 것이었다. 왕이 **지혜**를 발휘한 덕분에 아기는 자신의 엄마에게 무사히 돌아갈 수 있었다.

1

이 글에서 중심이 되는 인물은 누구인지 이름을 세 글자로 쓰세요.

인물

(   )

2

내용 이해

이 글의 내용과 일치하는 것은 무엇인가요? (   )

① 아기가 유난히 따르는 여인이 있었다.

② 마을 사람들은 재판에 관심이 없었다.

③ 아기와 똑같이 생긴 또 다른 아기가 나타났다.

④ 솔로몬 왕이 칼로 아기를 베어 둘로 나누라고 했다.

⑤ 한 여인은 아기의 아빠를 불러 진실을 말하려고 했다.

3

추론

㉠과 같이 말한 여인에 대하여 알맞게 짐작한 것은 무엇인가요? (   )

① 이 여인은 진짜 아기 엄마가 아니다.

② 이 여인은 상대 여인을 불쌍하게 생각했다.

③ 이 여인은 진짜 엄마로서 아기가 죽는 것을 볼 수 없었다.

④ 이 여인은 자신의 거짓말로 아기가 죽을까 봐 죄책감이 들었다.

⑤ 이 여인은 솔로몬 왕이 아기를 더 잘 키울 수 있을 것 같다고 생각했다.

4 어휘

관계

밑줄 친 낱말이 ㉮와 비슷한 뜻으로 쓰인 것은 무엇인가요? (   )

① 몸을 굽히어 신발을 신다.

② 팔을 굽히어 운동을 하다.

③ 허리를 굽히어 지게를 지다.

④ 나뭇가지를 굽히어 활을 만들다.

⑤ 뜻을 굽히어 왕의 명령을 따르다.

5 어휘

뜻

㉯의 뜻으로 알맞은 것에 ○표 하세요.

(1) 어떤 일이나 음식 따위에 싫증이 나서.   (   )

(2) 몹시 놀라거나 무서워 얼굴빛이 변해서.   (   )

발 發 – 피다 | 휘 揮 – 나타내다

발휘

피어나게 하여 나타냄

재능, 능력 따위를 떨치어 나타냄.

예 건강이 좋지 않아 야구 대회 때 실력을 제대로 ❶☐☐하지 못했다.

답❶ (   )

확장

발 發(1. 피다   2. 일어나다)이 들어간 한자어

발단   발 發 – 일어나다 | 단 端 – 처음

어떤 일이 벌어지게 된 이유. 일의 시작.

예 서로 편지를 주고받은 것을 ❷☐☐으로 친구와 교환 일기를 쓰게 되었다.

답❷ (   )

발상   발 發 – 피다 | 상 想 – 생각

어떤 생각을 해 냄. 또는 그 생각.

예 어려운 문제를 만났을 때가 ❸☐☐의 전환이 필요한 때이다.

답❸ (   )

유발   유 誘 – 불러내다 | 발 發 – 일어나다

어떤 것이 다른 일을 일어나게 함.

예 지나친 일회용품의 사용은 환경 오염을 ❹☐☐한다.

☑ 비슷한 말 초래 일의 결과로서 어떤 현상을 생겨나게 함.

답❹ (   )

이해 다음 빈칸에 알맞은 낱말을 넣어 십자말풀이를 완성하세요.

1·2			
		3	4

1 (가로) 재능, 능력 따위를 떨치어 나타냄.
2 (세로) 어떤 일이 벌어지게 된 이유. 일의 시작.
3 (가로) 어떤 것이 다른 일을 일어나게 함.
4 (세로) 어떤 생각을 해 냄. 또는 그 생각.

적용 빈칸에 들어갈 낱말을 보기 에서 찾아 쓰세요.

보기

발단	발상	발휘	유발

5 나는 친구의 새로운 ( )에 감탄했다.

6 광고는 사람들이 물건을 사고 싶도록 욕구를 ( )한다.

7 이번에는 네가 잘 푸는 문제이니 실력을 마음껏 ( )해 봐라.

8 옆자리에 앉게 된 것이 ( )이/가 되어 우리는 친해지게 되었다.

심화 9 다음 글에서 밑줄 친 말과 뜻이 비슷한 말을 찾아 두 글자로 쓰세요.

> 이곳은 교통량이 많은 곳으로 특히 주말에는 교통 체증이 심하게 <u>유발</u>된다. 그러다 보니 크고 작은 사고가 자주 일어나는데, 교통사고를 초래하는 원인을 살펴보면 운전자의 운전이 서투르거나 보행자가 조심하지 않은 경우가 대부분이다. 우리 모두 교통안전에 각별히 유의해야 한다.

( )

침투한 병원균과 싸우는 면역력

환경 오염이 심해지고 새로운 질병이 생기면서 사람들의 건강이 위험해지고 있다. 특히 요즘은 **감염병**이 생기면 세계적으로 퍼지기 쉽기 때문에 건강에 대한 사람들의 관심이 계속해서 높아지고 있다. 바이러스와 같이 외부에서 침투하는 **병원균**으로부터 우리 몸을 건강하게 지키기 위해서는 **면역력**을 길러야 한다.

면역력은 외부에서 침투한 병원균에 **저항**하는 힘이다. 우리 몸에서는 병원균과 싸워 이길 수 있는 면역 **물질**이 나온다. 병원균 등이 몸속으로 침투하면, 면역 물질은 이를 알아차리고 병원균을 공격해 죽이거나 약하게 만든다. 면역 물질은 몸에 생기는 다른 병도 막아 준다. 따라서 면역력이 높으면 병을 **예방**할 수 있고, 병에 걸려도 병이 **자연적**으로 치료되기도 한다.

그러나 면역력이 낮으면, 침투한 병원균을 이겨 내지 못해 여러 가지 질병을 앓거나, 병에 걸렸다가 건강을 **회복**하는 데 오랜 시간이 걸릴 수 있다. 또한 조금만 움직여도 몸이 쉽게 피곤해질 수 있다.

따라서 면역력을 높여 주는 올바른 생활 습관을 길러야 한다. 우선, 이를 잘 닦고, 손발을 잘 씻는 등 몸을 깨끗이 하는 습관이 몸에 ㉠배어 있어야 한다. 또한 잠이 부족하면 면역력이 떨어지기 때문에 잠을 충분히 자야 한다. 그리고 걷기나 줄넘기 같은 운동을 꾸준히 하면 몸에서 면역 물질이 많이 나와 면역력이 높아진다. 마지막으로, 스트레스를 많이 받으면 우리 몸의 면역력이 떨어지므로 스트레스를 받지 않도록 마음의 건강도 잘 챙겨야 한다.

5

10

15

20

- **감염병** 병균이 몸에 옮아서 걸리는 병.
- **병원균** 병을 일으키는 균.
- **면역력** 외부에서 들어온 병원균에 저항하는 힘.
- **저항** 어떤 힘이나 조건에 굽히지 아니하고 거역하거나 버팀.
- **물질** 세상의 온갖 것을 이루며, 보고 만질 수 있거나 과학적으로 다룰 수 있는 것.
- **예방** 질병이나 재해 따위가 일어나기 전에 미리 대처하여 막는 일.
- **자연적**(스스로 자 自, 그럴 연 然, 과녁 적 的) 특별한 노력 없이도 저절로 되는 것.
- **회복**(돌아올 회 回, 돌아올 복 復) 원래의 상태로 돌이키거나 원래의 상태를 되찾음.

1
설명 대상

이 글에서 설명하는 것은 무엇인지 세 글자로 쓰세요.

(   )

2

내용 이해

이 글의 내용과 일치하지 <u>않는</u> 것은 무엇인가요? (   )

① 면역 물질은 병을 막아 준다.

② 한번 생긴 면역력은 떨어지지 않는다.

③ 면역력이 낮으면 여러 가지 질병을 앓을 수 있다.

④ 면역 물질은 외부 병원균의 공격을 막아 주기도 한다.

⑤ 면역력은 외부에서 침투한 병원균에 저항하는 힘이다.

3

적용

면역력을 높여 주는 생활 습관에 대해 <u>잘못</u> 말한 친구는 누구인가요? (   )

① 자은: 귀찮아도 이를 꼭 닦아야 해.

② 정미: 날마다 30분씩 집 주변을 걸으면 좋아.

③ 서린: 집에 돌아오면 손과 발을 씻는 것이 중요해.

④ 채은: 잠자는 시간을 줄이고 운동하는 시간을 늘려야 해.

⑤ 혜나: 속상한 마음은 쌓아 두지 말고 바로 푸는 것이 좋아.

4

뜻

이 글에 쓰인 낱말의 뜻풀이가 바르지 <u>않은</u> 것은 무엇인가요? (   )

① 침투: 아무 말도 없이 잠잠히 있음.

② 자연적: 특별한 노력 없이도 저절로 되는 것.

③ 회복: 원래의 상태로 돌이키거나 원래의 상태를 되찾음.

④ 저항: 어떤 힘이나 조건에 굽히지 아니하고 거역하거나 버팀.

⑤ 예방: 질병이나 재해 따위가 일어나기 전에 미리 대처하여 막는 일.

5

관계

보기 를 참고할 때, 밑줄 친 낱말이 ㉠과 비슷한 뜻으로 쓰인 것에 ○표 하세요.

> **보기**
>
> 배다
>
> 1. 스며들거나 스며 나오다.
>
> 2. 버릇이 되어 익숙해지다.
>
> 3. 냄새가 스며들어 오래도록 남아 있다.

(1) 이마에 땀이 <u>배었다</u>.   (   )

(2) 종이에 기름이 <u>배었다</u>.   (   )

(3) 꽃향기가 옷에 <u>배었다</u>.   (   )

(4) 게으름이 몸에 <u>배었다</u>.   (   )

↓ 핵심어

침 浸 – 적시다 | 투 透 – 꿰뚫다

침투

균이 몸속으로 **들어옴**

세균이나 병균 따위가 몸속에 들어옴.

예 병원균이 몸속에 ❶[ ]했다.

☑ **비슷한 말 감염** 병균이 몸에 옮아서 병에 걸리는 것.

답❶ (   )

확장

침 浸(적시다)이 들어간 한자어

침수 침 浸 – 적시다 | 수 水 – 물

홍수나 큰비로 물이 넘쳐서 집·밭·시설 등이 물에 잠기는 것.

예 집중 호우가 시작되자 주민들은 모래주머니를 쌓아 ❷[ ]를 대비했다.

답❷ (   )

침식 침 浸 – 적시다 | 식 蝕 – 갉아먹다

비, 하천, 빙하, 바람 따위의 자연 현상이 지표를 깎는 일.

예 절벽에 있는 동굴은 파도와 바람으로 인한 ❸[ ]으로 만들어진 것이다.

답❸ (   )

침습 침 浸 – 적시다 | 습 濕 – 젖다

물이 스며들어 젖음.

예 책이 빗물에 ❹[ ]하지 않도록 기름종이로 여러 번 겉을 감쌌다.

☑ **형태는 같지만 뜻이 다른 말 침습** 갑자기 침범하여 공격함.

답❹ (   )

이해 다음 낱말과 뜻을 알맞게 선으로 이으세요.

1 침투 •

• ㉮ 물이 스며들어 젖음.

2 침수 •

• ㉯ 세균이나 병균 따위가 몸속에 들어옴.

3 침식 •

• ㉰ 비, 하천, 빙하, 바람 따위의 자연 현상이 지표를 깎는 일.

4 침습 •

• ㉱ 홍수나 큰비로 물이 넘쳐서 집·밭·시설 등이 물에 잠기는 것.

적용 빈칸에 들어갈 낱말을 보기 에서 찾아 쓰세요.

보기
> 침수 침습 침식 침투

5 홍수로 인해 ( )된 도로가 복구되었다.

6 연이어서 내린 비에 방이 ( )했는지 눅눅했다.

7 세균의 ( )을/를 막기 위해 손과 발을 깨끗이 씻었다.

8 파도가 세게 치는 바닷가에서는 ( ) 작용이 활발히 일어난다.

심화 9 다음 빈칸에 들어갈 알맞은 낱말은 무엇인가요? ( )

> 지구 온난화 현상으로 빙하가 녹아 해수면이 상승하고 있다. 이러한 현상이 계속되면 바닷가 근처의 육지가 잠길 수도 있고, 해안 □□□이/가 발생해 해변의 모래사장이 사라질 수도 있다. 또한 태풍과 같은 자연재해가 일어나 해안 도로가 무너지는 등 해안 근처의 도시가 피해를 입게 된다.

① 침묵 ② 침식 ③ 침투
④ 침착 ⑤ 침입

20

다양성

다 多 – 많다
양 樣 – 모양
성 性 – 성질

모양, 빛깔, 형태, 양식 따위
가 여러 가지로 많은 특성.

● **유전자**(남길 유 遺, 전할 전
傳, 아들 자 子) (생물체의 세
포 속에 들어 있는) 자손에게
물려줄 유전의 내용을 담고
있는 성분.

● **생태계**(날 생 生, 모양 태 態,
이을 계 系) 일정한 지역이나
환경에서 생물들이 서로 적응
하고 상호 관계를 맺으며 균
형과 조화를 이루는 자연의
세계.

● **생존**(날 생 生, 있을 존 存) 살
아 있음. 또는 살아남음.

● **기근** 흉년으로 먹을 양식이
모자라 굶주림.

● **계기** 어떤 일이 일어나거나
변화하도록 만드는 결정적인
원인이나 기회.

● **악화**(악할 악 惡, 될 화 化) 일
의 형세가 나쁜 쪽으로 바뀜.

생물 다양성을 지키자

'생물 다양성'이란 식물, 동물과 같은 생물의 종류가 다양함을 뜻한다. 다른 뜻으로는, 같은 종류의 생물이라도 **유전자**가 다양함을 일컫는다. 생물을 다양하게 보존하는 것은 **생태계**에도 중요하지만 인간의 **생존**에도 중요하다.

1840년대에 아일랜드에서 일어난 **기근**은 생물 다양성을 중요하게 생 　5
각하게 된 ㉠**계기**가 되었고, 생물 다양성이 인간의 생존과 깊은 관련이 있다는 것을 보여 주었다. 당시 아일랜드의 주요 식량은 감자였다. 아일랜드의 토지에서 가장 빨리, 잘 자라는 농작물이 감자였기 때문이다. 그러나 감자를 썩게 만드는 전염병인 '감자 역병균'이 돌자 사람들은 식량을 구하는 것이 어려워졌다. 감자라는 한 종류의 작물만 심은 것이 문제　10
였는데, 무엇보다 유전자가 같은 감자만 심은 것이 문제가 되었다. 결국 수많은 사람이 굶어 죽었고 살아남은 사람 중 많은 사람이 나라를 떠났다. 만약 감자뿐만 아니라 다른 농작물을 함께 심었거나 유전자가 다른 감자를 다양하게 심었다면 이처럼 ㉡**악화**되지는 않았을 것이다.

현재 지구의 생물 다양성은 위기에 빠졌다. 사람들의 지나친 욕심으　15
로 자연을 마음대로 훼손하여 이미 많은 생물이 사라질 위기에 놓여 있다. 아일랜드의 기근이 알려 주듯, 생물이 멸종하여 생물의 다양성이 사라진다면 먼 미래에 인간도 지구에서 사라지는 생물 가운데 하나가 될수 있다. 따라서 자연을 보호하기 위해서만이 아니라 우리 자신을 위해서라도 생물 다양성을 지키는 일에 관심을 기울여야 한다.　20

1
주장

이 글에서 주장하는 것은 무엇인지 빈칸에 알맞은 말을 쓰세요.

• (　　　　　　　　　　　　)을/를 지키는 일에 관심을 갖자.

2

내용 이해

이 글의 내용과 일치하는 것은 무엇인가요? (   )

① 생물 다양성은 사람에게는 영향을 크게 미치지 않는다.

② 감자 역병균은 사람들 사이에서 유행했던 전염병이었다.

③ 아일랜드 사람들이 병을 치료하려고 하지 않아서 기근이 일어났다.

④ 아일랜드에서 일어난 기근은 생물 다양성의 중요성을 알려 준 계기가 되었다.

⑤ 생물 다양성이란 식물, 동물과 같은 생물의 종류가 하나로 통일된 것을 뜻한다.

3

추론

이 글을 통해 답을 알 수 있는 질문이 아닌 것은 무엇인가요? (   )

① 생물 다양성의 뜻은 무엇일까?

② 이미 사라진 생물에는 무엇이 있을까?

③ 한 종류의 농작물만 심으면 어떤 일이 일어날까?

④ 생물 다양성을 지키지 않으면 어떤 일이 일어날까?

⑤ 아일랜드에서 기근이 일어난 까닭은 무엇이었을까?

4

어휘

뜻

㉠의 뜻으로 알맞은 것에 ○표 하세요.

(1) 뜻밖에 생긴 일, 또는 어떤 일이 뜻밖에 벌어지는 것.   (   )

(2) 앞으로 할 일의 절차, 방법, 규모 따위를 미리 헤아려 작정함.   (   )

(3) 어떤 일이 일어나거나 변화하도록 만드는 결정적인 원인이나 기회.   (   )

5

어휘

관계

㉡과 뜻이 반대되는 낱말로 알맞은 것은 무엇인가요? (   )

① 전염: 병이 남에게 옮음.

② 생존: 살아 있음. 또는 살아남음.

③ 호전: 일의 형세가 좋은 쪽으로 바뀜.

④ 파괴: 못 쓰게 부수거나 깨뜨려 헐어 버리는 것.

⑤ 멸종: 생물의 한 종류가 아주 없어짐. 또는 생물의 한 종류를 아주 없애 버림.

어휘 학습

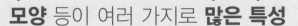

다 多 – 많다 | 양 樣 – 모양 | 성 性 – 성질

다양성

모양 등이 여러 가지로 **많은 특성**

모양, 빛깔, 형태, 양식 따위가 여러 가지로 많은 특성.

예 여러 나라의 생활 문화를 배우며 문화의 ❶◻◻◻을 엿볼 수 있었다.

답❶ ( )

다 多(많다)가 들어간 한자어

다각형   다 多 – 많다 | 각 角 – 뿔 | 형 形 – 모양

세 개 이상의 선으로 둘러싸인 평면 도형.

예 ❷◻◻◻에는 삼각형, 사각형, 오각형 등이 있다.

답❷ ( )

다문화   다 多 – 많다 | 문 文 – 글월 | 화 化 – 되다

여러 인종이나 민족이 어우러져 다양한 언어와 풍습, 생활 양식이 나타나는 문화.

예 우리나라는 여러 인종과 문화가 어우러진 ❸◻◻◻ 사회가 되었다.

답❸ ( )

다독   다 多 – 많다 | 독 讀 – 읽다

많이 읽음.

예 그는 ❹◻◻하는 습관이 있어서 손에서 책을 놓지 않는다.

답❹ ( )

이해 보기 에서 글자들을 골라, 뜻에 알맞은 낱말을 만드세요.

보기

| 다 | 각 | 서 | 문 | 화 |
| 독 | 형 | 동 | 양 | 성 |

1 많이 읽음. ( )

2 세 개 이상의 선으로 둘러싸인 평면 도형. ( )

3 모양, 빛깔, 형태, 양식 따위가 여러 가지로 많은 특성. ( )

4 여러 인종이나 민족이 어우러져 다양한 언어와 풍습, 생활 양식이 나타나는 문화.

( )

적용 빈칸에 들어갈 낱말을 보기 에서 찾아 쓰세요.

보기

다독   다각형   다문화   다양성

5 다양한 문화를 이해하려고 ( ) 교육 프로그램을 신청했다.

6 이 과자는 종류가 열 가지가 넘어서 맛의 ( )을/를 느낄 수 있다.

7 ( )하는 것도 중요하지만 한 권을 꼼꼼히 읽는 자세도 중요하다.

8 책과 필통은 사각형, 접시는 육각형 등 우리 주변을 살펴보면 ( ) 이/가 많다.

심화 **9** 다음 빈칸에 공통으로 들어갈 알맞은 낱말은 무엇인가요? ( )

> 만약 어떤 생물이 사라지면 먹이 사슬이 끊어져 생태계는 균형을 잃게 된다. 이를 막으려고 142개 나라가 뜻을 모아 생물 □□□ 협약을 맺었다. 이 협약에는 멸종 위기에 놓인 동식물을 보호하여 생물 □□□을/를 지키는 방법이 담겨 있다.

① 다독   ② 다급   ③ 다각형
④ 다문화   ⑤ 다양성

어휘

한자 성어

한자 성어는 한자에 기초하여 만들어진 말 중 특별한 뜻을 가지게 된 말입니다.
주로 유래가 있거나 교훈을 담고 있습니다.

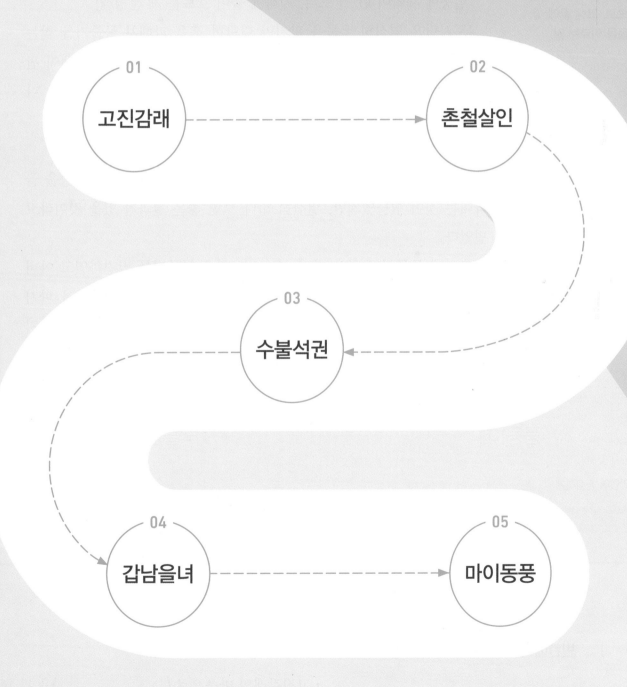

01 고진감래

02 촌철살인

03 수불석권

04 갑남을녀

05 마이동풍

01

고진감래

고 苦 – 괴롭다
진 盡 – 다하다
감 甘 – 달다
래 來 – 오다

쓴 것이 다하면 단 것이 온다는 뜻으로, 고생 끝에 즐거움이 옴을 이르는 말.

- **물려주신** 재물이나 지위 또는 기예나 학술 따위를 전하여 주신.
- **신중** 매우 조심스러움.
- **밑동** 나무줄기에서 뿌리에 가까운 부분.
- **파헤쳐** 속에 있는 것이 드러나도록 파서 젖혀.
- **묵묵히** 말없이 잠잠하게.
- **몫** 여럿으로 나누어 가지는 각 부분.

고진감래의 마음으로 [　　　]을 판 형

옛날 어느 마을에 살던 두 형제가 우물 파기 시합을 했다. 우물을 먼저 파는 사람이 아버지께서 **물려주신** 큰 나무를 가지기로 한 것이다. 두 사람은 어디에 우물을 팔지 **신중**하게 고민했다.

"여기가 마을 입구와도 가깝고 땅도 평평해서 우물을 파기에 좋을 것 같아!"

형은 밤낮으로 열심히 우물을 팠다. 동생은 나무 **밑동**이 있는 곳을 골랐다.

"밑동에 새싹이 난 걸 보니, 지하에 물이 흐르는 게 분명해!"

두 사람은 열심히 우물을 팠지만 단단한 흙을 **파헤쳐** 물줄기를 찾는 일은 쉽지 않았다. 형이 판 땅속에서는 큰 돌덩이가 나왔고, 동생이 판 곳에서는 굵은 나무뿌리가 자꾸 나왔기 때문이다. 동생은 물줄기가 나오지 않자 금방 포기하고 말았다.

"이렇게 고생스러운 일을 계속해서 할 수는 없어!"

그러나 동생과 다르게 형은 포기하지 않고 계속 우물을 팠다. 돌을 골라내는 것이 힘들었지만, 열심히 하다 보면 좋은 결과가 있을 것이라고 믿었다.

그렇게 **묵묵히** 우물을 파던 어느 날, 형은 물줄기를 발견하였고 아버지께서 물려주신 나무는 형의 **몫**이 되었다. 동생은 끝까지 우물을 파지 않은 것을 후회했다. 고생을 견디며 끝까지 우물을 판 형이 나무를 차지했듯이, ㉠힘든 일이 지나가면 좋은 일이 생기게 된다는 것을 동생은 깨닫게 되었다. 결국, 그날 이후 동생은 '고진감래'라는 말을 가슴에 새기며 어려움이 있더라도 끝까지 포기하지 않겠다고 다짐했다.

5

10

15

20

---

1 제목

빈칸에 두 글자로 된 낱말을 넣어 이 글의 제목을 완성하세요.

- 고진감래의 마음으로 (　　　　　　)을 판 형

2 이 글의 내용과 일치하지 <u>않는</u> 것은 무엇인가요? (   )

내용 이해

① 형은 동생과 우물 파기 시합을 했다.

② 형은 우물을 파는 것을 포기하지 않았다.

③ 동생은 나무 밑동에 새싹이 난 것을 보았다.

④ 동생이 파고 있는 땅속에서 큰 돌덩이가 나왔다.

⑤ 동생은 끝까지 우물을 파지 않은 것을 후회했다.

3 이 글에 대한 생각이나 느낌을 가장 알맞게 말한 친구는 누구인가요? (   )

적용

① 은진: 동생은 우물 팔 장소를 신중하게 정했어야 했어.

② 현수: 형이 동생에게 좀 더 열심히 하라고 나무랐어야 했어.

③ 보라: 동생이 물줄기를 발견하지 못한 건 운이 없었기 때문이야.

④ 남일: 형이 물줄기를 발견한 것은 힘든 일도 포기하지 않고 견뎠기 때문이야.

⑤ 영재: 아버지께서 큰 나무를 공평하게 반씩 물려주셨다면 두 사람은 싸우지 않았을 거야.

4 이 글에 쓰인 낱말의 뜻풀이가 바르지 <u>않은</u> 것은 무엇인가요? (   )

뜻

① 묵묵히: 말없이 잠잠하게.

② 몫: 여럿으로 나누어 가지는 각 부분.

③ 밑동: 나무줄기에서 뿌리에 가까운 부분.

④ 신중: 말이나 행동이 조심성 없이 가벼움.

⑤ 파헤쳐: 속에 있는 것이 드러나도록 파서 젖혀.

5 ㉠에 어울리는 속담은 무엇인가요? (   )

적용

① 시작이 반이다   ② 말이 씨가 된다

③ 고생 끝에 낙이 온다   ④ 아는 길도 물어 가랬다

⑤ 천 리 길도 한 걸음부터

어휘 학습

고 **苦** – 괴롭다 | 진 **盡** – 다하다 | 감 **甘** – 달다 | 래 **來** – 오다

고진감래

쓴 것이 다하면 단 것이 온다는 뜻으로, 고생 끝에 즐거움이 옴을 이르는 말.

예 ❶ ☐☐☐☐라더니, 힘든 일 뒤에 이렇게 좋은 날도 오는구나.

답❶ ( )

확장

교훈과 관련한 한자 성어

사필귀정 사 **事** – 일 | 필 **必** – 반드시 | 귀 **歸** – 돌아오다 | 정 **正** – 바르다

모든 일은 **반드시 바른길로 돌아감.**

예 상황이 지금 잘못된 것처럼 보여도 결국에는 ❷ ☐☐☐☐이 될 것이다.

답❷ ( )

유비무환 유 **有** – 있다 | 비 **備** – 갖추다 | 무 **無** – 없다 | 환 **患** – 근심

미리 **준비가 되어 있으면 걱정할 것이 없음.**

예 ❸ ☐☐☐☐의 정신으로 시험에 대비해야겠다.

답❸ ( )

인과응보 인 **因** – 인하다 | 과 **果** – 열매 | 응 **應** – 응하다 | 보 **報** – 갚다

(불교에서) 전생에 행한 **착한 일, 못된 일에 대한 값으로 지금의 행복이나 불행을 얻게** 되는 것.

예 정민이가 몸이 불편하신 할머니를 도와드린 행동이 학교에 알려져 상을 받은 것을 보면 모든 것은 ❹ ☐☐☐☐인 것 같다.

답❹ ( )

이해 다음 한자 성어와 뜻을 알맞게 선으로 이으세요.

1 고진감래 •

• ㉮ 모든 일은 반드시 바른길로 돌아감.

2 사필귀정 •

• ㉯ 고생 끝에 즐거움이 옴을 이르는 말.

3 유비무환 •

• ㉰ 미리 준비가 되어 있으면 걱정할 것이 없음.

4 인과응보 •

• ㉱ 전생에 행한 착한 일, 못된 일에 대한 값으로 지금의 행복이나 불행을 얻게 되는 것.

적용 자음자를 보고 빈칸에 들어갈 알맞은 한자 성어를 쓰세요.

5 오후에 비가 많이 온다고 해서 ㅇㅂㅁㅎ (으)로 우산을 챙겼다.

( )

6 심술궂은 놀부가 벌을 받게 된 것은 ㅇㄱㅇㅂ 에 따른 것이다.

( )

7 비록 지금은 억울하지만 ㅅㅍㄱㅈ 이니 결국 죄가 없음이 밝혀질 것이다.

( )

8 할머니께서는 힘든 일이 닥칠 때마다 ㄱㅈㄱㄹ (이)라는 말을 생각하며 어려움을 참아 내라고 말씀하셨다.

( )

심화 **9** 다음 글의 내용에 어울리는 한자 성어는 무엇인가요? ( )

> 무더운 한여름, 베짱이는 춤추고 노래하며 하루하루를 보냈지만, 개미는 부지런히 움직이며 먹이를 모았다. 가을이 되어 베짱이가 개미에게 함께 놀자고 말해도 개미는 곧 겨울이 오니까 안 된다고 대답하고는 쉬지 않고 일했다. 마침내 겨울이 되었을 때 개미는 모아 둔 먹이 덕분에 편안하게 겨울을 보낼 수 있었다.

① 과유불급 ② 설상가상 ③ 유비무환

④ 형설지공 ⑤ 어부지리

02

촌철살인의 말을 들은 친구

촌철살인

촌 寸 – 마디
철 鐵 – 쇠
살 殺 – 죽이다
인 人 – 사람

한 치의 쇠붙이로도 사람을 죽일 수 있다는 뜻으로, 간단한 말로도 남을 감동하게 하거나 남의 약점을 찌를 수 있음을 이르는 말.

여행을 하던 두 친구가 숲속에 들어섰을 때 곰 한 마리가 나타났다.

"곰이다!"

두 사람은 무척 크고 사나운 곰을 보고 깜짝 놀랐다. 그러자 한 친구가 옆에 있는 친구는 돌아보지도 않고 재빨리 **근처**의 큰 나무에 기어올라갔다. 무서워서 어쩔 줄 몰라 하다가 도망칠 기회를 놓친 다른 친구는 땅에 쓰러져 죽은 척을 했다.   5

곰은 죽은 척 누워 있는 사람 쪽으로 천천히 다가갔다. 나무 위에 있던 친구는 숨죽인 채 그 모습을 바라만 보고 있었다. 곰은 죽은 척 누워 있는 친구의 주변을 어슬렁거린 뒤 숲속으로 사라졌다. 한참이 지나도 곰은 다시 돌아오지 않았다. 그제야 나무 위로 도망친 친구는 **안심**하면서 땅으로 내려왔다.   10

"와! 곰이 가 버려서 정말 다행이야. 그런데 왜 곰이 네 주변을 어슬렁거린 거지? 설마 무슨 말이라도 한 거야?"

나무 아래로 내려온 친구가 물었다. 그러자 땅에 누워 있던 친구가 몸을 일으키며 조용히 말했다.   15

"㉠위험한 상황에서 친구를 버리고 자기만 도망치는 사람하고는 가까이하지 말라더군."

친구는 촌철살인 같은 말을 듣고서는 아무 말도 하지 못했다.

'촌철살인'은 한 **치**의 쇠붙이로도 사람을 죽일 수 있다는 뜻으로, 간단한 말로도 남을 감동하게 하거나 남의 **약점**을 찌를 수 있음을 이르는 말이다. 이 이야기는 위험한 상황일지라도 자신만 생각하면 안 되며 친구를 버리고 도망치는 행동은 옳지 않다는 것을 깨우쳐 준다.   20

● **근처**(가까울 근 近, 곳 처 處) 가까운 곳.

● **안심**(편안할 안 安, 마음 심 心) 모든 걱정을 떨쳐 버리고 마음을 편히 가짐.

● **치** 한 자의 10분의 1이고, 약 3센티미터 정도 되는 길이의 단위를 나타낸다.

● **약점**(약할 약 弱, 점찍을 점 點) 모자라서 남에게 뒤떨어지거나 떳떳하지 못한 점.

---

1 이 글에서 두 친구가 곰을 만난 장소는 어디인지 두 글자로 쓰세요.

배경

(   )

2
내용 이해

이 글의 내용과 일치하지 <u>않는</u> 것은 무엇인가요? (   )

① 두 친구는 여행을 하고 있었다.

② 곰은 죽은 척 누워 있는 친구의 주변을 어슬렁거렸다.

③ 곰이 나타나자 한 친구는 다른 친구를 생각하지 않고 혼자 도망쳤다.

④ 죽은 척 누워 있던 친구는 곰의 입을 빌려 혼자 도망친 친구를 비꼬았다.

⑤ 죽은 척 누워 있던 친구는 친구처럼 도망치는 것보다 자신이 선택한 방법이 더 낫다고
생각했다.

3
적용

이 글을 읽고 깨달은 점으로 가장 알맞은 것은 무엇인가요? (   )

① 곰을 만나면 죽은 척을 해야겠다.

② 위급한 상황에서는 맞서지 않고 도망치는 것이 좋겠다.

③ 어려울 때 남의 도움을 기대하지 말고 스스로 해결해야 한다.

④ 아무리 가까운 사이라도 다른 사람의 말을 무조건 믿으면 안 된다.

⑤ 어려운 상황이라고 해서 자신만 생각하는 태도를 보이면 안 되겠다.

4
어휘
뜻

다음 내용을 뜻하는 한자 성어를 이 글에서 찾아 쓰세요.

> 간단한 말로도 남을 감동하게 하거나 남의 약점을 찌를 수 있음을 이르는 말.

(   )

5
어휘
적용

㉠에 어울리는 한자어는 무엇인가요? (   )

① 이타적   ② 희생적   ③ 소극적

④ 이기적   ⑤ 헌신적

⊙ 핵심어

촌 寸 – 마디 | 철 鐵 – 쇠 | 살 殺 – 죽이다 | 인 人 – 사람

촌철살인

한 치의 쇠붙이로도 사람을 죽일 수 있다는 뜻으로, 간단한 말로도 남을 감동하게 하거나 남의 약점을 찌를 수 있음을 이르는 말.

예 ❶ ☐☐☐☐이라더니, 그의 말을 듣고 뜨끔하여 반성한 사람이 많다.

답 ❶ (   )

확장

말과 관련한 한자 성어

유구무언   유 有 – 있다 | 구 口 – 입 | 무 無 – 없다 | 언 言 – 말씀

입은 있어도 말은 없다는 뜻으로, **변명할 말이 없거나 변명을 못함**을 이르는 말.

예 거짓말이 탄로 나자 친구는 ❷ ☐☐☐☐이었다.

답 ❷ (   )

언중유골   언 言 – 말씀 | 중 中 – 가운데 | 유 有 – 있다 | 골 骨 – 뼈

말 속에 뼈가 있다는 뜻으로, **예사로운 말 속에 단단한 속뜻이 들어 있음**을 이르는 말.

예 ❸ ☐☐☐☐이라고, 듣다 보니 그 속에 핵심이 있구나.

답 ❸ (   )

청산유수   청 靑 – 푸르다 | 산 山 – 산 | 유 流 – 흐르다 | 수 水 – 물

푸른 산에 흐르는 맑은 물이라는 뜻으로, **막힘없이 썩 잘하는 말**을 비유적으로 이르는 말.

예 그의 말솜씨는 ❹ ☐☐☐☐ 같아서 계속 듣고 있어도 지루하지 않다.

답 ❹ (   )

이해 다음 한자 성어와 뜻을 알맞게 선으로 이으세요.

1 촌철살인 •

        • ㉮ 변명할 말이 없거나 변명을 못함을 이르는 말.

2 유구무언 •

        • ㉯ 막힘없이 썩 잘하는 말을 비유적으로 이르는 말.

3 언중유골 •

        • ㉰ 예사로운 말 속에 단단한 속뜻이 들어 있음을 이르는 말.

4 청산유수 •

        • ㉱ 간단한 말로도 남을 감동하게 하거나 남의 약점을 찌를 수 있음을 이르는 말.

적용 밑줄 친 부분과 비슷한 뜻을 지닌 한자 성어를 보기 에서 찾아 쓰세요.

> **보기**
>
> 언중유골   유구무언   청산유수   촌철살인

5 늦잠을 자서 지각한 나는 <u>변명할 말이 없었다</u>.   (   )

6 그는 독서를 많이 해서 그런지 <u>말을 막힘없이 잘한다</u>. (   )

7 지나가는 말처럼 했지만, 사실 <u>그 안에는 친구에게 서운한 소율이의 속뜻이 담겨 있었다</u>.   (   )

8 그 만화가 인기 있는 까닭은 주인공이 하는 <u>짧은 한마디가 마음에 감동을 주기</u> 때문이다.   (   )

심화 **9** 다음 빈칸에 들어갈 알맞은 한자 성어는 무엇인가요? (   )

> 재민이는 오늘 숙제를 다 끝내고 난 뒤에 놀기로 엄마와 약속했다. 그러나 놀고 싶은 유혹을 이기지 못하고 저녁까지 게임만 했다. 약속을 지키지 못한 재민이는 엄마께 꾸지람을 들었다. ☐☐☐☐(이)라는 말처럼 재민이는 아무 말도 하지 못했다.

① 촌철살인   ② 유구무언   ③ 언중유골
④ 청산유수   ⑤ 우문현답

03

수불석권의 삶을 보여 준 정약용

수불석권

수 手 – 손
불 不 – 아니다
석 釋 – 풀다
권 卷 – 책

손에서 책을 놓지 아니하고 늘 글을 읽음.

조선 시대의 어느 학자가 **대궐**에 가는 길에 한 소년을 만났다. 소년은 당나귀에 책을 가득 싣고 가는 중이었다. 열흘 뒤, 볼일을 마치고 고향으로 돌아가던 학자는 다시 그 소년을 만났다. 이번에도 소년은 책을 가득 실은 당나귀와 함께였다. 학자가 소년에게 물었다.

"너는 왜 책을 당나귀에 싣고 돌아다니느냐?"   5

"절에서 책을 읽고 내려오는 길입니다."

학자는 소년의 말을 믿을 수 없었다. 왜냐하면 중국의 ㉠**방대한** 역사를 다룬 그 책들을 소년이 열흘 만에 읽을 수 없다고 생각했기 때문이다.

"어찌 열흘 만에 그 책들을 다 읽었다고 하느냐?"

학자의 물음에 소년은 당당하게 답했다.   10

"읽은 것뿐만 아니라 외웠습니다."

이 소년이 바로 조선 최고의 **지식인** 중 한 명으로 불리는 정약용이다. 그는 어린 시절부터 ㉡손에서 책을 놓지 않고 늘 독서를 한 사람이었다. 정약용은 **과거**에 **장원 급제** 해서 벼슬에 올라 많은 **업적**을 남겼다. 벼슬에서 물러난 이후에는 경제, 법, 정치 등 다양한 분야에 걸쳐 500여 권   15
의 책을 썼다. 그가 이렇게 많은 책을 쓸 수 있었던 것은 바로 어린 시절의 독서가 바탕이 되었기 때문이다. 독서를 중요하게 여긴 정약용의 생각은 아들에게 쓴 편지 내용에서도 발견할 수 있다. 그는 아들에게 '독서는 사람에게 가장 중요하고 가장 깨끗한 일'이라고 하며 늘 책을 가까이할 것을 강조했다. 수불석권한 정약용의 삶을 통해 독서의 중요성에 대   20
해 생각해 볼 수 있다. 책을 가까이하면 지식뿐만 아니라, 생각할 수 있는 힘과 세상을 살아가는 지혜를 배울 수 있다.

- **대궐** 임금이 거처하는 집.
- **방대한** 규모나 양이 매우 크거나 많은.
- **지식인**(알 지 知, 알 식 識, 사람 인 人) 꽤 높은 수준의 지식을 갖춘 사람.
- **과거**(품등 과 科, 들 거 擧) 우리나라와 중국에서 관리를 뽑을 때 실시하던 시험.
- **장원 급제**(씩씩할 장 壯, 으뜸 원 元, 미칠 급 及, 차례 제 第) 과거에서, 일등으로 뽑히던 일.
- **업적** 열심히 일하여 이룩해 놓은 결과. 공적.

1

인물

이 글에서 중심이 되는 인물은 누구인지 쓰세요.

(   )

2

내용 이해

이 글을 통해 알 수 있는 내용이 <u>아닌</u> 것은 무엇인가요? (   )

① 정약용의 독서 태도

② 정약용이 쓴 책의 수

③ 정약용의 어릴 적 이야기

④ 정약용이 아들에게 강조한 내용

⑤ 정약용이 벼슬에서 물러난 까닭

3

목적

글쓴이가 이 글을 쓴 까닭으로 알맞은 것은 무엇인가요? (   )

① 정약용이 벼슬을 하며 남긴 업적을 설명하기 위해서

② 책을 외워 읽는 것의 장점과 단점을 설명하기 위해서

③ 정약용이 어린 시절에 즐겨 읽은 책을 소개하기 위해서

④ 정약용의 일화를 보여 주며 독서의 중요성을 강조하기 위해서

⑤ 정약용이 보낸 편지가 아들에게 미친 영향을 소개하기 위해서

4

어휘

뜻

㉠의 뜻으로 알맞은 것에 ○표 하세요.

(1) 규모나 양이 매우 크거나 많은.   (   )

(2) 가진 것이 매우 적거나 힘이 없는.   (   )

(3) 아주 정교하고 치밀하여 빈틈이 없고 자세한.   (   )

5

어휘

적용

㉡에 어울리는 한자 성어는 무엇인가요? (   )

① 일편단심   ② 청출어람

③ 풍수지탄   ④ 개과천선

⑤ 수불석권

↓ 핵심어

수 手 – 손 | 불 不 – 아니다 | 석 釋 – 풀다 | 권 卷 – 책

수불석권

손에서 책을 놓지 아니하고 늘 글을 읽음.

예 그는 항상 책을 들고 다니면서 ❶◻◻◻◻하였다.

답 ❶ (   )

확장

독서와 관련한 한자 성어

독서삼매   독 讀 – 읽다 | 서 書 – 글 | 삼 三 – 셋 | 매 昧 – 어둡다

다른 생각은 전혀 안 하고 **오직 책 읽기에만 골몰**하는 경지.

예 나는 온종일 휴대 전화도 보지 않고 오랜만에 도서관에 가서 ❷◻◻◻◻에 빠졌다.

답 ❷ (   )

주경야독   주 晝 – 낮 | 경 耕 – 밭을 갈다 | 야 夜 – 밤 | 독 讀 – 읽다

낮에는 농사짓고, 밤에는 글을 읽는다는 뜻으로, **어려운 여건 속에서도 꿋꿋이 공부함**을 이르는 말.

예 그는 낮에는 일하고 밤에는 공부를 하면서 ❸◻◻◻◻으로 대학에 합격했다.

답 ❸ (   )

위편삼절   위 韋 – 가죽 | 편 編 – 엮다 | 삼 三 – 셋 | 절 絕 – 끊다

공자가 주역을 즐겨 읽어 책의 가죽끈이 세 번이나 끊어졌다는 뜻으로, **책을 열심히 읽음**을 이르는 말.

예 공자는 한 번 책을 읽는 데서 그치지 않고 내용을 다 깨우칠 때까지 ❹◻◻◻◻을 했다.

답 ❹ (   )

이해 다음 뜻에 해당하는 한자 성어를 보기 에서 찾아 쓰세요.

> **보기**
>
> 독서삼매   수불석권   위편삼절   주경야독

1 책을 열심히 읽음을 이르는 말.   (   )

2 손에서 책을 놓지 아니하고 늘 글을 읽음.   (   )

3 어려운 여건 속에서도 꿋꿋이 공부함을 이르는 말. (   )

4 다른 생각은 전혀 안 하고 오직 책 읽기에만 골몰하는 경지.

(   )

적용 자음자를 보고 빈칸에 들어갈 알맞은 한자 성어를 쓰세요.

5 재호는 버스에서도 ㅅㅂㅅㄱ하며 책을 놓지 않았다. (   )

6 형우는 자신을 부르는 소리도 듣지 못할 정도로 ㄷㅅㅅㅁ에 빠져 있었다.

(   )

7 삼촌은 ㅈㄱㅇㄷ(으)로 낮에는 회사, 밤에는 대학을 다니는 늦깎이 대학생이다.

(   )

8 책은 한 번 읽고 끝내는 것이 아니라, ㅇㅍㅅㅈ을/를 하며 여러 번 곱씹어 읽어야

한다.   (   )

심화 **9** 다음 글과 어울리는 한자 성어는 무엇인가요? (   )

> 지난달에 서점에서 『노인과 바다』라는 책을 사서 읽었다. 이 책은 '산티아고'라
> 는 노인이 혼자 먼 바다로 나가 자신의 배보다 큰 물고기를 잡으면서 벌어지는
> 내용이다. 내용이 어려워서 매일 읽고 또 읽었더니 책이 여기저기 많이 구겨졌
> 다. 너덜너덜해진 책을 보니 열심히 읽었다는 생각이 들어 마음이 뿌듯해졌다.

① 권모술수   ② 위편삼절   ③ 조삼모사
④ 설왕설래   ⑤ 낭중지추

04

핵심어

갑남을녀

갑 甲 – 갑옷
남 男 – 남자
을 乙 – 새
녀 女 – 여자

갑이란 남자와 을이란 여자라는 뜻으로, 평범한 사람들을 이르는 말.

- **혼인** 남자와 여자가 부부가 되는 일.
- **임진왜란** 1592년(임진년)에 일본이 조선을 침략하여 7년 동안 벌어진 전쟁.
- **의병**(옳을 의 義, 군사 병 兵) 나라가 어려울 때 나라를 구하기 위하여 스스로 무장을 하고 나서서 싸우는 사람, 또는 그 무리.
- **생사**(날 생 生, 죽을 사 死) 삶과 죽음을 아울러 이르는 말.
- **우연히** 예상이나 기대하지 않았는데 뜻밖에.
- **포로** 사로잡은 적.
- **일가**(하나 일 一, 집 가 家) 한 집에서 사는 가족.

갑남을녀가 겪은 고난

　옛날에 옥영이라는 사람이 있었는데, 가난한 양반집 아들인 최척을 만나 사랑에 빠지게 되었다. 옥영은 반대하는 어머니를 설득하여 최척과 **혼인**하기로 약속했다. 그러던 중 갑자기 **임진왜란**이 터졌고, 최척은 전쟁에 나가 **의병**으로 싸우게 되었다.

　시간이 흘러도 최척이 돌아오지 않자 옥영의 어머니는 딸에게 부잣집 아들과 혼인하라고 했다. 그렇지만 옥영은 최척을 끝까지 기다렸고, 다행히 최척은 살아 돌아왔다. 그렇게 다시 만나게 된 두 사람은 여느 ㉠갑남을녀처럼 혼인도 하고 아들도 낳으면서 평범하고 행복한 생활을 꾸렸다.

　그런데 몇 해 지나지 않은 정유년에 왜군이 다시 조선에 쳐들어왔다. 이 전쟁으로 마을은 불탔고 많은 백성이 죽거나 고향을 떠났다. 최척의 가족은 서로의 **생사**를 모른 채 모두 뿔뿔이 흩어지게 되었다. 옥영은 일본으로, 최척은 중국 명나라로 건너갔다. 힘든 시간을 보낸 후 옥영과 최척은 **우연히** 명나라에서 다시 만나 함께 살 수 있었다.

　그러나 그들의 행복은 오래 가지 못했다. 이번에는 명나라에서 전쟁이 일어났기 때문이다. 최척은 명나라 병사로 전쟁에 나갔다가 **포로**로 잡혔는데, 그곳에서 죽은 줄 알았던 큰아들을 만나게 되었다. 두 사람은 겨우 도망쳐 조선으로 돌아왔고 그 소식을 듣게 된 옥영도 조선으로 돌아왔다. ㉡결국 뿔뿔이 흩어졌던 최척 **일가**는 갖은 고생 끝에 만나 행복한 삶을 누리게 되었다.

5

10

15

20

1

이 글에서 중심이 되는 두 인물은 누구인지 이름을 쓰세요.

인물

(　　　　　　 , 　　　　　)

2

글의 특징

이 글의 특징으로 알맞은 것은 무엇인가요? (   )

① 동물이 주인공으로 등장하고 있다.

② 인물의 속마음을 통해 성격을 나타내고 있다.

③ 사건이 일어난 순서에 따라 이야기가 전개되고 있다.

④ 전쟁이 일어난 까닭을 역사적으로 자세하게 설명하고 있다.

⑤ 뛰어난 능력을 지닌 인물이 사건을 해결하는 내용이 전개된다.

3

내용 이해

이 글의 내용과 일치하는 것은 무엇인가요? (   )

① 최척과 옥영은 한순간도 행복하게 살지 못했다.

② 전쟁으로 인해 최척과 옥영은 만남과 이별을 반복했다.

③ 최척은 명나라에서 일어난 전쟁에 조선 병사로 참여했다.

④ 옥영의 어머니가 최척과 혼인하는 것을 반대한 까닭은 신분 때문이다.

⑤ 정유년에 일어난 전쟁 때문에 옥영은 중국, 최척은 일본으로 떠나게 되었다.

4 어휘

뜻

㉠의 뜻으로 알맞은 것은 무엇인가요? (   )

① 평범한 사람들을 이르는 말.

② 어릴 때부터 같이 놀며 자란 벗.

③ 같은 이름을 가진 서로 다른 사람.

④ 많은 사람 가운데서 뛰어난 인물을 이르는 말.

⑤ 여러 방면에 능통한 사람을 비유적으로 이르는 말.

5 어휘

적용

㉡에 어울리는 한자 성어로 알맞은 것은 무엇인가요? (   )

① 싸울 때마다 이김을 뜻하는 '백전백승'.

② 고생 끝에 즐거움이 옴을 뜻하는 '고진감래'.

③ 나날이 다달이 자라거나 발전함을 뜻하는 '일취월장'.

④ 출세를 하여 고향에 돌아가거나 돌아옴을 뜻하는 '금의환향'.

⑤ 옛것을 익히고 그것을 미루어서 새것을 앎을 뜻하는 '온고지신'.

어휘 학습

갑 甲 – 갑옷 | 남 男 – 남자 | 을 乙 – 새 | 녀 女 – 여자

갑남을녀

갑이란 남자와 을이란 여자라는 뜻으로, 평범한 사람들을 이르는 말.

예 나 역시도 다른 사람과 다를 바 없는 ❶☐☐☐☐의 하나일 뿐이다.

답❶ (   )

평범함과 관련한 한자 성어

장삼이사   장 張 – 베풀다 | 삼 三 – 셋 | 이 李 – 성씨 | 사 四 – 넷

장씨의 셋째 아들과 이씨의 넷째 아들이란 뜻으로, **이름이나 신분이 특별하지 아니한 평범한 사람들**을 이르는 말.

예 그는 우리 주변에서 흔히 볼 수 있는 ❷☐☐☐☐ 중 한 사람이다.

답❷ (   )

필부필부   필 匹 – 짝 | 부 夫 – 남편 | 필 匹 – 짝 | 부 婦 – 아내

평범한 남녀.

예 부모님께서는 ❸☐☐☐☐로 만나 평생 함께하기로 약속하셨다.

답❸ (   )

초동급부   초 樵 – 땔나무 | 동 童 – 아이 | 급 汲 – 긷다 | 부 婦 – 아내

땔나무를 하는 아이와 물을 긷는 아낙네라는 뜻으로, **평범한 사람**을 이르는 말.

예 동네에서 그의 이름은 ❹☐☐☐☐도 알 정도로 유명했다.

답❹ (   )

이해 다음 한자 성어의 뜻을 보기 에서 찾아 기호를 쓰세요.

보기

㉠ 평범한 남녀.

㉡ 갑이란 남자와 을이란 여자라는 뜻으로, 평범한 사람들을 이르는 말.

㉢ 땔나무를 하는 아이와 물을 긷는 아낙네라는 뜻으로, 평범한 사람을 이르는 말.

㉣ 장씨의 셋째 아들과 이씨의 넷째 아들이란 뜻으로, 이름이나 신분이 특별하지 아니한 평범한 사람들을 이르는 말.

1 장삼이사 (   )   **2** 필부필부 (   )

3 초동급부 (   )   **4** 갑남을녀 (   )

적용 자음자를 보고 빈칸에 들어갈 알맞은 한자 성어를 쓰세요.

5 평범한 ㅈㅅㅇㅅ의 삶에도 때로 마법 같은 일이 일어날 수 있다.

(   )

6 작은 마을의 ㅊㄷㄱㅂ들이지만, 모두 나라의 위기를 걱정하고 있다.

(   )

7 할머니는 ㅍㅂㅍㅂ(으)로 가정을 이루고 행복하게 살아가는 삶이 좋다고 하셨다.

(   )

8 이 세상에는 평범하지만 자기에게 주어진 일을 묵묵히 해내는 멋진 ㄱㄴㅇㄴ이/가 많다.

(   )

심화 **9** 다음 글에서 밑줄 친 말과 뜻이 반대되는 한자 성어를 찾아 쓰세요.

드라마나 영화에는 모든 것을 완벽하게 해내는 <u>특별한 사람</u>이 주인공으로 등장한다. 그러나 우리 주변에는 그런 사람들보다는 서투르고 실수도 하지만 언제나 최선을 다하는 장삼이사가 대부분이다. 그래서 내가 영화감독이 된다면 최선을 다해 열심히 살아가는 평범한 사람들의 이야기를 영화로 만들고 싶다.

(   )

05

마이동풍의 유래와 최치원의 삶

마이동풍

마 馬 – 말
이 耳 – 귀
동 東 – 동쪽
풍 風 – 바람

동풍이 말의 귀를 스쳐 간 다는 뜻으로, 남의 말을 귀 담아듣지 아니하고 지나쳐 흘려버림을 이르는 말.

● **무예** 칼·활·몸 등을 써서 싸 우는 기술에 관한 재주.

● **관직** 관리의 지위.

● **개혁**(고칠 개 改, 가죽 혁 革) 제도나 기구 따위를 새롭게 뜯어고침.

● **방안**(모 방 方, 책상 안 案) 일 을 처리하거나 해결하여 나갈 방법이나 계획.

● **정치**(정사 정 政, 다스릴 치 治) 국민의 생활을 보장하고 사회 질서를 지키기 위하여 국가의 권력을 유지하고 부리 는 활동.

● **한탄** 원통하거나 뉘우치는 일 이 있을 때 한숨을 쉬며 탄식 함. 또는 그 한숨.

'마이동풍'은 중국 당나라 시인 이태백이 '시인들이 훌륭한 글을 써도 아무도 알아주지 않으니 마치 말의 귀에 동풍이 부는 격이다.'라고 쓴 글 에서 유래했다. '동쪽에서 부는 봄바람은 부드러워서 말의 귀를 스쳐도 말이 크게 반응하지 않는다.'라는 뜻인데, 훌륭한 글에도 아무 반응이 없 는 세상 사람들을 비유한 것이다. 이태백이 살던 시절에는 **무예**를 잘하 5 는 사람만 인정받고 글을 잘 쓰는 사람들은 인정받지 못했다. 이태백은 훌륭한 시인들이 그 능력을 펼치지 못하는 현실에 대해 안타까움을 표 현했던 것이다. 이후 사람들은 ㉠남의 말을 귀담아듣지 않고 흘려버리 거나 남의 의견이나 충고를 전혀 듣지 않는 경우에 '마이동풍'이라는 말 을 사용했다. 10

통일 신라 시대의 인물인 최치원도 귀족들의 마이동풍과 같은 태도 때문에 능력을 펼치지 못했다. 최치원은 12세에 당나라로 유학을 떠나 18세에 외국인을 위해 실시한 과거 시험에 합격했다. 당나라에서 벼슬 에 올라 능력을 인정받고 신라로 돌아온 최치원은 좋은 나라를 만들기 위해 힘썼다. 15

그러나 최치원은 신분이 낮았기 때문에 높은 **관직**에 오르지 못하고 원하는 것을 이룰 수 없었다. 신라는 태어날 때부터 정해진 신분에 따라 오를 수 있는 관직이 정해져 있는 나라였기 때문이다. 그가 아무리 좋은 **개혁** 방안을 내놓아도 신분이 높은 귀족들에게는 마이동풍일 뿐이었다. 결국 능력을 펼치지 못한 최치원은 **정치**에서 물러나 전국을 떠돌다 산 20 에 들어가 살았다. 그곳에서 그는 자신을 알아주지 않는 세상에 대한 **한 탄**과 외로움을 시로 남겼다고 한다.

1 이 글에서 가장 중심이 되는 말은 무엇인지 네 글자로 쓰세요.

핵심어

( )

2

내용 이해

이 글의 내용과 일치하는 것은 무엇인가요? (   )

① 통일 신라 시대에는 신분에 따라 오를 수 있는 관직이 달랐다.

② 신라와 당나라 모두 무예를 잘해야 인정받을 수 있는 나라였다.

③ 통일 신라의 귀족들은 최치원이 내놓은 개혁 방안에 관심을 보였다.

④ 이태백은 신분 때문에 능력을 펼치지 못하는 인재들을 안타까워했다.

⑤ '마이동풍'은 최치원이 자신의 의견을 귀담아듣지 않는 귀족들을 향해 한 말이다.

3

추론

이 글을 읽고 짐작한 것으로 알맞은 것은 무엇인가요? (   )

① 통일 신라의 귀족들은 그만큼 능력이 뛰어난 사람들이었겠군.

② 최치원이 능력을 펼치지 못한 까닭은 노력이 부족했기 때문이군.

③ '마이동풍'은 훌륭한 글을 알아보지 못하는 경우에만 쓸 수 있겠군.

④ 이태백은 훌륭한 글을 쓰는 시인들이 능력을 인정받는 세상을 원했겠군.

⑤ 신라 시대에는 능력이 뛰어나면 신분에 상관없이 높은 관직에 올라갈 수 있었군.

4

어휘

적용

㉠ 부분에 어울리는 관용어는 무엇인가요? (   )

① 귀가 얇다

② 귀가 따갑다

③ 귀를 기울이다

④ 귀를 의심하다

⑤ 귓등으로도 안 듣는다

5

어휘

뜻

이 글에 쓰인 낱말의 뜻풀이가 바르지 <u>않은</u> 것은 무엇인가요? (   )

① 관직: 관리의 지위.

② 무예: 칼·활·몸 등을 써서 싸우는 기술에 관한 재주.

③ 방안: 일을 처리하거나 해결하여 나갈 방법이나 계획.

④ 개혁: 하던 일, 제도 풍습 등을 그만두게 하거나 없애는 것.

⑤ 한탄: 원통하거나 뉘우치는 일이 있을 때 한숨을 쉬며 탄식함. 또는 그 한숨.

어휘 학습

동영상 강의

마 **馬** – 말 | 이 **耳** – 귀 | 동 **東** – 동쪽 | 풍 **風** – 바람

마이동풍

동풍이 말의 귀를 스쳐 간다는 뜻으로, 남의 말을 귀담아듣지 아니하고 지나쳐 흘려버림을 이르는 말.

예 그 아이에겐 나의 의견이 ❶⬜⬜⬜⬜이더라.

답 ❶ (   )

확장

어리석음과 관련한 한자 성어

우이독경   우 **牛** – 소 | 이 **耳** – 귀 | 독 **讀** – 읽다 | 경 **經** – 경서

쇠귀에 경 읽기라는 뜻으로, **아무리 가르치고 일러 주어도 알아듣지 못함**을 이르는 말.

예 아무리 충고해도 그는 ❷⬜⬜⬜⬜으로 사람들의 말을 들으려 하지 않았다.

답 ❷ (   )

목불식정   목 **目** – 눈 | 불 **不** – 아니다 | 식 **識** – 알다 | 정 **丁** – 고무래

아주 간단한 글자인 '丁(고무래 정)' 자를 보고도 그것이 '고무래'인 줄을 알지 못한다는 뜻으로, **글자를 전혀 모름**을 이르는 말.

예 그런 간단한 것도 모르다니, 정말 ❸⬜⬜⬜⬜이구나.

답 ❸ (   )

무지몽매   무 **無** – 없다 | 지 **知** – 알다 | 몽 **蒙** – 어리석다 | 매 **昧** – 어둡다

세상 물정도 잘 모르고 세상 이치에도 어두움.

예 그는 ❹⬜⬜⬜⬜한 사람들을 깨우치기 위해 계몽 운동에 일생을 바쳤다.

답 ❹ (   )

이해 다음 한자 성어와 뜻을 알맞게 선으로 이으세요.

1 마이동풍 •

• ㉮ 글자를 전혀 모름을 이르는 말.

2 목불식정 •

• ㉯ 세상 물정도 잘 모르고 세상 이치에도 어두움.

3 무지몽매 •

• ㉰ 아무리 가르치고 일러 주어도 알아듣지 못함을 이르는 말.

4 우이독경 •

• ㉱ 남의 말을 귀담아듣지 아니하고 지나쳐 흘려버림을 이르는 말.

적용 밑줄 친 부분과 비슷한 뜻을 지닌 한자 성어를 보기 에서 찾아 쓰세요.

> 보기
>
> 마이동풍   목불식정   무지몽매   우이독경

5 내가 아무리 말해도 그는 <u>귀담아듣지 않고 흘려들었다.</u> (   )

6 어른들의 눈에는 아이들이 <u>세상 물정을 잘 모르는 것</u>처럼 보일지도 모른다.

(   )

7 줄을 서야 한다고 <u>여러 번 이야기해도</u> 지희는 <u>알아듣지 못하고</u> 새치기를 했다.

(   )

8 열심히 중국어를 공부하면 <u>글자를 전혀 모르는 상태</u>는 벗어날 수 있을 것이다.

(   )

심화 **9** 다음 글에 어울리는 한자 성어는 무엇인가요? (   )

> 낫은 풀을 베거나 벼, 보리를 베는 농기구로 기역 자 모양이다. 낫과 관련한 속담으로는 '낫 놓고 기역 자도 모른다'라는 표현이 있다. 기역 자처럼 생긴 낫을 보면서 기역 자를 모른다는 뜻으로 아주 무식함을 이르는 말이다.

① 경거망동   ② 목불식정   ③ 마이동풍
④ 반포지효   ⑤ 안하무인

어휘

속담·관용어

속담은 옛날부터 사람들 사이에서 이야기되는 짧은 말로, 교훈을 담고 있습니다.
관용어는 말버릇처럼 오래 쓰여서 특별한 뜻을 가지게 된 말입니다.

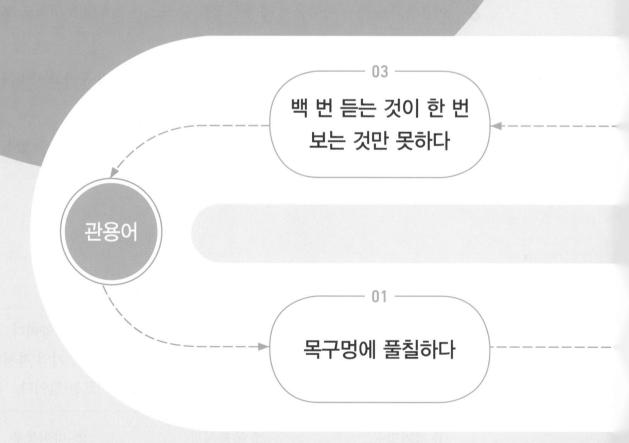

관용어

03
백 번 듣는 것이 한 번
보는 것만 못하다

01
목구멍에 풀칠하다

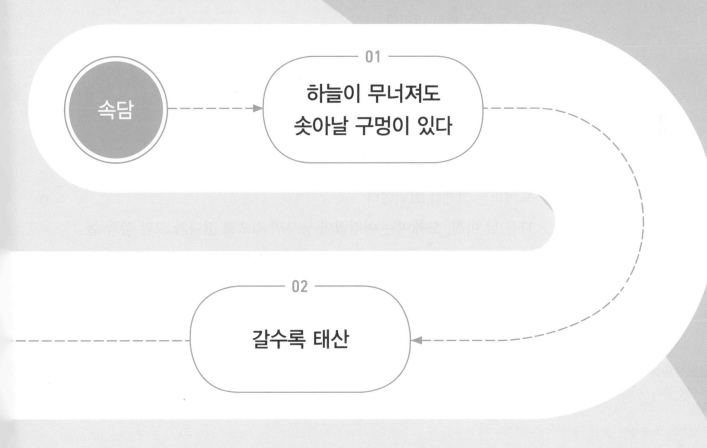

속담

01
하늘이 무너져도
솟아날 구멍이 있다

02
갈수록 태산

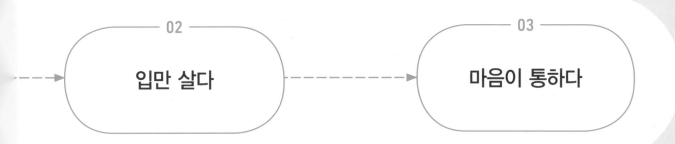

02
입만 살다

03
마음이 통하다

01

**하늘이 무너져도
솟아날 구멍이 있다**
아무리 어려운 경우에 처
하더라도 살아 나갈 방도
가 생긴다는 말.

하늘이 무너져도 솟아날 구멍이 있는 법

어느 마을에 열심히 일하며 이웃들과 사이좋게 지내는 농부가 살았다. 그러던 어느 날 농부의 집에 도깨비가 찾아왔다. 도깨비는 갑자기 쳐들어와서 밥을 내놓으라고 말했다. 농부는 너무 놀랐지만, 용기를 내서 안 된다고 거절했다. 그러자 도깨비는 돌아가기는커녕 농부의 물건을 마음대로 바꾸고 없애 버렸다. 하는 수 없이 농부는 도깨비의 말을 들어주었다. 그러나 밥을 주면 돌아갈 줄 알았던 도깨비는 매일 찾아와 밥을 내놓으라고 했고, 날로 심술이 심해졌다. 농부는 먹을 것을 준비하느라 점점 가난해졌고 도깨비의 심술 때문에 몹시 괴로웠다. 그래서 어느 날 농부는 **꾀**를 내었다.

"네가 세상에서 가장 무서워하는 것이 뭐야?"

"나는 개의 피가 정말 무서워. 근처에만 가도 손발이 오들오들 떨려. 아저씨는 뭐가 제일 무서운데?"

그러자 농부는 두려움에 떠는 척하며 대답했다.

"나는 **엽전**이 무서워. 엽전이 산처럼 쌓여 있으면 기절할지도 몰라."

도깨비는 고개를 끄덕였다.

다음 날 아침, 도깨비는 **어김없이** 농부의 집으로 갔다가 그만 깜짝 놀랐다. 농부의 집 **둘레**에 개의 피가 여기저기 뿌려져 있었기 때문이다. 화가 난 도깨비는 엽전을 산처럼 쌓아 농부의 집 앞에 놓고는 다시는 농부의 집에 찾아오지 않았다.

하늘이 무너져도 솟아날 구멍이 있다고, 아무리 어려운 상황이라도 해결할 방법은 있다. 농부는 자신의 문제를 지혜롭게 해결하여 ㉠도깨비도 쫓아내고 큰돈도 얻었다.

5

10

15

20

• **꾀** 일을 잘 꾸며 내거나 해결
해 내거나 하는, 묘한 생각이
나 수단.

• **엽전** 예전에 사용하던, 놋쇠
로 만든 돈.

• **어김없이** 어기는 일이 없이.

• **둘레** 사물의 테두리나 바깥
언저리.

1

인물

이 글에서 중심이 되는 두 인물은 누구인지 쓰세요.

(,   )

2 이 글의 내용과 일치하지 <u>않는</u> 것은 무엇인가요? (   )

내용 이해

① 농부는 엽전을 무서워했다.

② 도깨비는 개의 피를 무서워했다.

③ 도깨비는 매일 농부에게 밥을 얻어먹었다.

④ 농부는 도깨비에게 밥을 주는 것이 힘들었다.

⑤ 도깨비는 개의 피를 뿌린 농부에게 화가 났다.

3 이 글의 주제로 알맞은 것은 무엇인가요? (   )

주제

① 상대가 강할수록 고개를 숙여야 한다.

② 하지 못할 일은 처음부터 거절해야 한다.

③ 어쩔 수 없는 상황이라도 남을 속이면 안 된다.

④ 상대가 사람이 아니더라도 친절하게 대해야 한다.

⑤ 아무리 어려운 경우에 처하더라도 해결할 방법은 있다.

4 다음 내용을 뜻하는 낱말을 이 글에서 찾아 두 글자로 쓰세요.

뜻

> 예전에 사용하던, 놋쇠로 만든 돈.

(   )

5 ㉠의 상황을 나타내기에 알맞은 한자 성어는 무엇인가요? (   )

적용

① 사필귀정   ② 동가홍상   ③ 설상가상

④ 금상첨화   ⑤ 동상이몽

어휘
학습

동영상 강의

↓ 핵심어

하늘이 무너져도
솟아날 구멍이 있다

아무리 어려운 경우에 처하더라도 살아 나갈 방도가 생긴다는 말.

예 하늘이 무너져도 솟아날 **❶**□은 있다고, 버스를 놓쳐서 늦을 뻔했는데 택시가 바로 와서 학교에 늦지 않았다.

답 **❶** (   )

확장

희망과 관련한 속담

고생 끝에 낙이 온다

어려운 일이나 고된 일을 겪은 뒤에는 **반드시 즐겁고 좋은 일이 생긴다**는 말.

예 고생 끝에 **❷**이 온다더니, 공부할 때는 힘들었지만 일 등을 하게 되어 정말 기쁘다.

답 **❷** (   )

개똥밭에 이슬 내릴 때가 있다

몹시 고생을 하는 삶도 **좋은 운수가 터질 날이 있다**는 말.

예 개똥밭에 **❸**□ 내릴 때가 있다더니, 제비가 가난한 흥부에게 박씨를 물어다 준 덕분에 흥부는 남부럽지 않은 부자가 되었다.

답 **❸** (   )

응달에도 햇빛 드는 날이 있다

햇빛이 들지 아니하여 그늘진 곳도 해가 들어 양지가 될 수 있다는 뜻으로, 아무리 어려운 처지에 놓여 있더라도 **끝까지 노력하면 성과를 거둘 수 있음**을 비유적으로 이르는 말.

예 응달에도 **❹**□ 드는 날이 있듯이, 힘들 때일수록 마음을 다 잡고 노력하면 좋은 결과가 있을 것이다.

답 **❹** (   )

이해 다음 속담의 뜻을 보기 에서 찾아 기호를 쓰세요.

> **보기**
> ㉠ 몹시 고생을 하는 삶도 좋은 운수가 터질 날이 있다는 말.
> ㉡ 아무리 어려운 경우에 처하더라도 살아 나갈 방도가 생긴다는 말.
> ㉢ 어려운 일이나 고된 일을 겪은 뒤에는 반드시 즐겁고 좋은 일이 생긴다는 말.
> ㉣ 아무리 어려운 처지에 놓여 있더라도 끝까지 노력하면 성과를 거둘 수 있음을 비유적으로 이르는 말.

1 고생 끝에 낙이 온다 ( )

2 개똥밭에 이슬 내릴 때가 있다 ( )

3 응달에도 햇빛 드는 날이 있다 ( )

4 하늘이 무너져도 솟아날 구멍이 있다 ( )

적용 밑줄 친 말이 바르게 쓰였으면 ○표, 바르지 않으면 ✕표 하세요.

5 응달에도 햇빛 드는 날이 있다고 매일 물을 주었는데 꽃이 시들었다. ( )

6 못된 놀부가 재산을 몽땅 빼앗기다니 개똥밭에 이슬 내릴 때가 있구나. ( )

7 고생 끝에 낙이 온다고, 한 달 내내 연극을 준비하느라 힘이 들었지만 반 친구들에게 멋진 무대를 보일 수 있어서 뿌듯했다. ( )

8 하늘이 무너져도 솟아날 구멍이 있다고, 지갑을 잃어버려서 차비가 없었는데 옆에 계신 할머니께서 도와주셔서 무사히 집에 올 수 있었다. ( )

심화 **9** 다음 글에 어울리는 속담에 ○표 하세요.

> 서연이는 장기 자랑 시간에 친구들 앞에서 노래를 불렀다. 그런데 너무 긴장한 나머지 노래 가사를 중간에 잊어 버렸다. 서연이가 당황하여 어쩔 줄을 모르던 그때, 친구들이 노래를 같이 따라 부르기 시작했다. 서연이는 그 소리에 마음이 안정되었고, 노래 가사도 떠올려 무사히 장기 자랑을 마칠 수 있었다.

(1) 천 리 길도 한 걸음부터 ( )

(2) 하늘이 무너져도 솟아날 구멍이 있다 ( )

'갈수록 [   ]'의 태산은?

핵심어

갈수록 태산

갈수록 더욱 어려운 지경에 처하게 되는 경우를 비유적으로 이르는 말.

상황이 점점 어려워질 때 우리는 '갈수록 태산'이라는 표현을 사용한다. 걱정이 많을 때는 '걱정이 태산', 해야 할 일이 이것저것 많이 쌓여 있을 때는 '할 일이 태산'이라는 표현을 쓴다. 여기에 나오는 '태산'은 과연 어디에 있는 산일까?

태산은 '크고 많은 것', 혹은 '점점 심해지는 것'을 **빗댈** 때 자주 사용하는 말이다. 크고 많은 것을 이야기할 때 흔히 쓰는 말이라 태산이 매우 높을 것이라고 생각할 수 있겠지만, 사실 그렇지 않다. 태산은 중국에 있는 산으로, 높이는 1,524미터이다. 높이만 보면 우리나라의 한라산이나 지리산이 더 높지만, 태산은 산의 **규모**가 크고 **산세**가 험해 예로부터 넘기 힘든 산으로 여겼다.

'태산'이라는 표현은 옛날 시에도 나오는데, '태산이 높다 하되 하늘 아래 산이로다'라는 **구절**이다. 산이 아무리 높아도 사람이 오르려고 하면 오를 수 있다는 뜻이다. 속담이나 시에 나올 정도로 태산이 유명한 까닭은 무엇일까? 태산은 예로부터 중국 사람들이 **성스럽게** 여긴 산이기 때문이다. 중국 황제들은 수천 년 전부터 태산에 올라 하늘에 제사를 지냈다. 옛날 사람들 사이에서는 태산을 한 번 오를 때마다 10년씩 젊어진다는 믿음도 있었다.

태산은 산세가 험하지만 주변 경치가 아름다워 예전부터 지금까지 많은 사람이 오르고 싶어 한다. 사람들이 태산을 오르는 것을 두려워하지 않는 것처럼 ㉠'갈수록 태산'인 상황에서도, 그것을 이겨 낼 수 있다는 믿음을 가지면 아무리 험난한 상황도 쉽게 헤쳐 나갈 수 있을 것이다.

5
10
15
20

- **빗댈** 곧바로 말하지 않고 빙 둘러서 말할.
- **규모** 사물이나 현상의 크기나 범위.
- **산세**(산 산 山, 기세 세 勢) 산이 생긴 모양.
- **구절**(구절 구 句, 마디 절 節) 한 토막의 말이나 글.
- **성스럽게** 함부로 가까이할 수 없을 만큼 고결하게.

1
제목

빈칸에 알맞은 낱말을 넣어 이 글의 제목을 완성하세요.

• '갈수록 (   )'의 태산은?

2
글의 특징

이 글에 대한 설명으로 알맞은 것은 무엇인가요? (   )

① 산을 오르는 것의 장점을 설명하고 있다.

② 우리나라에서 제일 높은 산이 무엇인지 설명하고 있다.

③ 중국의 황제들이 산에서 제사를 지낸 방식을 소개하고 있다.

④ 태산은 실제로 존재하는 산이 아니라는 것을 설명하고 있다.

⑤ 속담에 들어 있는 태산이 어떤 산인지에 대해 설명하고 있다.

3
내용 이해

이 글의 내용과 일치하지 않는 것은 무엇인가요? (   )

① 태산은 중국에 있는 산이다.

② 중국 사람들은 태산을 성스럽게 여겼다.

③ 태산은 제일 오래된 산으로 사람들에게 유명하다.

④ '갈수록 태산'은 상황이 점점 어려워지는 것을 빗댄 표현이다.

⑤ 옛날 사람들 사이에서는 태산을 오를 때마다 10년씩 젊어진다는 믿음이 있었다.

4
뜻

이 글에 쓰인 낱말의 뜻풀이가 바르지 않은 것은 무엇인가요? (   )

① 산세: 산이 생긴 모양.

② 구절: 한 토막의 말이나 글.

③ 규모: 사람이나 사물 사이의 거리.

④ 빗댈: 곧바로 말하지 않고 빙 둘러서 말할.

⑤ 성스럽게: 함부로 가까이할 수 없을 만큼 고결하게.

5
적용

㉠과 바꾸어 쓸 수 있는 속담에 ○표 하세요.

(1) 산 넘어 산이다 (   )

(2) 하늘의 별 따기 (   )

(3) 마른하늘에 날벼락 (   )

어휘 학습

갈수록 태산

갈수록 더욱 어려운 지경에 처하게 되는 경우를 비유적으로 이르는 말.

예 오해를 풀기 위해 대화를 하다가 더욱 크게 싸우다니 갈수록 ❶◻◻이다.

답❶ (   )

방법이 없는 상황과 관련한 속담

내 코가 석 자

내 사정이 급하고 어려워서 남을 돌볼 여유가 없음을 비유적으로 이르는 말.

예 그때는 내 ❷◻가 석 자여서, 남을 도울 여유가 없었다.

답❷ (   )

뛰어야 벼룩

도망쳐 보아야 크게 벗어날 수 없다는 말.

예 청소를 하지 않고 도망쳐 봤자 금방 잡힐걸. 뛰어야 ❸◻◻이지.

답❸ (   )

닭 쫓던 개 지붕 쳐다보듯

개에게 쫓기던 닭이 지붕으로 올라가자 개가 쫓아 올라가지 못하고 지붕만 쳐다본다는 뜻으로,
애써 하던 일이 실패로 돌아가거나 남보다 뒤떨어져 어찌할 도리가 없이 됨을 비유적으로 이르는 말.

예 애써 준비한 시험을 망친 그는 ❹◻ 쫓던 개 지붕 쳐다보듯 허탈한 표정으로 앉아 있었다.

답❹ (   )

이해 다음 속담과 뜻을 알맞게 선으로 이으세요.

1 갈수록 태산 •

2 뛰어야 벼룩 •

3 내 코가 석 자 •

4 닭 쫓던 개 지붕 쳐다보듯 •

• ㉮ 도망쳐 보아야 크게 벗어날 수 없다는 말.

• ㉯ 갈수록 더욱 어려운 지경에 처하게 되는 경우를 비유적으로 이르는 말.

• ㉰ 내 사정이 급하고 어려워서 남을 돌볼 여유가 없음을 비유적으로 이르는 말.

• ㉱ 애써 하던 일이 실패로 돌아가거나 남보다 뒤떨어져 어찌할 도리가 없이 됨을 비유적으로 이르는 말.

적용 자음자를 보고 다음 상황에 어울리는 속담을 완성하세요.

5 감기에 걸렸는데 몸살까지 오다니, 갈수록 ㅌㅅ이다. (   )

6 술래잡기를 했는데, 뛰어야 ㅂㄹ(이)라고 동생은 멀리 가지 못했다. (   )

7 나도 아직 숙제를 못해서, 네 숙제를 도와주기에는 내 ㅋ이/가 석 자이다.
(   )

8 심한 감기로 퀴즈 대회에 못 나간 형은 친구들이 대회에서 퀴즈 푸는 모습을 닭 쫓던 개 ㅈㅂ 쳐다보듯이 바라보았다. (   )

심화 9 다음 상황에 어울리는 속담에 ○표 하세요.

> "이번 운동회에서 처음으로 발야구 시합을 한대. 매일 연습해서 우리 반이 우승하자."
> 회장의 말에 우리 반 친구들은 날마다 모여서 발야구 연습을 했다. 운동회 날, 우리 반은 네 경기를 연달아 지는 바람에 결승에는 나가지도 못하게 되었다. 우리 반 친구들은 아쉬운 표정으로 다른 반 친구들을 응원할 수밖에 없었다.

(1) 뛰어야 벼룩 (   )

(2) 내 코가 석 자 (   )

(3) 닭 쫓던 개 지붕 쳐다보듯 (   )

03

**백 번 듣는 것이
한 번 보는 것만
못하다**

듣기만 하는 것보다는 직접
보는 것이 확실하다는 말.

백 번 듣는 것이 한 번 보는 것만 못합니다

먼 옛날 중국 전한 시대의 이야기이다. 서쪽에 사는 강족이 자꾸 쳐들어와 백성들을 괴롭혔다. 전한의 군사는 **필사적**으로 **침략**을 막으려 했지만 쉽지 않았다. 당시 전한의 황제였던 선제는 전쟁 경험이 많은 조충국에게 강족을 물리치려면 누구에게 전쟁을 맡기면 좋을지 물었다.

조충국은 이전 황제 때부터 수많은 전쟁에 참여해 **공**을 세운 **장수**로, 76세의 노인이지만 힘이 세고 지혜가 아주 뛰어났다. 조충국이 자신이 직접 문제를 해결하겠다고 나서자 몇몇 신하가 이를 반대했다. 장군이 젊은 시절에 공을 세웠다고 하더라도 이제는 전쟁을 치르기에 나이가 너무 많다고 생각했기 때문이다. 그렇지만 황제는 조충국의 용기와 경험을 믿고 그에게 문제를 맡기기로 했다.

"어떻게 하면 강족을 당장 물리칠 수 있겠는가? 방법을 말해 보게."

황제의 물음에 조충국은 이렇게 대답했다.

"폐하, 군사가 얼마나 필요한지, 어떤 **전략**을 사용할 것인지는 아직 말씀드릴 수 없습니다. 백 번 듣는 것이 한 번 보는 것만 못합니다. 그곳의 상황을 직접 살펴본 후 전략을 말씀드리겠습니다."

조충국은 강족의 침입을 받은 지역을 찾아갔다. 그리고 그는 당장 군사를 끌고 가서 전쟁을 치르는 것보다 백성들로 하여금 평소에는 농사를 짓게 하고 적군이 몰려오면 병사로 나가 싸우게 하는 것이 옳다고 **판단**했다. 조충국의 전략이 성공하여 큰 싸움을 하지 않고도 강족의 침입은 점차 줄었다. 결국 나라는 안정을 찾게 되었고 백성들의 삶도 나아졌다. 이 일은 사람들에게 ⊙어떤 것이든 실제로 경험해 봐야 제대로 알 수 있다는 깨달음을 주었다.

5

10

15

20

● **필사적**(반드시 필 必, 죽을 사 死, 과녁 적 的) 있는 힘을 다하여 매우 애쓰는 것.

● **침략** 남의 나라에 쳐들어가 영토를 빼앗는 것.

● **공**(공 공 功) 노력으로 이룬 훌륭한 일.

● **장수** 군사를 거느리는 우두머리.

● **전략** 전쟁에서 이기거나 어떤 목적을 달성하기 위한 수단과 계획.

● **판단** 어떤 사물에 대하여 여러 사정을 따져서 자기의 생각을 분명하게 정하는 것. 또는 그렇게 정한 내용.

1 이 글에서 중심이 되는 인물은 누구인지 이름을 쓰세요.

인물

(   )

2

글의 특징

이 글에 대한 설명으로 알맞은 것은 무엇인가요? (   )

① 조충국이 전략을 세운 방법을 이야기하고 있다.

② 조충국이 황제와 겪었던 갈등을 소개하고 있다.

③ 조충국이 다녀온 장소를 자세하게 설명하고 있다.

④ 조충국이 그동안 겪었던 전쟁 경험을 소개하고 있다.

⑤ 조충국이 세운 전략의 장점과 단점을 비교해서 설명하고 있다.

3

내용 이해

이 글의 내용과 일치하는 것은 무엇인가요? (   )

① 신하들은 조충국이 이전에 세운 공을 무시했다.

② 조충국은 문제를 직접 해결하려 하지는 않았다.

③ 조충국은 강족이 침입한 곳의 상황을 전부터 잘 알고 있었다.

④ 황제는 신하들의 반대에도 불구하고 조충국에게 문제를 맡겼다.

⑤ 조충국은 뛰어난 지혜로 황제 앞에서 바로 전략을 짜서 내놓았다.

4

어휘

뜻

이 글에 쓰인 낱말의 뜻풀이가 바르지 <u>않은</u> 것은 무엇인가요? (   )

① 공: 노력으로 이룬 훌륭한 일.

② 필사적: 있는 힘을 다하여 매우 애쓰는 것.

③ 침략: 남의 나라에 쳐들어가 영토를 빼앗는 것.

④ 판단: 어떤 일을 당장 처리하지 아니하고 나중으로 미루어 둠.

⑤ 전략: 전쟁에서 이기거나 어떤 목적을 달성하기 위한 수단과 계획.

5

어휘

적용

㉠에 어울리는 속담은 무엇인가요? (   )

① 뛰어야 벼룩

② 우물 안 개구리

③ 굼벵이도 구르는 재주가 있다

④ 사공이 많으면 배가 산으로 간다

⑤ 백 번 듣는 것이 한 번 보는 것만 못하다

어휘 학습

동영상 강의

백 번 듣는 것이
한 번 보는 것만 못하다

듣기만 하는 것보다는 직접 보는 것이 확실하다는 말.

예 백 번 듣는 것이 ❶ 번 보는 것만 못하다고, 친구가 말해 준 딱지 접는 방법을 직접 보니 이해하기 쉬웠다.

답❶ (   )

확장

배움/경험과 관련한 속담

하나를 듣고 열을 안다

한마디 말을 듣고도 **여러 가지 사실을 미루어 알아낼 정도로 매우 총기가 있다**는 말.

예 그는 하나를 듣고 ❷을 알 정도로 총명한 사람이다.

☑ 비슷한 말 문일지십 하나를 듣고 열 가지를 미루어 안다는 뜻으로, 지극히 총명함을 이르는 말.

답❷ (   )

서당 개 삼 년에 풍월을 읊는다

서당에서 삼 년 동안 살면서 매일 글 읽는 소리를 듣다 보면 개조차도 글 읽는 소리를 내게 된다든 뜻으로, 어떤 분야에 대하여 지식과 경험이 전혀 없는 사람이라도 **그 부문에 오래 있으면 얼마간의 지식과 경험을 갖게 된다는 것**을 비유적으로 이르는 말.

예 서당 개 삼 년에 ❸□을 읊는다고, 형이 요리하는 모습을 보다 보니 나도 라면은 끓일 수 있게 되었다.

답❸ (   )

물은 흘러야 썩지 않는다

고인 물이 썩지 흐르는 물은 썩지 아니한다는 뜻으로, **사람은 언제나 일하고 공부하며 단련하여야 시대에 뒤떨어지지 아니하고 또 변질되지 아니함**을 비유적으로 이르는 말.

예 어렸을 때부터 그림에 소질이 있던 형은 ❹은 흘러야 썩지 않는다면서 하루도 빠짐없이 연습장에 그림을 그렸다.

답❹ (   )

이해 다음 속담의 뜻을 보기 에서 찾아 기호를 쓰세요.

> **보기**
> ㉠ 듣기만 하는 것보다는 직접 보는 것이 확실하다는 말.
> ㉡ 한마디 말을 듣고도 여러 가지 사실을 미루어 알아낼 정도로 매우 총기가 있다는 말.
> ㉢ 사람은 언제나 일하고 공부하며 단련하여야 시대에 뒤떨어지지 아니하고 또 변질
> 되지 아니함을 비유적으로 이르는 말.
> ㉣ 어떤 분야에 대하여 지식과 경험이 전혀 없는 사람이라도 그 부문에 오래 있으면
> 얼마간의 지식과 경험을 갖게 된다는 것을 비유적으로 이르는 말.

1 하나를 듣고 열을 안다　　　　　　　　　　　　　　　　（　　　　）

2 물은 흘러야 썩지 않는다　　　　　　　　　　　　　　　（　　　　）

3 서당 개 삼 년에 풍월을 읊는다　　　　　　　　　　　　（　　　　）

4 백 번 듣는 것이 한 번 보는 것만 못하다　　　　　　　　（　　　　）

적용 빈칸에 들어갈 알맞은 속담을 보기 에서 찾아 쓰세요.

> **보기**
> ㉠ 물은 흘러야 썩지 않는다　　　　　　㉡ 하나를 듣고 열을 안다
> ㉢ 서당 개 삼 년에 풍월을 읊는다　　　㉣ 백 번 듣는 것이 한 번 보는 것만 못하다

5 영상만 보지 말고 직접 해 봐야지. ［　　　　　　　］고 하잖아.　（　　　　）

6 ［　　　　　　　］고, 경기가 없어도 매일 연습해서 실력을 유지했다.（　　　　）

7 힌트를 하나만 보고 바로 정답을 맞히다니, 지수는 ［　　　　　　　］.（　　　　）

8 ［　　　　　　　］고, 아빠를 따라 낚시를 다니다 보니 물고기 이름을 많이 알게 되었다.
　　　　　　　　　　　　　　　　　　　　　　　　　　　　　　（　　　　）

심화 **9** 다음 글에 어울리는 속담에 ○표 하세요.

> 지난주에 다녀온 부여 여행에서 가장 기억에 남는 것은 '정림사지 오층 석탑'
> 이었다. 친구에게 들었을 때는 별로 관심이 없었는데, 석탑을 실제로 보니 근사
> 해서 눈을 뗄 수가 없었다. 역시 직접 보는 것은 듣기만 하는 것과 다른 것 같다.

(1) 서당 개 삼 년에 풍월을 읊는다　　　　　　　　　　　（　　　　）

(2) 백 번 듣는 것이 한 번 보는 것만 못하다　　　　　　　（　　　　）

01

목구멍에 풀칠하다
굶지 않고 겨우 살아가다.

목구멍에 풀칠하려고 형을 찾아간 흥부

흥부가 놀부 집 툇마루에 올라서서 ㉠극진히 절하며 눈물을 흘렸다. 놀부는 고개를 비스듬하게 들어 흥부를 바라보았다. 한 어머니 배에서 나와 함께 커서 장가들고 함께 살다 쫓아낸 동생인데, 아무리 모습이 변했다고 한들 모를 리가 있겠는가? 그런데도 놀부는 **우애**가 전혀 없는 사람인지라 모르는 체하였다.

"찾아온 분이 누구이신지요?"

"삼 년 전에 집 나간 흥부입니다."

놀부는 흥부의 이름을 **곱씹으며** 중얼거렸다.

"흥부? 황보와 흉보는 아는 사람인데, 흥부는 기억이 나지 않는구려."

흥부가 눈치가 있다면 '나를 모르는 체하는구나. 안 되겠다.'라고 하며 벌떡 일어나서 되돌아 나왔을 것이었다. 그러나 순진한 흥부는 '정말 모르고 그러는가 보다.' 하며 좀 더 자세히 말했다.

"같은 아버지, 같은 어머니 자식으로 우리 둘은 친형제이지요. 이름에도 같은 글자를 써서 형님 **함자**는 '놀' 자, '부' 자요, 아우인 제 이름은 흥부라 하옵니다."

이쯤 되자 놀부도 더는 모른 체할 수가 없었다.

"그래, 무슨 일로 왔느냐?"

"**염치**없지만, 형님께 부탁을 드리러 왔소. 밤낮으로 일해도 돈 한 푼을 못 모으고, 식구가 많으니 먹을 것을 빌 데도 없소. ㉡목구멍에 풀칠이라도 하게 조금이라도 좋으니 쌀을 좀 **꾸어** 주시오. 아이들이 사흘을 굶어 배고프다 울고 있소."

흥부가 서럽게 울면서 말했다. 놀부가 생각하길, 달래서는 안 갈 테요, 쌀을 주면 또 올 테니 쌀 대신 몽둥이를 들고나와 흥부를 매우 쳤다.

5

10

15

20

- **극진히** 어떤 대상에 대하여 정성을 다하는 태도가 있게.
- **우애**(벗 우 友, 사랑 애 愛) 형제의 두터운 정과 사랑.
- **곱씹으며** 말이나 생각 따위를 곰곰이 되풀이하며.
- **함자** 남의 이름자를 높여 이르는 말.
- **염치** 체면을 차릴 줄 알며 부끄러움을 아는 마음.
- **꾸어** 뒤에 도로 갚기로 하고 남의 것을 얼마 동안 빌려 써.

1 인물

이 글에서 중심이 되는 두 인물은 누구인지 이름을 쓰세요.

(　　　　,　　　　)

2
글의 특징

이 글의 <u>특징</u>으로 알맞은 것은 무엇인가요? (   )

① 장소의 변화에 따라 이야기가 전개되고 있다.

② 이야기가 일어난 시간을 자세히 설명하고 있다.

③ 대화와 행동을 통해 인물의 성격이 드러나고 있다.

④ 이야기가 '과거–현재–미래'의 순서로 전개되고 있다.

⑤ 여러 인물이 등장하여 흥부와 놀부의 행동을 평가하고 있다.

3
내용 이해

이 글을 통해 알 수 있는 내용이 <u>아닌</u> 것은 무엇인가요? (   )

① 놀부는 오랜만에 만난 흥부를 몰라보았다.

② 흥부는 먹을 것이 없을 정도로 몹시 가난했다.

③ 놀부는 흥부에게 쌀을 나누어 줄 마음이 전혀 없다.

④ 흥부는 놀부와 함께 살다가 집에서 쫓겨난 일이 있다.

⑤ 흥부는 자식을 위해 먹을 것을 구하러 놀부를 찾아왔다.

4
관계

㉠과 뜻이 비슷한 낱말로 알맞은 것은 무엇인가요? (   )

① 대강   ② 기어코   ③ 깍듯이

④ 분명히   ⑤ 신속하게

5
뜻

㉡의 뜻으로 알맞은 것에 ○표 하세요.

(1) 목숨을 바칠 각오를 하게.   (   )

(2) 굶지 않고 겨우 살아가게.   (   )

(3) 창, 노래, 연설 따위를 하기에 앞서 목소리를 가다듬게.   (   )

목구멍에 풀칠하다

굶지 않고 겨우 살아가다.

예 그는 열심히 일해도 목구멍에 ❶ ☐☐ 하기 어려웠다.

답 ❶ (   )

확장

목과 관련한 관용어

목에 힘을 주다

거드름을 피우거나 남을 깔보는 듯한 태도를 취하다.

예 누나는 고학년이 되자 목에 ❷ ☐ 을 주고 다녔다.

답 ❷ (   )

목구멍까지 차오르다

분노, 욕망, 충동 따위가 참을 수 없는 지경이 되다.

예 버스 안에서 시끄럽게 떠드는 사람들을 보고 조용히 좀 하라는 말이 ❸ ☐☐☐ 까지 차올랐지만 참았다.

답 ❸ (   )

목이 빠지게 기다리다

몹시 안타깝게 기다리다.

예 퇴근길에 케이크를 사 오기로 약속하신 엄마를 ❹ ☐ 이 빠지게 기다렸다.

답 ❹ (   )

이해 다음 관용어와 뜻을 알맞게 선으로 이으세요.

1 목에 힘을 주다 •

• ㉮ 몹시 안타깝게 기다리다.

2 목구멍에 풀칠하다 •

• ㉯ 굶지 않고 겨우 살아가다.

3 목구멍까지 차오르다 •

• ㉰ 분노, 욕망, 충동 따위가 참을 수 없는 지경이 되다.

4 목이 빠지게 기다리다 •

• ㉱ 거드름을 피우거나 남을 깔보는 듯한 태도를 취하다.

적용 밑줄 친 부분과 비슷한 뜻을 지닌 관용어를 보기 에서 찾아 기호를 쓰세요.

보기
㉠ 목에 힘을 주다   ㉡ 목구멍에 풀칠하다
㉢ 목구멍까지 차오르다   ㉣ 목이 빠지게 기다리다

5 민지는 <u>터져 나오려는</u> 화를 꾹 눌러 참고 침착하게 말했다.   (   )

6 그는 크게 성공한 뒤로 점점 <u>남을 깔보는 듯한 태도를 보였다.</u>   (   )

7 우리 집 강아지는 문 앞에 앉아서 우리 가족을 <u>몹시 기다렸다.</u>   (   )

8 전쟁이 나면 먹을 것이 부족해져서 <u>굶지 않고 겨우 살아가는 것</u>조차 어려워진다.

(   )

심화 **9** 밑줄 친 부분에 어울리는 관용어는 무엇인가요? (   )

옛날에 며칠 밤을 재워 주고 먹여 주면 금은보화로 보답하는 도깨비가 있었다. 어느 날 성질이 고약하기로 소문난 노인이 그 도깨비 이야기를 들었다. 그 노인은 절대 남을 집에 초대하지 않았는데, 금은보화가 탐이 나 <u>자기 집에 도깨비가 오기만을 애타게 기다리기 시작했다.</u> 그러나 아무리 기다려도 도깨비는 오지 않았고, 결국 노인은 그 상태 그대로 몸이 굳어 버리고 말았다.

① 목에 힘을 주다   ② 목구멍에 풀칠하다   ③ 목구멍까지 차오르다
④ 목이 빠지게 기다리다   ⑤ 목구멍의 때를 벗기다

02

입만 살다

말에 따르는 행동은 없으면서 말만 그럴듯하게 잘하다.

- **모범** 본받아 배울 만한 대상.
- **활기찬** 힘이 넘치고 생기가 가득한.
- **단단히** 뜻이나 생각이 흔들림 없이 강하게.
- **공약**(공평할 공 公, 맺을 약 約) 정부·정당·선거의 입후보자가 사회의 모든 사람에게 정식으로 약속하는 것.
- **사로잡았던** 생각이나 마음을 온통 한곳으로 쏠리게 하던.
- **그럴듯하게** 제법 그렇다고 여길 만하게.

☐☐만 살고 행동은 없는 공약

며칠 전 우리 반에서 학급 회장 선거를 했다. 회장이 되고 싶은 사람들이 친구들 앞에 서서 자신을 회장으로 뽑아 준다면 어떤 회장이 될 것인지 이야기했다. 몇몇 친구가 발표한 후에 지혜의 차례가 되었다.

"저를 회장으로 뽑아 주신다면 우리 반 친구들이 즐거운 학교생활을 할 수 있게 하겠습니다. 첫째로, 매일 아침, 제가 제일 일찍 등교해서 5 친구들이 교실에 들어올 때마다 인사를 하겠습니다. 밝은 인사는 하루를 기분 좋게 시작하게 해 주기 때문입니다. 둘째로, 수업 시간에는 적극적으로 수업에 참여하여 **모범**을 보이도록 하겠습니다. 그러면 반 친구 모두가 열심히 공부하고 발표도 잘하는 **활기찬** 수업을 만들 수 있을 것입니다. 또한……." 10

지혜는 회장이 되려고 **단단히** 준비한 듯 말을 정말 잘했다. 지혜의 **공약** 발표가 모두 끝나자 나와 친구들은 만족스러운 표정으로 힘차게 박수를 쳤다. 결국 지혜는 큰 차이로 우리 반 회장에 당선이 되었다.

다음 날 나는 교실에 들어서면서 지혜의 밝은 인사를 기대했다. 그러나 교실에는 다른 친구들만 있고 지혜는 보이지 않았다. 15

"지혜 아직 안 왔어?"

내가 먼저 온 친구에게 물었다.

"응, 안 왔어."

"지혜가 가장 먼저 올 줄 알았는데. 그저 말뿐이었네."

나는 첫날부터 약속을 지키지 않은 지혜에게 실망했다. 멋진 발표로 20 친구들의 마음을 **사로잡았던** 지혜는 말만 **그럴듯하게** 하고 약속은 지키지 않는 ㉠<u>입만 산</u> 행동으로 나와 친구들에게 실망을 안겨 주었다.

1

제목

빈칸에 알맞은 낱말을 넣어 이 글의 제목을 완성하세요.

• ( )만 살고 행동은 없는 공약

2 내용 이해

이 글의 내용과 일치하지 <u>않는</u> 것은 무엇인가요? (   )

① 글쓴이는 지혜의 행동에 실망했다.

② 친구들은 지혜의 공약에 관심을 가졌다.

③ 회장이 되고 싶은 친구는 지혜 한 명이었다.

④ 글쓴이는 지혜가 공약을 지킬 것이라고 믿었다.

⑤ 지혜는 친구들에게 약속한 것을 지키지 않았다.

3 적용

이 글을 읽은 후의 반응으로 가장 적절한 것은 무엇인가요? (   )

① 처음부터 약속을 지키는 사람은 매우 드물어.

② 미리 선거 공약을 준비하다니, 역시 준비성이 좋아야 해.

③ 행동하지 않고 말만 그럴듯하게 하는 것은 좋지 않은 일이야.

④ 지혜가 말을 잘해서 회장이 된 걸 보니 사람은 말을 잘하는 것이 가장 중요해.

⑤ 지혜가 아침에 일찍 오지 않았다고 실망하지 말고 친구에게 마음을 넓게 써야 해.

4 뜻

어휘

이 글에 쓰인 낱말의 뜻풀이가 바르지 <u>않은</u> 것은 무엇인가요? (   )

① 모범: 본받아 배울 만한 대상.

② 활기찬: 힘이 넘치고 생기가 가득한.

③ 그럴듯하게: 제법 그렇다고 여길 만하게.

④ 단단히: 일 처리나 솜씨가 야무지지 못하게.

⑤ 사로잡았던: 생각이나 마음을 온통 한곳으로 쏠리게 하던.

5 적용

어휘

㉠을 넣어서 쓴 문장이 자연스러운 것에 ○표 하세요.

(1) 기우는 새로 산 가방 자랑을 하느라 입만 살았다.   (   )

(2) 민성이는 입만 살아서 음식을 조금 먹다가 그만둔다.   (   )

(3) 현주는 입만 살아서 큰소리친 것에 비해 실력이 좋지 않다.   (   )

어휘
학습

입만 살다

말에 따르는 행동은 없으면서 말만 그럴듯하게 잘하다.

예 그는 그저 **❶**만 살아서, 하는 행동에는 변화가 없었다.

답❶ (   )

입과 관련한 관용어

입을 맞추다

서로의 말이 일치하도록 하다.

예 두 사람이 똑같이 말하는 것을 보니 그들은 이미 **❷**을 맞춘 것이 틀림없다.

답❷ (   )

입에 담다

무엇에 대해 말하다.

예 그는 학생으로서 **❸**에 담지 못할 말을 쉽게 해서 보기 안 좋았다.

답❸ (   )

입을 막다

시끄러운 소리나 자기에게 불리한 말을 하지 못하게 하다.

예 **❹**을 아무리 막아도 승연이는 지칠 줄 모르고 이야기를 계속 했다.

답❹ (   )

이해 다음 관용어의 뜻을 보기 에서 찾아 기호를 쓰세요.

보기
ㄱ 무엇에 대해 말하다.
ㄴ 서로의 말이 일치하도록 하다.
ㄷ 말에 따르는 행동은 없으면서 말만 그럴듯하게 잘하다.
ㄹ 시끄러운 소리나 자기에게 불리한 말을 하지 못하게 하다.

1 입만 살다 (   ) **2** 입에 담다 (   )

3 입을 막다 (   ) **4** 입을 맞추다 (   )

적용 빈칸에 들어갈 낱말을 보기 에서 찾아 쓰세요.

보기
담지   막았다   살았다   맞추었다

5 막상 일은 제대로 하지도 않고, 저 친구는 입만 (   ).

6 사고가 난 현장의 모습은 입에 (   ) 못할 만큼 끔찍했다.

7 우리는 부모님께 제주도로 여행을 가자고 말하기로 입을 (   ).

8 은준이는 아무에게도 비밀을 말하지 못하도록 나의 입을 단단히 (   ).

심화 **9** 다음 빈칸에 들어갈 알맞은 말은 무엇인가요? (   )

오늘은 어머니 생신이다. 나와 동생은 어머니 생신 선물로 무엇이 좋을지 의논하다가 나는 손수건을, 동생은 양말을 드리자고 했다. 우리는 한참 동안 자기가 생각한 것으로 선물을 드리자고 옥신각신했다. 어머니께서는 우리에게 무슨 재미있는 이야기를 쏙닥거리냐고 물으셨다. 나와 동생은 깜짝 선물을 준비하기로 한 것을 어머니께 숨기기 위해 그냥 노는 중이라고 [   ].

① 입에 담았다   ② 입만 살았다   ③ 입 밖에 냈다
④ 입맛대로 했다   ⑤ 입을 맞추었다

03

마음이 통하는 친구

마음이 통하다

서로 생각이 같아 이해가
잘되다.

옛날에 거문고를 잘 ㉠**타기로** 이름난 백아라는 사람이 있었다. 백아
가 거문고를 연주하면 친구인 종자기는 곁에서 지그시 눈을 감고 그 소
리를 들었다. 백아가 높은 산을 생각하고 연주하면, 종자기는 "마치 높
은 산이 눈앞에 우뚝 솟아 있는 것 같소."라고 했다. 그리고 백아가 큰
강을 생각하며 거문고를 타면 종자기는 "넓고 푸른 바다를 꿈꾸며 흘러   5
가는 강물 소리가 들리는 듯하오."라고 말했다.

종자기는 거문고 연주 소리만 듣고도 백아의 마음을 **훤히 꿰뚫어** 보
는 것 같았다. 백아는 자신의 연주를 정확하게 이해하는 종자기가 무척
신기했고 그런 친구를 만나게 되어 기뻤다. 종자기 또한 아름다운 연주
를 들려주는 백아가 있어 행복했다. 마음이 서로 통하는 백아와 종자기   10
의 우정은 그 무엇에도 **비할** 수 없이 깊었으며 두 사람은 **절친한** 친구가
되었다.

시간이 흘러 종자기가 병으로 죽게 되었다. 그 소식을 들은 백아는 슬
픔에 **빠져** 한참을 울다 거문고를 들고 종자기의 무덤을 찾아갔다. 그러
고는 무덤 앞에서 자신의 슬픔을 담은 곡을 연주했다. 연주를 마친 백아   15
는, "나의 소리를 알아주는 친구가 없으니 이제 나는 누구를 위해 연주
한단 말인가!"라고 **탄식**하고는 ㉮거문고의 줄을 끊어 버렸다. 그리고 죽
을 때까지 거문고를 연주하지 않았다. 이후 백아와 종자기의 이야기에
서 ㉡마음이 통하는 절친한 친구를 뜻하는 말인 '지음', '지기지우', '백아
절현' 등이 유래하였다.   20

● **타기로** 악기의 줄을 퉁기거나
건반을 눌러 소리를 내기로.

● **훤히** 어떤 일이나 대상에 대하
여 잘 알고 있는 상태로.

● **꿰뚫어** 어떤 일의 내용이나
본질을 잘 알아.

● **비할** 사물 따위를 다른 것에
비교하거나 견줄.

● **절친한** 더할 나위 없이 아주
친한.

● **탄식** 한탄하여 한숨을 쉼. 또
는 그 한숨.

1 인물

이 글에서 중심이 되는 두 인물은 누구인지 이름을 쓰세요.

(,   )

2

내용 이해

이 글의 내용과 일치하지 <u>않는</u> 것은 무엇인가요? (   )

① 백아는 거문고를 잘 연주하기로 유명했다.

② 종자기는 백아의 연주를 듣고 백아의 생각을 이해할 수 있었다.

③ 백아와 종자기는 서로의 거문고 연주 실력을 인정하며 친해졌다.

④ 백아는 자신이 연주하는 곡을 듣고 자신의 마음을 아는 종자기를 신기해했다.

⑤ 백아는 종자기의 무덤 앞에서 거문고를 탄 뒤 더이상 거문고를 연주하지 않았다.

3

추론

백아가 ㉮와 같은 행동을 한 까닭을 알맞게 짐작한 것은 무엇인가요? (   )

① 거문고 연주가 지겨워졌기 때문에

② 거문고를 함께 연주할 사람이 없기 때문에

③ 전보다 거문고 연주 실력이 나빠졌기 때문에

④ 사람들이 백아의 거문고 연주를 싫어했기 때문에

⑤ 자신의 거문고 연주를 이해해 줄 사람이 없기 때문에

4

어휘

뜻

㉠의 뜻으로 알맞은 것은 무엇인가요? (   )

① 액체에 무엇을 섞거나 녹이기로.

② 탈것이나 짐승의 등 따위에 몸을 얹기로.

③ 몫으로 주는 돈이나 물건 따위를 받기로.

④ 살갗이 햇볕에 몹시 그을어 거멓게 되기도.

⑤ 악기의 줄을 퉁기거나 건반을 눌러 소리를 내기로.

5

어휘

적용

㉡에 어울리는 한자 성어는 무엇인가요? (   )

① 마음과 마음으로 서로 뜻이 통함을 뜻하는 '이심전심'.

② 몹시 두려워서 벌벌 떨며 조심함을 뜻하는 '전전긍긍'.

③ 예사로운 말 속에 단단한 속뜻이 들어 있음을 뜻하는 '언중유골'.

④ 아무리 가르치고 일러 주어도 알아듣지 못함을 뜻하는 '우이독경'.

⑤ 어려운 처지에 있는 사람끼리 서로 가엾게 여김을 뜻하는 '동병상련'.

마음이 통하다

서로 생각이 같아 이해가 잘되다.

예 내 짝과 나는 ❶□□이 통하는 절친한 친구 사이이다.

답❶ (   )

확장

마음과 관련한 관용어

마음에 두다

잊지 아니하고 마음속에 새겨 두다.

예 그 친구가 잘 모르고 한 소리이니 너무 ❷□□에 두지 말아라.

답❷ (   )

마음에 차다

마음에 흡족하게 여기다.

예 그 책을 손에 넣으니 이제야 ❸□□에 찬다.

답❸ (   )

마음이 풀리다

마음속에 맺히거나 틀어졌던 것이 없어지다.

예 친구가 자신의 잘못을 사과해서 ❹□□이 풀렸다.

답❹ (   )

이해 다음 관용어와 뜻을 알맞게 선으로 이으세요.

1 마음에 두다 •
• ㉮ 마음에 흡족하게 여기다.

2 마음에 차다 •
• ㉯ 서로 생각이 같아 이해가 잘되다.

3 마음이 통하다 •
• ㉰ 잊지 아니하고 마음속에 새겨 두다.

4 마음이 풀리다 •
• ㉱ 마음속에 맺히거나 틀어졌던 것이 없어지다.

적용 다음 밑줄 친 관용어가 바르게 쓰였으면 ○표, 바르지 않으면 ×표 하세요.

5 오늘 미술 시간에 그린 그림은 <u>마음에 찼다</u>. ( )

6 아침에 동생과 사소한 일로 다투어 <u>마음이 풀렸다</u>. ( )

7 민제는 어제 내가 한 말을 <u>마음에 두고</u> 있는지 나를 본체만체했다. ( )

8 나는 도서관에 가고 싶은데, 너는 놀이터에 가고 싶어 하는 걸 보면 우리는 <u>마음이 통하는</u> 것 같다. ( )

심화 **9** 다음 글에서 밑줄 친 부분과 어울리는 관용어에 ○표 하세요.

> 상우: 어제 일은 내가 미안해. 정말 네 공책을 일부러 찢은 게 아니야.
> 경원: 네가 일부러 그런 게 아니라니 <u>속상한 마음이 가라앉네</u>. 나는 네가 어제 사과도 안 하고 가서 그것 때문에 더 화가 난 거였어.
> 상우: 너무 당황해서 무슨 말을 해야 할지 몰라 그랬어. 바로 사과하지 못한 것도 미안해.

(1) 마음에 두다 ( ) (2) 마음에 없다 ( )

(3) 마음이 통하다 ( ) (4) 마음이 풀리다 ( )

어법

어법은 말을 사용하는 바른 규칙입니다. 어법에 맞는 말을 사용해야
정확하게 뜻을 전달할 수 있습니다.

01

단일어, 복합어

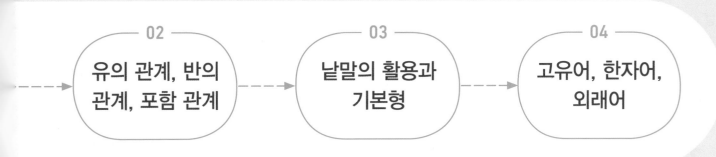

02
유의 관계, 반의 관계, 포함 관계

03
낱말의 활용과 기본형

04
고유어, 한자어, 외래어

단일어와 복합어

우리가 쓰는 낱말은 단일어와 복합어로 나눌 수 있다. 단일어는 '사과'처럼 다른 말과 합쳐지지 않고 혼자 쓰인 낱말을 뜻한다. '풋사과'나 '사과나무'처럼 하나의 낱말에 다른 말을 더하여 새롭게 만들어진 낱말은 ㉮복합어라고 한다.

단일어와 복합어는 어떻게 구분할 수 있을까? 단일어는 쪼개면 말의 뜻이 달라지거나 사라져서 더 이상 작은 부분으로 나눌 수 없다. 예를 들어 '바다'는 '바'와 '다'로 쪼개면 아무런 뜻도 지니지 않으므로 단일어이다. '해, 구름, 하늘, 가방'과 같은 낱말들도 마찬가지로 쪼갤 수 없으므로 단일어이다.

이와 달리, '**풋사과**'나 '사과나무'는 '사과'에 다른 말이 함께 붙어 있는 말인데, 이처럼 낱말을 두 부분 이상으로 쪼갤 수 있다면 복합어이다. 복합어는 쪼개진 부분을 바탕으로 그 뜻을 **집작**할 수 있다. 예를 들어 ㉠'책가방'은 '책'과 '가방'을 합해 만든 낱말로, '책을 넣는 가방'이라는 뜻을 집작할 수 있다. '손수건', '돌다리', '**햇밤**', '맨발' 같은 낱말들도 각각 두 부분으로 쪼갤 수 있으므로 복합어이다.

복합어에는 두 종류가 있다. 하나는 ㉡'손수건', ㉢'돌다리'처럼 뜻이 있는 두 개 이상의 낱말을 합하여 만드는 경우이다. 다른 하나는 뜻을 더해 주는 말과 뜻이 있는 낱말을 합해서 만드는 경우이다. 예를 들어 **단독**으로 쓰이지는 못하나 '덜 익은'이라는 뜻을 지닌 '풋-'과 '사과'를 합해서 만든 ㉣'풋사과', '**당해**에 난'이란 뜻을 지닌 '햇-'과 '밤'을 합해서 만든 ㉤'햇밤' 등이 이에 **해당**한다.

5

10

15

20

• **풋사과** 아직 덜 익은 사과.

• **집작** 사정이나 형편 따위를 어림잡아 헤아림.

• **햇밤** 당해에 새로 난 밤.

• **단독**(홀 단 單, 홀로 독 獨) 단 하나.

• **당해** 일이 있는 바로 그해.

• **해당** 어떤 범위나 조건 따위에 바로 들어맞음.

1

핵심어

이 글에서 가장 중심이 되는 낱말은 무엇인지 두 가지를 쓰세요.

(,   )

2 내용 이해

이 글의 내용과 일치하지 않는 것은 무엇인가요? (   )

① 단일어를 쪼개면 낱말의 뜻을 짐작할 수 있다.
② 복합어를 쪼개면 낱말의 뜻을 짐작할 수 있다.
③ 낱말과 낱말을 합해 새로운 낱말을 만들 수 있다.
④ 단일어는 다른 말과 합쳐지지 않고 혼자 쓰인 낱말이다.
⑤ 뜻을 더해 주는 말과 뜻이 있는 낱말을 합해서 만든 낱말은 복합어이다.

3 세부 내용

단일어와 복합어를 구분하는 방법으로 알맞은 것에 ○표 하세요.

(1) 쪼개진 낱말의 뜻에 따라 구분한다.　　　　　　　　(   )
(2) 쪼개진 낱말의 개수에 따라 구분한다.　　　　　　　　(   )
(3) 낱말을 쪼갤 수 있는지에 따라 구분한다.　　　　　　　(   )

4 적용

㉮에 해당하지 않는 것은 무엇인가요? (   )

① 고구마　　　　　　② 새빨갛다
③ 모래시계　　　　　④ 심부름꾼
⑤ 잠꾸러기

5 적용

㉠~㉤을 쪼갠 것으로 알맞지 않은 것은 무엇인가요? (   )

① ㉠: 책+가방　　　　② ㉡: 손+수건
③ ㉢: 돌+다리　　　　④ ㉣: 풋사-+과
⑤ ㉤: 햇-+밤

어법 학습

동영상 강의

Q 서로 떨어져 줄을 서게 될 친구는 누구인가요?

서로 합쳐진 낱말들은 잠시 떨어져 줄 서 주세요.

매표소

나는 하나의 낱말이라 더 쪼개질 수 없어.

달

❶ 달

우리 이따 만나.

매표소

밤 하늘

❷ 밤하늘

○ 단일어

1. **개념**: 다른 말과 합쳐지지 않고 혼자 쓰인 낱말

2. **특징**: 쪼개면 말의 뜻이 달라지거나 사라져서 더 작은 부분으로 나눌 수 없음.

예 **사과**	→ 사+과 (×)	예 **나무**	→ 나+무 (×)
예 **구름**	→ 구+름 (×)	예 **하늘**	→ 하+늘 (×)

○ 복합어

1. **개념**: 하나의 낱말에 다른 말을 더하여 새롭게 만들어진 낱말

2. **종류**

❶ 두 개 이상의 뜻이 있는 낱말을 합한 경우

예 **비옷**	→ 비+옷	뜻 비가 올 때 비에 젖지 아니하도록 덧입는 옷.
예 **책가방**	→ 책+가방	뜻 책·공책·필통 등을 넣어서 가지고 다니는 가방.

❷ 뜻을 더해 주는 말과 뜻이 있는 낱말을 합한 경우

예 **풋사과**	→ 풋-+사과	뜻 아직 덜 익은 사과.
예 **햇밤**	→ 햇-+밤	뜻 당해에 새로 난 밤.

이해 다음 낱말은 단일어와 복합어 중 무엇에 해당하는지 알맞게 선으로 이으세요.

1 산 •

2 맨발 •   • ㉮ 단일어

3 바위 •   • ㉯ 복합어

4 장난꾸러기 •

적용 빈칸에 들어갈 알맞은 말을 **보기** 에서 찾아 쓰세요.

보기

개   맨   비   책   햇

5 이 사과는 올해에 나온 (   )사과이다.

6 그 지우(   )은/는 잘 지워지지 않는다.

7 (   )가방에 교과서를 전부 넣었더니 너무 무거웠다.

8 우산이 없는 사람들을 위해 (   )옷을 나누어 주었다.

심화 **9** ㉠~㉤ 중에서 단일어를 찾아 기호를 쓰세요.

버선은 발을 보호하기 위해 신는 ㉠우리나라 전통 의복의 하나로, 오늘날의 양말과 비슷하다. 버선에는 ㉡솜버선, ㉢겹버선, ㉣홑버선 등이 있다. 솜버선은 솜을 넣어 지은 버선, 겹버선은 솜을 넣지 않고 겹으로 지은 버선, 홑버선은 한 겹으로 지은 버선을 말한다. 버선은 주로 흰색 천으로, ㉤사람이 직접 바느질을 해서 만들었다.

(   )

낱말의 의미 관계

낱말들은 **의미**를 중심으로 서로 관계를 맺고 있다. 낱말의 의미 관계에는 유의 관계, 반의 관계, **포함** 관계가 있다.

먼저 '유의 관계'는 서로 뜻이 같거나 비슷한 낱말들의 관계를 말한다. 예를 들어 '예쁘다'는 '아름답다', '곱다'와 유의 관계이다. 유의 관계에 있는 낱말들은 비슷한 뜻을 지녔지만 뜻이 완전히 똑같지는 않아서 상황에 따라 쓰임이 다르기도 하다. 예를 들어 '잡다'와 '쥐다'는 서로 비슷한 뜻을 지닌 낱말이지만, '택시를 잡다.'라는 문장에서는 '쥐다'가 '잡다' 대신 쓰일 수가 없다. _5_

'반의 관계'는 서로 뜻이 반대되는 낱말들의 관계를 말한다. 예를 들어 ㉠'소년'과 ㉡'소녀'는 반의 관계에 있는 반의어이다. 반의 관계는 두 낱말 사이에 공통점이 있으면서, 동시에 반대되는 **특성**이 한 가지 있어야 _10_ 한다. '소년'과 '소녀' 같은 경우에는 나이가 어린 사람이라는 공통점이 있지만 남성과 여성으로 성별이 다르다. 한편, 하나의 낱말이 뜻에 따라 여러 낱말과 **대립**하는 경우도 있다. 예를 들어 '벗다'라는 낱말은 그 쓰임에 따라 '(옷을) 입다', '(신발을) 신다', '(장갑을) 끼다'와 대립하여 반 _15_ 의 관계를 이룬다.

끝으로 '포함 관계'는 한 낱말의 뜻이 다른 낱말의 뜻을 포함하는 관계를 말한다. 낱말은 비교하는 낱말에 따라 '포함하는 낱말'이 될 수도 있고 '포함되는 낱말'이 될 수 있다. 예를 들어 '현악기'는 '기타', '바이올린', '첼로'를 포함하는 낱말이지만, '관악기', '타악기' 등과 함께 '악기'에 _20_ 포함되는 낱말이다.

1 이 글에서 설명하는 것은 무엇인지 쓰세요.

설명 대상

• 낱말의 (   ) 관계

2

내용 이해

이 글의 내용과 일치하지 <u>않는</u> 것은 무엇인가요? (   )

① '예쁘다'와 '곱다'는 유의 관계이다.

② 반의 관계에 있는 낱말은 뜻이 서로 반대된다.

③ 유의 관계의 낱말끼리는 바꾸어 써도 항상 뜻이 통한다.

④ 상황에 따라 포함하는 낱말이 포함되는 낱말이 될 수 있다.

⑤ 반의 관계는 두 낱말 사이에 공통점이 있으면서 반대되는 특성이 한 가지 있어야 한다.

3

세부 내용

㉠과 ㉡에 대한 설명으로 알맞은 것은 무엇인가요? (   )

① ㉠은 ㉡의 뜻을 포함하는 낱말이다.

② ㉠과 ㉡은 서로 뜻이 비슷한 낱말이다.

③ ㉠과 ㉡은 문장에서 서로 바꾸어 쓸 수 있다.

④ ㉠과 ㉡은 나이가 어린 사람이라는 공통점을 가지고 있다.

⑤ ㉠과 ㉡은 다른 나이를 뜻하기에 서로 반대되는 뜻을 지녔다.

4

관계

밑줄 친 낱말을 포함하는 낱말을 문장에서 찾아 쓰세요.

(1)
> 오리, <u>너구리</u>는 생김새가 귀여운 동물이다.

➡ (   )

(2)
> 내가 제일 좋아하는 꽃은 <u>해바라기</u>이다.

➡ (   )

5

관계

보기 의 두 낱말과 의미 관계가 <u>다르게</u> 짝 지어진 것은 무엇인가요? (   )

> 보기
>
> 위 – 아래

① 참 – 거짓   ② 오다 – 가다

③ 높다 – 낮다   ④ 좋다 – 나쁘다

⑤ 더하다 – 합하다

어법 학습

핵심어

Q '과일'을 포함할 수 있는 낱말은 무엇인가요?

❶ 포도   ❷ 음식

🔵 유의 관계

1. 개념: 서로 뜻이 같거나 비슷한 낱말들의 관계

2. 특징

- 유의 관계에 있는 낱말들은 문장에서 바꾸어 써도 뜻이 통함. **예** 스승 – 선생님
- 유의 관계에 있더라도 상황에 따라 바꾸어 쓸 수 없을 때도 있음.
  예 '잡다'와 '쥐다': 도둑을 잡다. (○) / 도둑을 쥐다. (×)

🔵 반의 관계

1. 개념: 서로 뜻이 반대되는 낱말들의 관계

2. 특징

- 반의 관계는 두 낱말 사이에 공통점이 있으면서 반대되는 특성이 한 가지 있음.
  예 빠르다 ↔ 느리다
- 하나의 낱말이 뜻에 따라 여러 낱말과 대립하는 경우도 있음.
  예 벗다 ↔ (옷을) 입다, (신발을) 신다, (장갑을) 끼다

🔵 포함 관계

1. 개념: 한 낱말의 의미가 다른 낱말의 의미를 포함하는 관계

2. 특징: 비교하는 낱말에 따라 포함하는 낱말이 되거나 포함되는 낱말이 됨.

예

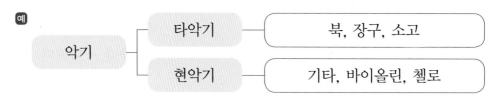

악기 ┬ 타악기 ── 북, 장구, 소고
　　 └ 현악기 ── 기타, 바이올린, 첼로

이해 다음 낱말들의 관계로 알맞은 것에 ○표를 하세요.

1 앞 – 뒤 (유의 관계, 반의 관계, 포함 관계)

2 출발 – 도착 (유의 관계, 반의 관계, 포함 관계)

3 계절 – 겨울 (유의 관계, 반의 관계, 포함 관계)

4 산울림 – 메아리 (유의 관계, 반의 관계, 포함 관계)

적용 밑줄 친 낱말과 반의 관계에 있는 낱말을 보기 에서 찾아 쓰세요.

보기

| 길다 | 뛰다 | 당기고 | 벗다가 | 열다가 |

5 겨울은 여름보다 밤이 <u>짧다</u>. ( )

6 현선이는 가게 문을 힘껏 <u>밀고</u> 들어왔다. ( )

7 동생은 서랍을 <u>닫다가</u> 손가락을 다칠 뻔했다. ( )

8 민수는 외투를 <u>입다가</u> 다시 다른 옷으로 갈아입었다. ( )

심화 **9** 다음 글에서 밑줄 친 낱말과 유의 관계에 있는 낱말을 찾아 두 글자로 쓰세요.

> 내 꿈은 뮤지컬 배우가 되는 것이다. 음악 선생님께 노래에 <u>재능</u>이 있다고 자주 칭찬을 듣기도 했다. 그래서 얼마 전부터 배우들이 공연하는 영상을 찾아보며 매일 춤 동작을 연습하기 시작했다. 춤에는 재주가 없어서 조금 힘들지만 꿈을 이루기 위해 끝까지 노력할 것이다.

( )

03

낱말의 활용과 기본형

낱말의 활용과 기본형

- **활용**: 움직임을 나타내는 낱말과 성질이나 상태를 나타내는 낱말이 상황에 따라 형태가 바뀌는 것
- **기본형**: 형태가 바뀌는 낱말에서, 형태가 바뀌지 않는 부분에 '―다'를 붙인 것

- **성질**(성품 성 性, 바탕 질 質) 사물이나 현상이 가지고 있는 고유의 특성.

- **고정**(굳을 고 固, 정할 정 定) 한번 정한 대로 변경하지 아니함.

- **대표**(대신할 대 代, 겉 표 表) 전체의 상태나 성질을 어느 하나로 잘 나타냄. 또는 그런 것.

- **명령**(목숨 명 命, 명령할 령 令) 윗 사람이 아랫사람에게 시키는 것. 또는 시키는 말.

- **청유** 어떠한 행동 따위를 같이 할 것을 요청함. 또는 그런 일.

우리가 사용하는 낱말 중에는 상황에 따라 그 형태가 바뀌는 것이 있다. 움직임을 나타내는 낱말과 **성질**이나 상태를 나타내는 낱말이 그러하다. 이들은 문장 안에서 하나의 형태로 **고정**되지 않고 다양하게 바뀐다. 그러나 낱말의 바뀐 형태를 사전에 모두 실을 수 없기 때문에, 국어사전에는 형태가 바뀌는 낱말을 **대표**하는 '기본형'을 정해 그것만 싣는다. 5

"호준아, 같이 영화 보자."

"나는 방에서 계속 책을 읽고 싶은데."

"책 읽는 것도 좋지만, 지금 텔레비전에서 나오는 영화가 좋아서 너한테 보여 주고 싶어."

위 문장에서 '읽고'와 '읽는'은 각각 다른 형태로 쓰였다. 이때 바뀌지 10 않는 부분은 '읽―'이다. 기본형은 형태가 바뀌는 낱말에서 바뀌지 않는 부분에 '―다'를 붙인다. 그러므로 '읽고'와 '읽는'의 기본형은 '읽다'이다.

'읽고'와 '읽는'처럼 낱말의 형태가 바뀌는 것을 '활용'이라고 한다. 형태가 바뀌는 부분은 '―고, ―지만, ―아서'와 같이 다양한데, 각각 다른 뜻을 담고 있다. ㉠'좋지만'은 형태가 바뀌지 않는 부분 '좋―'에 '―지만' 15 을 붙여 앞 내용과 반대되는 내용이라는 것을 나타내고, ㉡'좋아서'는 '좋―'에 '―아서'를 붙여 근거나 까닭을 나타낸다.

낱말을 활용할 때, '가다'처럼 움직임을 나타내는 낱말에는 형태가 바뀌지 않는 부분에 현재를 뜻하는 '―는다, ―ㄴ다', **명령**을 뜻하는 '―아라/―어라', **청유**의 뜻을 담고 있는 '―자'를 붙일 수 있다. 그러나 '빠르다'처 20 럼 성질이나 상태를 나타내는 낱말에는 이와 같은 말들을 붙일 수 없다.

1

설명 대상

이 글에서 설명하는 것은 무엇인지 쓰세요.

• 낱말의 활용과 (   )

2 이 글의 내용과 일치하지 <u>않는</u> 것은 무엇인가요? ( )

내용 이해

① 움직임을 나타내는 낱말에는 '-자'를 붙일 수 없다.

② 형태가 바뀌는 낱말들을 대표하는 형태는 기본형이다.

③ 움직임을 나타내는 낱말에는 '-는다', '-ㄴ다'를 붙일 수 있다.

④ 성질이나 상태를 나타내는 낱말에는 명령을 뜻하는 '-아라/-어라'가 붙을 수 없다.

⑤ 성질이나 상태를 나타내는 낱말은 형태가 바뀌지 않는 부분과 형태가 바뀌는 부분으로 나뉜다.

3 ㉠과 ㉡에 대한 설명으로 알맞은 것은 무엇인가요? ( )

적용

① ㉠과 ㉡은 서로 다른 낱말이다.

② ㉠과 ㉡의 기본형은 알 수 없다.

③ ㉠은 움직임을 나타내는 낱말이다.

④ ㉠과 ㉡은 근거나 까닭을 나타내고 있다.

⑤ ㉡은 성질이나 상태를 나타내는 낱말이다.

4 보기 의 낱말 중에서 국어사전에 실리는 기본형을 찾아 쓰세요.

적용

> **보기**
>
> 그리다　　　　기쁘지　　　　받아라　　　　웃는데

( )

5 밑줄 친 낱말의 활용이 적절하지 <u>않은</u> 것은 무엇인가요? ( )

적용

① 슬슬 배도 고픈데 밥 <u>먹자</u>.

② 일찍 일어나서 기분이 <u>좋자</u>.

③ 도서관에 가서 책을 골라 <u>읽자</u>.

④ 내일 만나서 너도 같이 숙제를 <u>하자</u>.

⑤ 날씨가 좋으니 우리 같이 공원에 산책을 <u>가자</u>.

Q 낱말의 대표로 뽑힌 친구는 누구인가요?

❶ 먹어서

❷ 먹다

○ 낱말의 활용

1. 개념: 형태가 바뀌는 낱말이 상황에 따라 낱말의 형태가 여러 가지로 바뀌는 것

2. 형태가 바뀌는 낱말의 특징

❶ 종류

움직임을 나타내는 낱말	성질이나 상태를 나타내는 낱말
잡다, 먹다, 웃다, 일어서다 등	작다, 넓다, 많다, 높다 등

❷ 기본형

• 상황에 따라 형태가 바뀌는 낱말을 대표하는 낱말임.

• 형태가 바뀌지 않는 부분에 '-다'를 붙여 만들며 국어사전에는 기본형만 실림.

낱말	형태가 바뀌지 않는 부분	기본형
먹어, 먹는, 먹어서, 먹으니	먹-	먹다
작아, 작은, 작아서, 작으니	작-	작다

3. 주의할 점

움직임을 나타내는 낱말에는 현재를 뜻하는 '-는다', -ㄴ다', 명령을 뜻하는 '-아
라/어라', 청유를 뜻하는 '-자'를 붙일 수 있지만, 성질이나 상태를 나타내는 낱말
에는 붙일 수 없음.

이해 다음 낱말의 형태를 보고 낱말의 기본형을 쓰세요.

1 | 입고, 입어서, 입어라, 입자 | ➡ (   )

2 | 받고, 받아서, 받아라, 받자 | ➡ (   )

3 | 높고, 높아서, 높지만, 높으나 | ➡ (   )

4 | 맑고, 맑아서, 맑지만, 맑으나 | ➡ (   )

적용 낱말을 바르게 활용하였으면 ○표, 바르지 않으면 ✕표 하세요.

5 강물이 맑고 <u>깊는다</u>.   (   )

6 간식을 너무 많이 <u>먹어서</u> 배가 부르다.   (   )

7 늦잠을 잤으니 학교에 갈 준비를 <u>빠르자</u>.   (   )

8 이 귤은 향이 <u>좋지만</u> 오래 되어서 맛이 별로다.   (   )

심화 **9** ㉠~㉤ 중에서 성질이나 상태를 나타내는 말을 두 가지 찾아 기호를 쓰세요.

> 혹부리 영감은 ㉠<u>가난한</u> 자신의 처지를 슬퍼하며 노래를 ㉡<u>불렀다</u>. 그 노래는 구슬프고도 ㉢<u>아름다웠다</u>. 나무에 숨어 몰래 노래를 ㉣<u>듣고</u> 있던 도깨비들은 혹부리 영감의 혹에서 그런 노래가 나온다고 생각했다. 그래서 혹부리 영감에게 혹을 팔라고 했다. 도깨비들에게 혹을 판 혹부리 영감은 혹도 없애고 돈도 넉넉히 ㉤<u>받아</u> 형편이 좋아졌다.

(,   )

04

낱말의 종류 - 고유어, 한자어, ☐

우리가 사용하는 낱말은 **유래**에 따라 고유어, 한자어, 외래어로 나눌 수 있다. 먼저 고유어는 다른 나라에서 들어온 것이 아니라 옛날부터 사용해 온 **순수한** 우리말이나 그것을 바탕으로 하여 만들어진 말이다. '순 우리말' 또는 '**토박이말**'이라고도 부른다. 특히 소리나 모양을 흉내 내는 말, 색깔을 나타내는 말에 고유어가 많다. 또한 고유어는 한자어에 비해 하나의 낱말이 여러 가지 의미를 담고 있는 경우가 많다. 예를 들어 '생 각하다'는 '기억하다, 관심을 갖다, 상상해 보다, 정성을 기울이다, 느낌을 갖다' 등 다양한 의미로 사용될 수 있다.

5

한자어는 한자를 바탕으로 만들어져 국어 생활에 널리 쓰이는 말이 다. 한자어는 고유어보다 좀 더 분명하고 자세한 뜻을 전달할 수 있다. 그래서 하나의 고유어와 비슷한 뜻을 가진 한자어가 여러 개인 경우를 볼 수 있다. 예를 들어 '고치다'와 뜻이 비슷한 한자어에는 '**수리**하다, **수 선**하다, 치료하다' 등이 있다. 따라서 상황에 따라 전달하려는 뜻을 더 정확히 나타내는 낱말을 이 중에서 골라 쓸 수 있다.

10

외래어는 다른 나라에서 사용하는 말을 빌려 와서 우리말처럼 쓰는 말이다. 외래어는 대부분 우리나라에 없었거나 이제 막 생기기 시작한 외국의 문화나 **문물**을 나타낸다. 외국어는 바꾸어 쓸 수 있는 우리말이 있지만, 이와 달리 외래어는 바꾸어 쓸 수 있는 우리말이 없는 경우가 많아 국어사전에 그대로 실려 있다. 예를 들어 '프렌드'는 '친구'라는 우 리말이 있으므로 외국어이지만, '피자'는 대신할 우리말이 없으므로 외 래어이다.

15

20

• **유래**(말미암을 유 由, 올 래 來) 사물이나 일이 생겨남. 또는 그 사물이나 일이 생겨난 바.

• **순수한** 전혀 다른 것의 섞임 이 없는.

• **토박이말** 해당 언어에 본디부 터 있던 말이나 그것에 기초 하여 새로 만들어진 말.

• **수리**(닦을 수 修, 다스릴 리 理) 고장 나거나 허름한 데를 손 보아 고침.

• **수선** 낡거나 헌 물건을 고침.

• **문물**(글월 문 文, 만물 물 物) 종교·예술·학문·정치·경제 ·기술 등 사람이 만들어 낸 모든 문화적 산물.

1

제목

빈칸에 알맞은 낱말을 넣어 이 글의 제목을 완성하세요.

• 낱말의 종류 - 고유어, 한자어, (   )

2 이 글의 특징으로 알맞은 것은 무엇인가요? (   )

글의 특징

① 고유어, 한자어, 외래어의 개념과 특징을 설명하고 있다.

② 외국어와 외래어를 비교하며 외국어의 장점을 설명하고 있다.

③ 고유어와 한자어를 비교하며 고유어의 단점을 설명하고 있다.

④ 한자어와 외래어를 쓰면 안 되는 까닭을 예시를 들며 설명하고 있다.

⑤ 우리가 사용하는 낱말을 유래에 따라 다섯 가지로 나누어 설명하고 있다.

3 이 글의 내용과 일치하는 것은 무엇인가요? (   )

내용 이해

① 외래어는 모두 우리말 표현으로 바꾸어 써야 한다.

② 한자어를 '순우리말' 또는 '토박이말'이라고도 부른다.

③ 정확한 뜻을 전달하고 싶을 때는 한자어보다 고유어를 쓴다.

④ 외래어는 다른 나라에서 들어온 말이므로 우리말처럼 쓸 수 없다.

⑤ 고유어는 한자어에 비해 하나의 낱말이 여러 가지 의미를 담고 있는 경우가 많다.

4 밑줄 친 부분과 바꾸어 쓸 수 있는 한자어를 찾아 알맞게 선으로 이으세요.

뜻

(1) 병을 <u>고치다</u>. •   • ㉮ 수리하다

(2) 옷을 <u>고치다</u>. •   • ㉯ 수선하다

(3) 자전거를 <u>고치다</u>. •   • ㉰ 치료하다

5 '고유어', '한자어', 외래어'에 해당하는 낱말이 바르게 짝 지어진 것은 무엇인가요? (   )

적용

	고유어	한자어	외래어
①	생각하다	고치다	펜슬
②	파랗다	수리하다	컴퓨터
③	치료하다	수리하다	컴퓨터
④	파랗다	고치다	펜슬
⑤	생각하다	고치다	컴퓨터

어법 학습

동영상 강의

Q 외래어 모임에 들어갈 친구는 누구인가요?

❶ 리본

❷ 하늘

고유어

1. 개념: 옛날부터 사용해 온 순수한 우리말이나 그것을 바탕으로 하여 만들어진 말

2. 예시

색깔을 나타내는 말	빨갛다, 붉다, 발그레하다 등
소리나 모양을 흉내 내는 말	둥둥, 철썩철썩, 보글보글 등

한자어

1. 개념: 한자를 바탕으로 하여 만들어져 국어 생활에 널리 쓰이는 말

2. 예시

수리(修理)하다	고장 나거나 허름한 데를 손보아 고치다.
치료(治療)하다	병이나 상처 따위를 잘 다스려 낫게 하다.

➡ **고치다**
└ 고유어

외래어

1. 개념: 다른 나라에서 사용하는 말을 빌려 와서 우리말처럼 쓰는 말

2. 예시

우리말로 바꿀 수 없음 → 외래어	버스, 컴퓨터
우리말로 바꿀 수 있음 → 외국어	아이디어 → 생각, 키 → 열쇠

이해 다음 낱말의 종류가 무엇인지 보기 에서 찾아 기호를 쓰세요.

> 보기
>
> ㉠ 고유어 　　　　ㄴ 한자어 　　　　ㄷ 외래어

1 시험, 학교, 학생 　　　　　　　　　（　　　　）

2 친구, 예절, 관심 　　　　　　　　　（　　　　）

3 구름, 나무, 아버지 　　　　　　　　（　　　　）

4 피아노, 라디오, 넥타이 　　　　　　（　　　　）

적용 다음 낱말들 중에서 고유어가 <u>아닌</u> 낱말을 찾아 쓰세요.

5 빵, 비빔밥, 찌개, 국수 　　　　　　（　　　　）

6 사랑, 가족, 사람, 어머니 　　　　　（　　　　）

7 반짝반짝, 폴짝폴짝, 빙그르르, 스케이트 （　　　　）

8 으르렁으르렁, 파랗다, 푸르스름하다, 청색 （　　　　）

심화 **9** ㉮~㉺를 고유어, 외래어, 한자어로 나누어 기호를 쓰세요.

> 가족과 ㉮식당에 갔다. 식당 문을 열자 맛있는 빵 ㉯냄새가 나를 기분 좋게 만들었다. 주문한 ㉰스파게티가 나오자 오빠는 배가 고팠는지 ㉱후루룩후루룩 소리를 내면서 급하게 ㉲식사를 했다. 어머니는 그러다 체하면 병원에 가야 한다고 오빠를 나무라셨다.

(1) 고유어: (　　　　　)

(2) 한자어: (　　　　　)

(3) 외래어: (　　　　　)

어휘 찾아보기

어휘 찾아보기

동아출판 초등 무료 스마트러닝

동아출판 초등 **무료 스마트러닝**으로 쉽고 재미있게!

과목별·영역별 특화 강의

수학 개념 강의

국어 독해 지문 분석 강의

구구단 송

그림으로 이해하는 비주얼씽킹 강의

과학 실험 동영상 강의

과목별 문제 풀이 강의

서비스 제공 교재 큐브 | 백점 과학 | 빠작 초등 국어 | 초능력 | 초고필 | 하이탑 초등 과학

독해력을 키우는 **바른 어휘 학습**

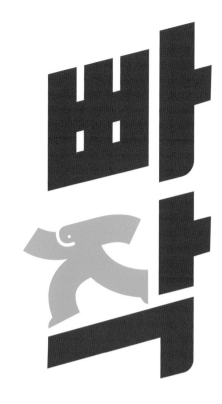

정답과 해설

초등 국어

어휘 X 독해 3단계
3·4학년

동아출판

정답과 해설

1 문명 2 ④ 3 ③

4 ③ 5 ⑤

문명의 발생

글의 종류
설명문

글의 특징
이 글은 문명의 개념과 강 주변에서 세계 4대 문명이 발생한 점을 밝힌 뒤, 문명의 발생 과정을 설명하는 글입니다.

주제
강을 끼고 발생한 문명

1 이 글은 세계 4대 문명과 문명의 발생 과정에 대해 설명하고 있습니다. 따라서 가장 중심이 되는 낱말은 '문명'입니다.

2 세 번째 문단에서 강은 사람이 오고 가거나 물자를 주고받을 수 있는 교통로의 역할을 했다고 했습니다.

   ✔ 오답 풀이
   ① 첫 번째 문단에서 4대 문명은 모두 큰 강을 끼고 발생했다고 했습니다.
   ② 첫 번째 문단에서 이집트 문명은 4대 문명에 속한다고 했습니다.
   ③ 네 번째 문단을 통해 여러 예술 작품을 만드는 활동이 문화의 발전된 모습임을 알 수 있습니다.
   ⑤ 두 번째 문단에서 사냥과 채집을 하면서 떠도는 생활을 하던 사람들이 농사를 짓기 시작하면서 농사하기에 좋은 땅을 찾아 한곳에 머물기 시작했다고 했습니다.

3 두 번째 문단에서 사람들이 농사하기에 좋은 땅을 찾아 한곳에 머물기 시작했는데, 이는 농사를 하기 위해서는 풍부한 물이 필요했기 때문이라고 했습니다. 또한 세 번째 문단에서 강이 생활하는 데 좋은 환경을 만들어 주었다는 것을 구체적으로 설명하고 있습니다.

4 '비옥'은 '땅이 걸고 기름짐.'이라는 뜻입니다. '집, 토지, 삼림 따위가 거칠어져 못 쓰게 됨.'은 '황폐'의 뜻입니다.

   어휘력 더하기 '비옥하다'와 뜻이 비슷한 말에는 '기름지다'가 있습니다. '기름지다'는 '땅이 매우 걸다.'라는 뜻을 지닌 말입니다.

5 ㉠은 '어떤 활동에 필요한 여러 가지 물건이나 재료.'라는 뜻입니다. '물자'를 넣었을 때 자연스러운 문장은 ⑤입니다.

   ✔ 오답 풀이
   ① 땅속에서 발굴하였다는 내용으로 보아, '유물'이 들어가는 것이 알맞습니다. '유물'은 '선대의 인류가 후대에 남긴 물건.'이라는 뜻입니다.
   ② 주어진 문장에는 '구체적인 형태를 가지고 있는 것.'을 뜻하는 '물체'나 '일정한 형체를 갖춘 모든 물질적 대상.'을 뜻하는 '물건'과 같은 낱말이 어울립니다.
   ③ 어린이날에 받는 것으로는 '선물'이 어울립니다.
   ④ '기름값, 채소값, 과일값'이라는 내용으로 보아, '물가'가 들어가는 것이 알맞습니다. '물가'는 '물건의 값.'이라는 뜻입니다.

014 쪽

❶ 문명   ❷ 문화유산
❸ 문자   ❹ 문맹률

015 쪽 이해 적용 심화

1 ㉣ 2 ㉯ 3 ㉰

4 ㉮ 5 문화유산

6 문맹률 7 문명

8 문자 9 문자

어휘 학습

이해
1 '문자'는 '말의 소리나 뜻을 볼 수 있도록 적기 위한 체계적인 부호.'를 뜻합니다.
2 '문명'은 '사람의 사회적·기술적·정신적 생활이 발전한 상태.'를 뜻합니다.
3 '문맹률'은 '배우지 못하여 글을 읽거나 쓸 줄 모르는 사람의 비율.'을 뜻합니다.
4 '문화유산'은 '앞의 세대에게서 물려받은 가치 있는 문화적 재산.'을 뜻합니다.

적용
5 경복궁은 앞의 세대에게서 물려받은 우리나라의 가치 있는 문화적 재산인 '문화유산'입니다.
6 한글이 널리 퍼지면서 글을 읽거나 쓸 줄 모르는 사람의 비율이 떨어졌다는 의미에서 '문맹률'이 알맞습니다.
7 큰 강을 끼고 있는 비옥한 땅에서 발생한 것은 4대 '문명'입니다.
8 필요한 내용을 기록하고 전달할 수 있게 된 것은 '문자'의 발명 때문입니다.

심화
9 이 글에서 '글자' 대신 특수 문자로 자신의 감정을 표현한다고 했으므로, 이와 바꾸어 쓸 수 있는 말은 '말을 적는 체계적인 부호.'라는 뜻의 '문자'입니다.

016~017 쪽

1 SNS(누리 소통망)

2 ①   3 ①   4 ⑤

5 ③

교류하기 편한 SNS를 알맞게 이용하자

글의 종류
논설문

글의 특징
이 글은 SNS를 잘못 이용했을 때의 문제점을 근거로 삼아 SNS를 알맞게 이용하자고 주장하는 글입니다.

주제
SNS를 잘못 이용했을 때의 문제점과 알맞은 SNS 이용에 대한 주장

1 이 글은 SNS(누리 소통망)를 알맞게 이용하자는 주장이 담긴 글입니다.

2 이 글에는 SNS를 가리키는 또 다른 말, SNS의 장점, SNS의 문제점과 이를 근거로 SNS를 알맞게 이용해야 한다는 주장은 나와 있지만, SNS의 역사는 나와 있지 않습니다.

✅ **오답 풀이**
② 첫 번째 문단에서 SNS를 우리말로 '누리 소통망'이라고도 부른다고 했습니다.
③ 첫 번째 문단에서 관심사가 같은 사람들이 모여 정보를 주고받거나 가 보지 못한 세계 곳곳의 이야기를 전달받을 수 있다고 했습니다.
④ 마지막 문단에서 SNS는 잘못 이용했을 때 문제가 발생할 수 있으므로 알맞게 이용해야 한다고 했습니다.
⑤ 세 번째, 네 번째, 다섯 번째 문단에서 SNS를 잘못 이용했을 때 생길 수 있는 문제점을 제시했습니다.

3 글쓴이는 SNS에 대해 좋은 점이 있지만 이를 잘못 이용했을 때 문제가 된다고 했습니다. 따라서 SNS를 알맞게 이용하자고 했지 SNS를 이용하지 말자고 한 것은 아닙니다.

✅ **오답 풀이**
② SNS에서는 상대방을 비난하는 글이나 터무니없는 소문이 퍼질 수 있다고 하였으므로 SNS에서 접한 내용이 사실인지 확인하며 받아들여야 합니다.
③ SNS에서는 가 보지 못한 세계 곳곳의 이야기를 빠르고 생생하게 전달받을 수 있다고 했습니다.
④ SNS에 올린 정보가 자신도 모르는 사이에 퍼질 수 있다고 했으므로 알맞은 반응입니다.
⑤ SNS에 지나치게 빠지면 주변 사람들과 멀어질 수 있다고 했으므로 알맞은 반응입니다.

4 '뜻이 서로 통하여 오해가 없음.'을 뜻하는 '소통'은 '문화나 사상 따위가 서로 통함.'을 뜻하는 '교류'와 뜻이 비슷합니다.

✅ **오답 풀이**
① '교환'은 '물건이나 정보 등을 서로 맞바꾸거나 주고받는 것.'을 뜻합니다. ② '교체'는 '사람이나 사물을 다른 사람이나 사물로 대신함.'을 뜻합니다. ③ '교차'는 '서로 엇갈리거나 마주침.'을 뜻합니다. ④ '교대'는 '어떤 일을 여럿이 나누어서 차례에 따라 맡아 함. 또는 그 차례에 따라 일을 맡은 사람.'을 뜻합니다.

5 ⓛ 뒤에 반대되는 내용을 이어 주는 말 '-지만'이 있고, SNS를 잘못 이용할 때 문제점이 발생할 수 있다는 내용이 나옵니다. ⓛ이 들어간 문장에는 SNS의 좋은 점에 대한 내용이 나와야 하므로 '좋거나 잘하거나 긍정적인 점.'을 뜻하는 '장점'이 ⓛ에 들어갈 말로 알맞습니다.

018 쪽

❶ 교류   ❷ 교환
❸ 교역   ❹ 교우

019 쪽   이해   적용   심화

1 ㉣   2 ㉡   3 ㉢

4 ㉠   5 교역   6 교우

7 교환 8 교류 9 ③

어휘 학습

이해

1 '교역'은 '주로 나라와 나라 사이에서 물건을 사고팔고 하여 서로 바꿈.'이라는 뜻입니다.

2 '교우'는 '친구를 사귀는 것, 또는 사귀는 친구.'를 뜻합니다.

3 '교환'은 '물건이나 정보 등을 서로 맞바꾸거나 주고받는 것.'을 뜻합니다.

4 '교류'는 '문화나 사상 따위가 서로 통함.'을 뜻합니다.

적용

5 비단길을 통해 나라와 나라 사이에서 물건을 사고팔고 하여 서로 바꾸었다는 것이므로 '교역'이 어울립니다.

6 지혜가 친구들의 이야기를 잘 들어 주어 사귀는 친구들과 사이가 좋다는 것이므로 '교우'가 어울립니다.

7 물건을 서로 맞바꾸는 일은 '교환'이 적절합니다.

8 문화나 사상 따위가 서로 통하는 것은 '교류'가 적절합니다.

심화

9 나라와 나라 사이에서 물건을 사고팔고 하여 서로 바꾸는 일은 '교역'입니다.

020~021 쪽

1 주민 2 ③ 3 ②, ⑤

4 ② 5 ⑤

소각장 설치, 지역 주민의 반대를 해결하자

글의 종류
논설문

글의 특징
이 글은 주민들이 소각장 설치를 반대하는 문제를 해결하는 방법에 대해 글쓴이의 주장을 밝혀 쓴 글입니다.

주제
소각장 설치에 대한 주민들의 반대를 해결하는 방법

1 이 글은 지역 주민들이 소각장 설치를 반대하는 문제에 대한 해결 방법을 내세우고 있으므로, 빈칸에는 '주민'이 들어가는 것이 알맞습니다.

2 두 번째, 세 번째, 네 번째 문단에 주민들이 소각장 설치를 반대하는 문제를 해결하는 방법을 제시하고 있습니다.

✅ 오답 풀이
① 네 번째 문단에서 소각장이나 하수 처리장, 발전소 등을 각 지역에 나누어 설치해야 한다고 했습니다.
② 두 번째 문단에서 소각장이 냄새나고 더럽기만 한 곳에서 이로운 곳으로 바뀐 사례를 들며, 다양한 공간으로 활용되어야 한다고 했습니다.
④ 마지막 문단에서 사람이 생활하다 보면 쓰레기가 나올 수밖에 없으므로 소각장 설치에 대한 필요성을 받아들여야 한다고 했습니다.
⑤ 두 번째 문단에서 소각장과 편의 시설을 함께 지어 주민들의 삶의 질을 높인 사례가 있다고 했습니다. 그러나 정부가 이를 약속해야 한다는 내용은 나와 있지 않습니다.

3 소각장 설치 문제를 해결하는 방법으로 소각장을 모두 다른 나라로 옮긴다는 내용이나 소각장 설치 때문에 피해를 보는 주민들에게 보상금을 준다는 내용은 나와 있지 않습니다.

4 '이기심'은 '자기 자신의 이익만을 꾀하는 마음'을 뜻합니다. 소각장이 더럽고 악취가 날 수 있다는 이유로 자신이 사는 지역에 소각장 설치를 반대하는 마음은 '이기심'으로 볼 수 있습니다.

✅ 오답 풀이
① '이해심'은 '사정이나 형편을 잘 헤아려 주는 마음.'이라는 뜻입니다. ③ '경쟁심'은 '남과 겨루어 이기거나 앞서려는 마음.'이라는 뜻입니다. ④ '협동심'은 '서로 마음과 힘을 하나로 합하려는 마음.'이라는 뜻입니다. ⑤ '동정심'은 '남의 어려운 처지를 안타깝게 여기는 마음.'이라는 뜻입니다.

5 '손잡아'는 '(누구와) 힘을 합쳐 같이 일하여.'라는 뜻입니다. '협력하여'는 '힘을 합하여 서로 도와.'라는 뜻으로 두 낱말은 서로 비슷한 뜻을 지닌 낱말입니다.

어휘력 더하기 ① '손꼽아'는 '손가락을 하나씩 고부리며 수를 헤아려.'라는 뜻입니다.
② '겨루어'는 '서로 버티어 승부를 다투어.'라는 뜻입니다.
③ '의논하여'는 '어떤 일에 대하여 서로 의견을 주고받아.'라는 뜻입니다.
④ '비교하여'는 '(차이를 알아내려고) 여럿을 서로 견주어 보아.'라는 뜻입니다.

022 쪽

❶ 주민   ❷ 주거
❸ 주소   ❹ 의식주

023 쪽   이해 적용 심화

1 ⓒ 2 ㉠ 3 ㉣
4 ⓒ 5 ㉮ 6 ㉭
7 ㉰ 8 ㉯ 9 ③

어휘 학습

이해
1 '주거'는 '일정한 곳에 머물러 삶. 또는 그런 집.'을 뜻합니다.

2 '주민'은 '일정한 지역에 살고 있는 사람.'을 뜻합니다.

3 '주소'는 '살고 있는 곳, 일하고 있는 직장이나 관청 등이 위치하고 있는 곳을 행정 구역으로 나타낸 이름.'을 뜻합니다.

4 '의식주'는 '사람이 사는 데 기본적인 요소인 입는 것, 먹는 것, 사는 곳을 아울러 이르는 말.'을 뜻합니다.

적용
5 '주거'는 공원이 있어서 사는 환경이 쾌적하다는 ㉮ 문장에 들어가기에 알맞습니다.

6 '주민'은 동네에 사는 사람을 모집하고 있다는 내용의 ㉭ 문장에 들어가기에 알맞습니다.

7 '주소'는 받는 사람이 살고 있는 곳의 이름을 잘못 적었다는 내용의 ㉰ 문장에 들어가기에 알맞습니다.

8 '의식주'는 사람이 살기 위해 필요한 요소와 관련된 낱말이므로, ㉯ 문장에 어울립니다.

심화
9 님비는 어떤 지역에 환경 기초 시설을 세울 때 그 지역에 사는 사람이 반대하는 현상입니다.

기록하는 습관의 유익함을 말하다

글의 종류
기사문

글의 특징
이 글은 남다른 필기 방법으로 유명해진 또래 강사 이하영 학생의 강연에 대해 알리는 기사문입니다.

주제
기록하는 습관의 유익함을 소개한 이하영 학생의 강연

1 이 글에서 이하영 학생은 '기록하는 습관의 유익함'에 대해 강연하였으므로, 빈칸에 들어갈 말은 '기록'이 알맞습니다.

2 이 글은 기록하는 습관의 유익함을 소개하는 이하영 학생의 강연을 기사문 형식으로 알리고 있습니다.

✔ 오답 풀이
① 이하영 학생이 SNS에서 유명해졌다고는 했지만 SNS에서 유명한 사람들에 대해 이야기하고 있지 않습니다.
② 기록하는 습관을 기르는 과정을 설명하기는 했지만 이 글의 중심 내용은 아닙니다.
③ 초등학생이 관심 있는 강연회가 무엇인지는 이 글의 중심 내용이 아닙니다.
④ 이하영 학생의 강의를 들은 학생들의 반응이 나와 있지만 이 글의 중심 내용은 아닙니다.

3 SNS 게시물이 인기를 끌 수 있는 방법에 대해 강연을 했다는 내용은 글에 없습니다.

✔ 오답 풀이
① 세 번째 문단에서 필기하면 좋은 점에 대해 설명하고 있고, 네 번째 문단에서 강연을 들은 학생들도 '기록하는 습관의 유익함에 대해 알 수 있었다.'라고 했습니다.
② 세 번째 문단에서 수업 내용 중 핵심이 되는 낱말이나 중심 문장을 표시하고, 배운 내용에 대한 자신의 의견을 함께 적는 필기 방법에 대해 말했습니다.
③ 세 번째 문단에서 무언가를 기록하는 것은 그것에 대해 고민을 많이 하는 것이라고 이하영 학생이 자신의 생각을 말했습니다.
④ 세 번째 문단에서 이하영 학생은 강연에서 필기를 통해 성적을 올린 과정 등을 소개했다고 했습니다.

4 '남다른'은 '보통의 사람과 유난히 다른.'이라는 뜻입니다. ③의 빈칸 뒤에 반대되는 내용을 이어 주는 말인 '−지만'이 들어가므로, 빈칸에는 특별하지 않다는 뜻의 낱말이 들어가야 알맞습니다.

5 '신중한'은 '매우 조심스러운.'이라는 뜻으로, '값진', '보람된', '가치 있는', '의미 있는'과는 그 뜻이 다릅니다.

✔ 오답 풀이
① '값진'은 '큰 보람이나 의의 따위가 있는.'이라는 뜻입니다.
③ '보람된'은 '어떤 일을 한 뒤에 좋은 결과나 가치, 만족감이 있는.'이라는 뜻입니다.
④ '가치'는 '귀중하게 여길 만한 성질이나 중요한 것.'이라는 뜻입니다.
⑤ '의미'는 '어떤 일·행동 또는 사물의 가치나 중요성.'이라는 뜻입니다.

이해

1 '유별'은 '다름이 있음. 여느 것과 두드러지게 다름.'이라는 뜻입니다.

2 '유효'는 '보람이나 효과가 있음.'이라는 뜻입니다.

3 '고유'는 '오래된 집단이나 사물이 본래부터 지니고 있는 것. 어떤 것에만 있는 것.'이라는 뜻입니다.

4 '유익'은 '이롭거나 도움이 될 만한 것이 있음.'이라는 뜻입니다.

적용

5 한복은 우리나라가 본래부터 지니고 있는 전통 의복이므로 '고유'가 알맞습니다.

6 다른 가족 구성원들과 비교했을 때 두드러지게 빵을 좋아한다는 뜻이므로, '유별'이 알맞습니다.

7 스마트폰도 잘 사용하면 수업에 도움이 될 수 있다는 뜻으로 '유익'이 알맞습니다.

8 약속이 여전히 효과가 있다는 의미이므로 '유효'가 알맞습니다.

심화

9 이 글에서 '기억이 특별하게' 남아 있다는 것은 보통 기억과는 구별되게 다르게 남아 있다는 뜻입니다. 그러므로 '특별'은 '유별'과 바꾸어 쓸 수 있습니다.

028~029 쪽

1 작용 2 ⑤ 3 ③
4 ① 5 ①

성장 호르몬의 작용

글의 종류
설명문

글의 특징
이 글은 호르몬의 개념과 함께 성장 호르몬의 작용에 대해 설명하는 글입니다.

주제
성장 호르몬의 작용

1 이 글은 성장 호르몬의 작용에 대해 설명하는 글입니다.

2 첫 번째 문단에서 각각의 호르몬은 특정한 기관에서만 작용한다고 했으므로, 하나의 호르몬이 몸 전체 기관에 작용한다는 설명은 알맞지 않습니다.

3 네 번째 문단에서, 성장 호르몬은 몸속 지방을 줄이는 일도 한다고 했으므로 몸무게에는 영향을 주지 않는다는 내용은 알맞지 않습니다.

◈ 오답 풀이
① 첫 번째 문단에서 호르몬은 체온을 조절하기도 한다고 했습니다.
② 두 번째 문단에서 키가 자라기 위해서는 뼈와 근육이 자라야 한다고 했습니다.
④ 두 번째 문단에서 말랑말랑하던 성장판이 딱딱한 뼈로 바뀌면 새로운 뼈가 더 자라지 않는다고 했습니다. 따라서 키가 자라지 않을 것이라는 짐작은 알맞습니다.
⑤ 세 번째 문단에서 성장 호르몬이 가장 많이 나오는 시간은 밤 10시부터 새벽 2시 사이라고 했습니다.

4 '특정한'은 '특별히 지정한.'이라는 뜻입니다.

◈ 오답 풀이
② '바르고 확실한.'은 '정확한'이라는 낱말의 뜻입니다.
③ '큰 의미나 가치가 있는.'은 '중요한'이라는 낱말의 뜻입니다.
④ '지금까지 있은 적이 없는.'은 '새로운'이라는 낱말의 뜻입니다.
⑤ '뛰어나거나 색다른 점이 없이 보통인.'은 '평범한'이라는 낱말의 뜻입니다.

어휘력 더하기 낱말의 뜻을 짐작할 때에는 뜻을 잘 모르는 낱말의 앞뒤 문장이나 낱말을 살펴봅니다. 그리고 짐작한 뜻과 비슷한 뜻의 낱말을 넣어 보고, 낱말이 사용된 예를 떠올려 봅니다.

5 '작용'을 넣었을 때 자연스러운 것은 ①입니다.

◈ 오답 풀이
② 음악 소리를 작게 하였다는 문장이므로 '균형이 맞게 바로잡음. 또는 적당하게 맞추어 나감.'이라는 뜻의 '조절'이 들어가는 것이 알맞습니다.
③ '몸을 움직여 행동함.'이라는 뜻의 '활동'이 들어가는 것이 알맞습니다.
④ 이야기를 처음 하게 되면 멈추지 않는다는 문장이므로 '어떤 일이나 행동의 처음 단계를 이루거나 그렇게 하게 함. 또는 그 단계.'라는 뜻의 '시작'이 들어가는 것이 알맞습니다.
⑤ 친구에게 택배를 주지 못했다는 뜻이므로 '지시, 명령, 물품 따위를 다른 사람이나 기관에 전하여 이르게 함.'이라는 뜻의 '전달'이 들어가는 것이 알맞습니다.

030 쪽

❶ 작용　❷ 작성
❸ 작문　❹ 제작

031 쪽　이해　적용　심화

1 작문 2 작성 3 작용
4 제작 5 작성 6 제작
7 작문 8 작용 9 ⑤

어휘 학습

이해

1 '글을 지음. 또는 지은 글.'은 '작문'이라는 낱말의 뜻입니다.

2 '원고·서류·계획서 등을 만드는 것.'은 '작성'이라는 낱말의 뜻입니다.

3 '어떠한 현상을 일으키거나 영향을 미침.'은 '작용'이라는 낱말의 뜻입니다.

4 '재료를 가지고 기능과 내용을 가진 새로운 물건이나 예술 작품을 만듦.'은 '제작'이라는 낱말의 뜻입니다.

적용

5 신청서는 서류이므로, 서류를 만든다는 뜻의 '작성'이 빈칸에 들어가는 것이 알맞습니다.

6 우주 탐사 로봇을 만든다는 뜻이 되도록 빈칸에는 '제작'이 들어가는 것이 알맞습니다.

7 글을 지었다는 의미가 되도록 빈칸에는 '작문'이 들어가는 것이 알맞습니다.

8 식물이 오염된 공기를 깨끗하게 하는 현상을 일으킨다는 의미가 자연스러우므로, 빈칸에는 '작용'이 들어가는 것이 알맞습니다.

심화

9 이 글에서 글쓴이는 자신이 만든 영상을 다른 사람이 즐겁게 봐 준다면 행복할 것 같다고 했습니다. 따라서 빈칸에 '제작'이 들어가는 것이 알맞습니다.

단오의 유래와 풍습

글의 종류
설명문

글의 특징
이 글은 단오의 유래와 의미, 풍습 등을 설명하는 글입니다.

주제
단오의 유래와 풍습

1 이 글은 '단오'의 유래와 풍습에 관해 설명하는 글이므로 빈칸에 들어갈 말은 '단오'가 알맞습니다.

2 이 글은 단오가 어떤 명절인지 그 유래와 풍습에 대해 설명하는 글입니다.
   ✔ 오답 풀이
   ① 계절이 변화하는 과정은 글에 나와 있지 않습니다.
   ③ 첫 번째 문단에 단오, 설, 추석이 우리나라 3대 명절이었다는 내용이 있지만 설과 추석에 대해 설명한 내용은 나와 있지 않습니다.
   ④ 굴원의 충성심을 본받아야 한다는 주장은 글에 나와 있지 않습니다.
   ⑤ 우리나라 명절을 지키자는 주장은 글에 나와 있지 않습니다.

3 첫 번째 문단에서 조선 시대에는 단오가 설, 추석과 함께 3대 명절로 꼽혔다고 했습니다.
   ✔ 오답 풀이
   ① 네 번째 문단에서 단오를 '수릿날'이라고 부르기도 한다고 했습니다.
   ② 세 번째 문단에서 단오는 모내기가 끝난 후 풍년을 기원하는 의미가 있다고 했습니다.
   ③ 네 번째 문단에서 단오에는 이른 여름에 많이 나는 앵두와 오디, 산딸기 등으로 화채를 만들어 먹었다고 했습니다.
   ④ 세 번째 문단에서 창포가 나쁜 귀신과 질병을 물리친다고 믿었다고 했으므로 창포물에 머리를 감은 것도 나쁜 귀신과 병을 물리치기 위한 것임을 알 수 있습니다.

4 ㉠은 단오가 우리 명절로 정착되었다는 뜻입니다. 따라서 '일정한 지위나 공간을 차지하게.'라는 뜻으로 쓰였습니다.
   ✔ 오답 풀이
   ① '서로 자리를 바꾸게.'는 '자리바꿈하게'의 뜻입니다.
   ③ '벌여 놓은 판이 오랜 시간 계속되게.'는 '자리가 길어지게'라는 관용어의 뜻입니다.
   ④ '좋은 지위나 자리를 차지하려고 다투게.'는 '자리다툼하게' 또는 '자리싸움하게'의 뜻입니다.
   ⑤ '더 나아가지 못하고 일정한 수준이나 범위에 그치게.'는 '머무르게'의 뜻입니다.

5 '간신'은 '충신인 척하면서 임금을 속이는 신하.', '충신'은 '나라와 임금을 위해 충성을 다하는 신하.'라는 뜻이므로 보기 는 서로 반대되는 뜻을 지닌 말끼리 짝 지어졌습니다. '동무'는 '늘 친하게 어울리는 사람.'을 뜻하는 말이고, '친구'는 '가깝게 오래 사귄 사람.'을 뜻하는 말이므로 ③은 서로 비슷한 뜻을 지닌 말끼리 짝 지어진 것입니다.

어휘 학습

이해

1 '풍경'은 '아름다운 경치.'를 뜻합니다.
2 '풍문'은 '바람처럼 떠도는 소문.'을 뜻합니다.
3 '풍습'은 '오래전부터 지켜 내려오는 사회적 풍속이나 관습.'을 뜻합니다.
4 '풍파'는 '인생에서 겪는 온갖 어려움.'을 뜻합니다.

적용

5 '떠도는 소문'은 '풍문'과 바꾸어 쓸 수 있습니다.
6 '아름다운 경치.'는 '풍경'이라는 낱말의 뜻입니다.
7 '오래전부터 지켜 내려온 풍속'은 '풍습'과 뜻이 통합니다.
8 '인생에서 겪는 온갖 어려움.'은 '풍파'라는 낱말의 뜻입니다.

심화

9 '풍속'은 '옛날부터 그 사회에 전해 오는 생활 전반에 걸친 습관 따위를 이르는 말.'입니다. '오래전부터 지켜 내려오는 사회적 풍속이나 관습.'을 뜻하는 '풍습'과 뜻이 비슷한 말이므로 서로 바꾸어 쓸 수 있습니다.

범인도 찾고 보안도 돕는 지문

글의 종류
설명문

글의 특징
이 글은 지문의 특성과 이를 활용한 분야에 대해 설명하는 글입니다.

주제
지문의 특성과 활용 분야

1 이 글은 범인을 수사하거나 보안 장치로 쓰이는 지문에 대해 설명하고 있습니다.

2 첫 번째 문단에서 쌍둥이끼리도 서로 지문이 다르다고 했습니다.

> ✔ 오답 풀이
> ① 두 번째 문단에서 피부가 늘 촉촉한 상태를 유지하려고 물과 기름을 바깥으로 내보내기 때문에 손으로 물건을 만지면 지문이 물건에 남는다고 하였습니다.
> ③ 첫 번째 문단에서 손가락이 자라면 무늬 사이의 거리만 멀어질 뿐 지문 모양은 바뀌지 않는다고 하였습니다.
> ④ 첫 번째 문단에서 지문은 엄마 배 속에 있을 때 만들어진다고 하였습니다.
> ⑤ 두 번째 문단에서 경찰은 범죄 현장에서 찾은 지문으로 범인이 누구인지 알아낸다고 하였습니다.

3 네 번째 문단에서 지문이 새어 나가면 보안에 치명적일 수 있다고 했으므로 지문의 정보가 절대 새어 나갈 일이 없다는 설명은 잘못되었습니다.

> ✔ 오답 풀이
> ② 세 번째 문단에서 생체 보안 기술 중에서 지문 인식 기술이 대표적이라고 했으므로 지문 인식 기술 외에 다른 생체 보안 기술이 있다는 것을 알 수 있습니다.
> ③ 첫 번째 문단에서 지문은 사람마다 다르다고 했고 이러한 지문의 특성을 활용한 것이 지문 인식 기술입니다.
> ④ 세 번째 문단에서 지문 인식 기술은 지문을 등록해서 사용하는 것이라고 했습니다. 따라서 지문을 인식하면 등록된 지문과 등록되지 않은 지문을 확인할 수 있습니다.
> ⑤ 세 번째 문단에서 스마트폰의 잠금을 풀 때 지문을 등록해서 사용한다고 했습니다. 따라서 스마트폰에 자신의 지문을 등록하면, 다른 사람의 지문은 등록된 지문이 아니므로 잠금이 풀리지 않을 것입니다.

4 '유출'은 '(비밀 등이) 새어 나와 알려지게 되는 것.'이라는 뜻을 지닌 말입니다. '흘러 들어오는 것.'은 '유입'의 뜻입니다.

5 앞에서 지문이 범죄 수사나 보안 장치에 쓰인다는 내용을 이야기한 후에 지문이 우리 생활에 편리하게 이용된다는 것을 다시 한번 정리하고 있습니다. 그러므로 ㉠에는 앞의 내용을 이어받아 뒤의 문장을 이끄는 말인 '이처럼'이 들어가야 알맞습니다.

> ✔ 오답 풀이
> ② '게다가'는 앞 내용보다 더한 사실을 뒷 내용에서 덧붙일 때 사용됩니다.
> ③ '그렇지만'은 앞의 내용과 뒤의 내용이 서로 반대될 때 사용됩니다.
> ④ '왜냐하면'은 뒤의 내용이 앞의 내용의 원인이 될 때 사용됩니다.
> ⑤ '이를테면'은 앞의 내용에 대해 자세히 설명하거나 예를 들 때 사용됩니다.

 어휘 학습

이해

1 '안전을 유지함.'은 '보안'이라는 낱말의 뜻입니다.

2 '잘 보호하고 간수하여 남김.'은 '보존'이라는 낱말의 뜻입니다.

3 '주위의 온도에 관계없이 일정한 온도를 유지함.'은 '보온'이라는 낱말의 뜻입니다.

4 '어떤 일이 어려움 없이 이루어지도록 조건을 마련하여 보증하거나 보호함.'은 '보장'이라는 낱말의 뜻입니다.

적용

5 '보안'은 비밀문서를 다룰 때는 안전을 유지해야 한다는 ㉣ 문장에 들어가야 알맞습니다.

6 '보온'은 일정한 온도를 유지하려고 옷을 껴입었다는 ㉯ 문장에 들어가야 알맞습니다.

7 '보장'은 물건에 이상이 없다는 것을 보증했다는 ㉮ 문장에 들어가야 알맞습니다.

8 '보존'은 증거가 현장에 그대로 남아 있게 했다는 ㉰ 문장에 들어가야 알맞습니다.

심화

9 홍채를 활용해 휴대 전화 잠금장치를 해 두거나 개인 정보에 대한 접근을 막는 것은 안전을 유지하는 일이므로 '보안'이 들어가야 알맞습니다.

지도의 축척

글의 종류
설명문

글의 특징
이 글은 지도 및 축척의 개념과 축척의 표시 방법에 대해 설명하는 글입니다.

주제
축척의 개념과 표시 방법

1 이 글은 지도의 '축척'에 대해 설명하는 글입니다.

2 이 글에 언제 축척이 처음 사용되었는지는 나와 있지 않습니다.
　✅ 오답 풀이
　① 첫 번째 문단에서 지도를 보면 동네의 모습이나 위치를 알 수 있고, 또한 낯선 장소에서 길을 찾을 때도 지도의 도움을 받을 수 있다고 했습니다.
　② 첫 번째 문단에서 땅 위의 모든 것을 그대로 지도에 담을 수는 없으므로 실제 땅의 모습을 일정한 크기로 줄여야 한다고 했습니다.
　③ 두 번째 문단에서 축척을 표시하는 세 가지 방법을 소개하고 있습니다.
　⑤ 세 번째 문단에서 지도는 축척에 따라서 정보의 양이 서로 다를 수 있다고 했습니다.

3 축척이 1:50,000이면 지도에서의 1센티미터가 실제 거리로는 50,000센티미터(500미터)라는 것을 나타냅니다.
　✅ 오답 풀이
　① 두 번째 문단에 축척을 분수로 표현하는 방법이 나와 있습니다.
　② 두 번째 문단에 ':'을 이용하여 '지도상의 거리:실제 거리'로 표현한다고 설명하였습니다.
　③ 두 번째 문단에서 축척을 표시하는 세 가지 방법을 설명하였습니다.
　⑤ 두 번째 문단에서 ⁰──────500m 는 실제 500미터 거리를 지도에서 1센티미터로 나타낸 것이라고 하였습니다.

4 ㉠의 '위치'는 '일정한 곳에 자리를 차지함. 또는 그 자리.'라는 뜻으로, ①에 쓰인 '위치'도 이와 같은 뜻입니다. ②, ③, ④, ⑤의 '위치'는 '사회적으로 담당하고 있는 지위나 역할.'이라는 뜻입니다.
　【어휘력 더하기】 '위치'와 같이 두 가지 이상의 뜻을 가진 낱말을 '다의어'라고 합니다. 다의어는 한 낱말이 조금씩 다른 뜻을 지니지만 그 뜻이 서로 연결되어 있습니다.

5 '마찬가지'는 '사물의 모양이나 일의 형편이 서로 같음.'이라는 뜻입니다. 비례식 표현도 분수식 표현과 같다는 뜻이므로, '마찬가지로'는 '같이'로 바꾸어 쓸 수 있습니다.
　【어휘력 더하기】 ② '다르게'는 '비교가 되는 두 대상이 서로 같지 아니하게.'라는 뜻입니다.
　③ '대립하여'는 '의견이나 처지, 속성 따위가 서로 반대되거나 모순되어.'라는 뜻입니다.
　④ '공평하게'는 '어느 쪽으로도 치우치지 않고 고르게.'라는 뜻입니다.
　⑤ '구분하여'는 '일정한 기준에 따라 전체를 몇 개로 갈라 나누어.'라는 뜻입니다.

🐛 어휘 학습

【이해】
1 '지도'는 '지구 표면의 상태를 일정한 비율로 줄여, 이를 약속된 기호로 평면에 나타낸 그림.'을 뜻합니다.
2 '지명'은 '마을이나 지방, 산천, 지역 따위의 이름.'을 뜻합니다.
3 '지표'는 '지구의 표면. 또는 땅의 겉면.'을 뜻합니다.
4 '지방'은 '어느 방면의 땅.'을 뜻합니다.

【적용】
5 '고마나루'는 지역 이름을 가리키므로 '지명'이 적절합니다.
6 놀러 갈 장소를 정하기 위해 본 것으로는 관광 '지도'가 적절합니다.
7 빈칸 앞에 방향을 나타내는 '남쪽'이 있으므로 '어느 방면의 땅.'이라는 뜻의 '지방'이 들어가는 것이 알맞습니다.
8 지구 온난화가 심해지면서 온도가 점점 올라가는 것은 지구의 표면입니다. 따라서 빈칸에 들어갈 낱말은 '지표'가 적절합니다.

【심화】
9 지역의 이름을 나타내는 것은 '지명'입니다.

044~045 쪽

1 태풍 **2** ④ **3** ⑤
4 ③ **5** 자연재해

여름철 자연재해, 태풍

글의 종류
설명문

글의 특징
이 글은 여름철 자연재해인 태풍에 대해 설명하는 글입니다.

주제
여름철 태풍의 생성 원리와 피해 극복 방안

1 이 글은 여름철 자연재해인 '태풍'에 대해 설명하는 글입니다.

2 이 글은 자연재해 중 하나인 태풍에 대해 설명한 글입니다.

❤ **오답 풀이**
① 태풍을 막는 방법은 글에 나와 있지 않습니다.
② 기상 관측 센터에서 정확한 기상 정보를 얻으려고 첨단 장비를 이용한다고 하였으나 태풍 예측 방법은 글에 나와 있지 않습니다.
③ 이 글에 태풍 이름을 붙이는 방법은 나와 있지 않습니다.
⑤ 인간의 활동으로 인해 자연재해의 피해가 커졌다는 주장은 글에 나와 있지 않습니다.

3 네 번째 문단에서 기상 관측 센터에서 정확한 기상 정보를 얻기 위해 노력한다고 했으므로, 기상 관측 센터에서 기상 정보를 확인할 수 있다는 설명은 알맞습니다.

❤ **오답 풀이**
① 두 번째 문단에서 태풍은 일 년 내내 기온이 높은 지역에서 발생한다고 하였습니다.
② 첫 번째 문단에서 자연재해는 자연 현상으로 일어나는 재난이나 피해라고 하였습니다. 따라서 자연재해 중 하나인 태풍은 사람의 영향으로 일어난 현상이라고 보기 어렵습니다.
③ 세 번째 문단에서 바다 한복판에서 만들어진 태풍은 바람을 타고 이동하는 도중에 대부분 힘이 약해진다고 하였습니다.
④ 세 번째 문단에서 힘을 잃지 않은 일부 태풍이 육지에 이르러서 큰 피해를 준다고 하였습니다.

4 '상승하는'은 '낮은 데서 위로 올라가는.'이라는 뜻이므로 ⓒ '상승하는'은 '올라가는'과 바꾸어 쓸 수 있습니다.

어휘력 더하기 '높은 곳에서 아래로 향하여 내려오다.'라는 뜻을 지닌 '하강하다'는 '상승하다'와 뜻이 반대되는 낱말입니다.

5 첫 번째 문단에서 자연재해의 종류에는 가뭄, 황사, 지진, 우박, 태풍 등이 있다고 하였습니다. '우박', '가뭄', '지진', '황사', '태풍'은 모두 '자연재해'에 포함되는 낱말입니다.

어휘력 더하기 어떤 낱말의 뜻이 다른 낱말의 뜻을 포함하는 관계를 '포함 관계' 또는 '상하 관계'라고 합니다. 이때 다른 낱말을 포함하는 낱말을 '상위어(상의어)', 다른 낱말에 포함되는 낱말을 '하위어(하의어)'라고 합니다. '우박', '가뭄', '지진', '황사', '태풍'은 '자연재해'에 포함되는 하위어이고, '자연재해'는 다른 낱말들을 포함하는 상위어입니다.

046 쪽
❶ 자연재해 ❷ 자원
❸ 자율 ❹ 자제

047 쪽 이해 적용 심화

1 자제 **2** 자원 **3** 자율
4 자연재해 **5** ㉣
6 ㉡ **7** ㉠ **8** ㉢
9 자연재해

어휘 학습

이해
1 '자기의 감정이나 욕망을 스스로 억제함.'은 '자제'의 뜻입니다.
2 '어떤 일을 자기 스스로 하고자 하여 나섬.'은 '자원'의 뜻입니다.
3 '자기 스스로의 원칙에 따라 행동하는 것. 스스로 자기의 행위를 통제하는 것.'은 '자율'의 뜻입니다.
4 '태풍, 가뭄, 홍수, 지진, 화산 폭발, 해일 따위의 피할 수 없는 자연 현상으로 인하여 일어나는 재해.'는 '자연재해'의 뜻입니다.

적용
5 스스로 봉사를 하고자 한다는 내용이 되도록 ㉣의 빈칸에 '자원'이 들어가는 것이 알맞습니다.
6 과제를 스스로 했다는 내용이 되도록 ㉡의 빈칸에 '자율'이 들어가는 것이 알맞습니다.
7 자기의 행동을 억제했다는 말이므로, ㉠의 빈칸에 '자제'가 들어가는 것이 알맞습니다.
8 '자연재해'는 태풍을 포함하는 말이므로 ㉢의 빈칸에 들어가는 것이 알맞습니다.

심화
9 '가뭄'과 '홍수'는 자연재해에 포함되므로, 빈칸에 들어갈 알맞은 낱말은 '자연재해'입니다.

048~049 쪽

1 투표 2 ⑤ 3 ②
4 ② 5 (3) ○

투표와 선거

글의 종류
설명문

글의 특징
이 글은 민주주의의 종류와 선거의 원칙에 대해 설명하는 글입니다.

주제
민주주의 실현 방법인 투표와 선거

1 이 글은 민주주의의 종류와 민주주의를 실현하기 위한 방법인 투표와 선거에 대해 설명하고 있습니다.

2 이 글에 직접 민주주의와 대의 민주주의 중 어느 것이 더 좋다는 내용은 나와 있지 않습니다.

✔ 오답 풀이
① 첫 번째 문단에서 민주주의가 그리스에서 시작되었다고 설명하였습니다.
② 마지막 문단에서 공정한 선거를 위한 네 가지 원칙을 소개하였습니다.
③, ④ 두 번째 문단과 세 번째 문단에서 대의 민주주의와 직접 민주주의의 방법을 설명하였습니다.

3 네 번째 문단에서 만 18세 이상이면 누구나 투표할 수 있고, 모든 사람이 한 표씩만 투표할 수 있다고 하였습니다. 또한, 직접 투표하되 누구에게 투표했는지 비밀을 지켜야 한다고 했습니다.

✔ 오답 풀이
① 다른 사람을 시키지 않고 직접 투표해야 한다고 했습니다.
③ 모든 사람이 똑같이 한 표씩 투표할 수 있다고 했습니다.
④ 만 18세 이상의 나이가 되면 투표할 수 있다고 했으므로, 어린이가 투표할 수 있다는 설명은 적절하지 않습니다.
⑤ 누구에게 투표했는지 알 수 없도록 비밀을 지켜야 한다고 했습니다.

4 '실현'은 '꿈, 기대 따위를 실제로 이룸.'이라는 뜻입니다.

[어휘력 더하기] '실현'과 비슷한 낱말로는 '구현', '성사', '성취' 등이 있습니다.
1. 구현: 어떤 내용이 구체적인 사실로 나타나게 함. 예 정의가 구현되는 사회를 만들어 보자.
2. 성사: 일을 이룸. 또는 일이 이루어짐. 예 모든 사람들이 힘을 합쳐서 이번 일을 성사시켰다.
3. 성취: 목적한 바를 이룸. 예 그는 소원을 성취하여 감정이 북받쳐 올랐다.

5 선거에 나온 후보들은 국민을 위해 어떤 일을 할지 약속한다고 했습니다. 따라서 투표하는 국민은 후보자가 실행할 것을 약속한 내용을 보기 때문에, ㉠에는 '공약'이 들어가는 것이 알맞습니다.

✔ 오답 풀이
(1) '선약'은 '토요일에는 선약이 있어서 모임에 가지 못했다.'와 같이 쓸 수 있습니다.
(2) '제약'은 '과거에는 여성이 사회생활을 하는 데 제약이 많았다.'와 같이 쓸 수 있습니다.

050 쪽

❶ 투표 ❷ 투서
❸ 투여 ❹ 투입

051 쪽 이해 적용 심화

1 ㉰ 2 ㉮ 3 ㉯
4 ㉱ 5 투입 6 투표
7 투여 8 투서 9 ⑤

 어휘 학습

[이해]
1 '투서'는 '(감춰져 있던) 남의 잘못을 적어서 어떤 조직이나 단체에 몰래 보내는 것, 또는 그런 글.'을 뜻합니다.
2 '투여'는 '약 따위를 환자에게 복용시키거나 주사함.'을 뜻합니다.
3 '투입'은 '사람이나 물자, 자본 따위를 필요한 곳에 넣음.'을 뜻합니다.
4 '투표'는 '선거를 하거나 여럿이 어떤 일을 의논하여 정할 때 자기의 의사를 일정한 방법에 따라 나타내는 것.'을 뜻합니다.

[적용]
5 공사에 필요한 많은 노동자가 들어갔으므로, 빈칸에는 '투입'이 들어가야 알맞습니다.
6 헌법을 고칠 때 국민들의 찬성과 반대 의견을 물을 수 있는 것은 '국민 투표'입니다.
7 약을 함부로 복용시키면 안 된다는 내용이 적절하므로, 빈칸에는 '투여'가 들어가야 알맞습니다.
8 잘못한 행위를 적어서 경찰에게 보내는 것은 '투서'입니다.

[심화]
9 선거에서 자기의 의사를 나타내는 것은 '투표'입니다.

편의를 위해 발명된 튜브 물감

글의 종류
설명문

글의 특징
이 글은 튜브 물감이 발명된 계기와 튜브 물감의 편의성에 대해 설명하는 글입니다.

주제
튜브 물감의 편의성

1 이 글은 '튜브 물감'에 관해 설명하는 글입니다.

2 이 글에서 튜브 물감의 단점은 설명하고 있지 않습니다.
   ✔ 오답 풀이
   ① 네 번째 문단에서 튜브 물감 덕분에 물감을 쓸 만큼만 사용한 뒤 보관해 둘 수 있고, 어디든 가져가서 그림을 그릴 수 있었다고 했습니다.
   ③ 세 번째 문단에서 존이 물감을 제대로 보관하는 방법이 없는지 찾다가, 어느 날 아연 통을 발견했다고 하였습니다.
   ④, ⑤ 첫 번째 문단에서 튜브 물감은 1841년에 존 고프 랜드가 최초로 발명했다고 했습니다.

3 두 번째 문단에서 화가들은 돼지 오줌보에 물감을 넣어 보관했지만 터지는 문제 때문에 불편을 겪었다고 했습니다. 그러나 튜브 물감이 발명되면서 시간이 지나도 필요할 때 물감을 쓸 수 있게 되었다고 했으므로 ②의 내용은 적절합니다.
   ✔ 오답 풀이
   ① 두 번째 문단에서 화가들은 물감을 만들어 돼지 오줌보에 넣은 뒤 끈으로 묶어 보관해 두고 썼다고 했습니다.
   ③, ⑤ 두 번째 문단에 따르면 화가들은 물감을 가지고 다니면서 그림을 그리기 불편했기 때문에 집에 돌아와 그림을 그린 것입니다. 따라서 화가들이 바깥보다 집에서 그림 그리는 것을 좋아하거나, 기억을 더듬으며 그리는 것이 더 좋은 그림이라고 생각했다는 것은 알맞지 않습니다.
   ④ 네 번째 문단에서 튜브 물감은 쓸 만큼만 사용하고 다시 보관할 수 있었다고 했으므로, 돼지 오줌보에 넣은 물감과 달리 마르지 않은 상태로 보관할 수 있었습니다.

4 ㉠의 터지는 '바람에'는 돼지 오줌보가 터진 상황이 '원인'이 되어 물감을 버리는 '결과'가 뒤따른 것입니다. 이처럼 '바람'이 '-는 바람에'의 구성으로 쓰이면 뒷말의 근거나 원인을 나타냅니다. 또한 '-는 바람에'의 뒤에는 청유하는 문장이나 명령하는 문장이 올 수 없습니다. 따라서 빈칸에 '바람에'가 들어가는 것은 어울리지 않습니다.

5 ㉠은 어떤 장소에 간 기억을 되살리는 상황입니다. ②, ③, ④, ⑤에 쓰인 '더듬다'는 '잘 보이지 않는 것을 손으로 이리저리 만져 보며 찾다.'라는 뜻으로 쓰였습니다.
   어휘력 더하기 '더듬다'는 여러 가지 뜻이 있는 다의어입니다. **보기**에 제시된 뜻 외에 '더듬다'가 지닌 다른 뜻에는 '똑똑히 알지 못하는 것을 짐작하여 찾다.', '말을 하거나 글을 읽을 때 순조롭게 나오지 않고 자꾸 막히다.', '대강 헤아려 셈하다.'가 있습니다.

어휘 학습

이해
1 '편의'는 '형편이나 조건 따위가 편하고 좋음.'을 뜻합니다.
2 '편법'은 '정상적인 절차를 따르지 않은 간편하고 손쉬운 방법.'을 뜻합니다.
3 '간편'은 '간단하고 편리함.'을 뜻합니다.
4 '방편'은 '그때그때의 경우에 따라 편하고 쉽게 이용하는 수단과 방법.'을 뜻합니다.

적용
5 배고픔을 해결하려는 방법으로 빵을 먹은 것이므로, '방편'이 들어가는 것이 알맞습니다.
6 접을 수 있는 우산은 가지고 다니기에 간단하고 편리하다는 뜻이므로, '간편'이 들어가는 것이 알맞습니다.
7 학생들이 도서관을 이용하는 데 편하고 좋게 하기 위해 주말에 도서관을 연 것이므로, 빈칸에는 '편의'가 들어가는 것이 알맞습니다.
8 백성들에게 많은 세금을 거두어들이기 위해 정상적인 절차를 따르지 않고 법을 만들었다는 내용이므로 '편법'이 들어가는 것이 알맞습니다.

심화
9 '편하고 이로우며 이용하기 쉬움.'이라는 뜻을 지닌 '편리'는 '편의'와 뜻이 비슷합니다.

문화적 편견과 차별을 없애자

글의 종류
논설문

글의 특징
이 글은 문화적 편견과 차별적 태도의 문제점을 설명하며 문화적 편견과 차별을 없애야 한다고 주장하는 글입니다.

주제
문화적 편견과 차별을 없애자

1 글쓴이는 문화적 편견과 차별적 태도의 문제점을 지적하며 문화적 편견과 차별을 없애야 한다고 주장하고 있습니다.

2 이 글에 편견을 없애는 방법은 나오지만, 상대방의 편견이나 차별에 대처하는 방법은 나오지 않습니다.

  ✔ 오답 풀이
  ① 첫 번째 문단에서 편견이란 공정하지 못하고 한쪽으로 치우친 의견이나 생각을 의미한다고 했습니다.
  ② 세 번째 문단에서 차별적 태도는 다른 문화를 가진 누군가에게 상처를 줄 수 있고, 나아가 서로 다른 문화에 속한 사람들 사이에 갈등을 불러일으키게 된다고 했습니다.
  ③ 두 번째 문단에서 영어가 한글보다 멋있어 보인다거나, 수입품이 더 좋아 보이는 생각이 문화적 편견의 예라고 설명하였습니다.
  ④ 네 번째 문단에서 문화적 편견과 차별을 없애려면 나와 다른 문화 혹은 생각을 이해하려는 자세가 필요하다고 했습니다.

3 다른 나라의 전통 음식이 입맛에 맞지 않는다고 함부로 평가하지 않는 것은 특정한 문화가 무조건 좋거나 옳다는 식으로 평가하는 태도가 아니라, 다른 문화를 존중하는 태도입니다.

4 '차별'은 '둘 이상의 대상을 각각 등급이나 수준 따위의 차이를 두어 구별함.'을 뜻합니다. 따라서 '차별'과 뜻이 반대되는 말은 '권리, 의무, 자격 등이 차별 없이 고르고 한결같음.'을 뜻하는 '평등'입니다.

  ✔ 오답 풀이
  ① '공경'은 '공손히 받들어 모심.'을 뜻합니다.
  ③ '구분'은 '일정한 기준에 따라 전체를 몇 개로 갈라 나눔.'을 뜻합니다.
  ④ '차이'는 '서로 같지 않고 다름.'을 뜻합니다.
  ⑤ '구별'은 '성질이나 종류에 따라 차이가 남. 또는 성질이나 종류에 따라 갈라놓음.'을 뜻합니다.

  어휘력 더하기 '차별'과 '차이'에 공통으로 쓰인 '차(差)'는 '다르다, 어긋나다'라는 뜻이 있습니다. '구별'과 '차별'에 공통으로 쓰인 '별(別)'은 '나누다, 다르다'라는 뜻이 있습니다.

5 내가 외국인이면 어떨지 상대방의 입장을 헤아리는 행동은 '처지를 바꾸어서 생각하여 봄.'이라는 뜻의 '역지사지'와 관련 있는 태도입니다.

어휘 학습

이해

1 '편견'은 '공정하지 못하고 한쪽으로 치우친 생각.'을 뜻합니다.

2 '편애'는 '어느 한 사람이나 한쪽만을 치우치게 사랑함.'을 뜻합니다.

3 '편협'은 '한쪽으로 치우쳐 생각이나 마음이 좁고 너그럽지 못함.'을 뜻합니다.

4 '편파적'은 '공정하지 못하고 어느 한쪽으로 치우친 것.'을 뜻합니다.

적용

5 부모님이 형만 치우치게 사랑한다는 뜻의 문장이므로, '편애'가 들어가는 것이 알맞습니다.

6 심판의 한쪽으로 치우친 태도에 항의했다는 뜻의 문장이므로, '편파적'이 들어가는 것이 알맞습니다.

7 키가 작은 사람은 농구를 못할 것이라는 생각을 깨트렸다는 뜻의 문장이므로, '편견'이 들어가는 것이 알맞습니다.

8 다른 나라의 문화를 무조건 받아들이지 말자고 하는 것은 생각이 좁고 너그럽지 못한 '편협'한 태도입니다.

심화

9 남자는 울면 안 된다는 것은 한쪽으로 치우친 생각이므로 '편견'이 들어가야 합니다.

060~061 쪽

1 열기구   2 ③

3 ⑤   4 ①   5 ⑤

공기를 가열해 비행하다

글의 종류
설명문

글의 특징
이 글은 인류 최초의 비행 기구인 열기구를 만들게 된 계기와 과정, 열기구의 원리와 비행에 성공한 사건에 관해 설명한 글입니다.

주제
인류 최초의 비행 기구인 열기구

1 이 글은 인류가 최초로 하늘을 나는 것을 성공시킨 '열기구'에 대해 설명하는 글입니다.

2 이 글은 열기구를 생각해 낸 사람이 누구인지 질문하며 글을 시작해 독자들이 호기심을 느끼게 하고 있습니다.

✔ **오답 풀이**
① 이 글에 열기구 실험이 실패했다는 내용은 나와 있지 않습니다.
② 열기구 이외에 다른 비행 수단에 대한 설명은 나와 있지 않습니다.
④ 사람들이 하늘에 뜬 열기구를 보고 놀라워한 반응은 나오지만, 긍정적인 반응과 부정적인 반응을 대조해 설명하고 있지는 않습니다.
⑤ 마지막 문단에 열기구가 하늘에 떠 있었던 시간을 구체적으로 제시하였지만, 열기구가 다른 비행 기구보다 우수함을 주장하고 있지는 않습니다.

3 이 글에서 공기는 따뜻해지면 가벼워져서 위로 올라가는 성질이 있다고 했습니다. 따라서 주머니 아래에서 짚을 태워 따뜻한 공기가 주머니 속으로 이동하도록 했기 때문에 열기구가 하늘로 올라갈 수 있었습니다.

4 이 글에서 '떠오르다'는 열기구가 공중에 떠서 올라간다는 의미로 쓰였으므로 ①이 알맞은 뜻입니다.

✔ **오답 풀이**
② '지난 일을 돌이켜 생각하여 내게.'는 '상기하게'의 뜻입니다.
③ '사실보다 지나치게 불려서 나타내게.'는 '과장되게'의 뜻입니다.
④ '어떤 표정이나 태도 따위를 얼굴이나 몸에 나타내게.'는 '짓게'의 뜻입니다.
⑤ '어떤 현상이 관심의 대상이 되거나 어떤 사람이 훨씬 좋은 위치로 올라서게.'는 '부상하게'의 뜻입니다.

어휘력 더하기 '떠오르다'는 여러 가지 뜻을 가진 다의어입니다. '떠오르다'의 뜻은 다음과 같습니다.
1. 솟아서 위로 오르다. 예 온몸이 하늘 위로 두둥실 <u>떠오르는</u> 것 같았다.
2. 기억이 되살아나거나 잘 구상되지 않던 생각이 나다. 예 그 사람의 얼굴을 봐도 이름이 <u>떠오르지</u> 않는다.
3. 얼굴에 어떠한 표정이 나타나다. 예 얼굴에 미소가 <u>떠오르기</u> 시작했다.
4. 관심의 대상이 되어 나타나다. 예 학교 축제에 대한 이야기가 우리 반의 화젯거리로 <u>떠올랐다</u>.

5 '성공'은 '목적하는 바를 이룸.'이라는 뜻이므로, '성공'과 뜻이 반대되는 낱말은 '실패'입니다.

---

062 쪽

❶ 가열   ❷ 가공
❸ 가입   ❹ 첨가

063 쪽 이해 적용 심화

1 가열 2 첨가 3 가공

4 가입 5 ⓝ   6 ⓓ

7 ㉮   8 ㉰   9 가입

어휘 학습

이해

1 '어떤 물질에 열을 가함.'은 '가열'의 뜻입니다.

2 '이미 있는 것에 덧붙이거나 보탬.'은 '첨가'의 뜻입니다.

3 '원료나 재료에 기술과 힘을 들여 새로운 물건으로 만드는 것.'은 '가공'의 뜻입니다.

4 '조직이나 단체 따위에 들어가거나, 서비스를 제공하는 상품 따위를 신청함.'은 '가입'의 뜻입니다.

적용

5 옷감이 물에 젖지 않도록 기술과 힘을 들여 새로운 물건으로 만들었다는 내용이 되도록 ⓝ 문장에 들어가는 것이 적절합니다.

6 물을 주전자에 넣어 열을 가했더니 수증기가 생겼다는 내용이 되도록 ⓓ 문장에 들어가는 것이 적절합니다.

7 무용 동아리에 들어갔다는 내용이 되도록 ㉮ 문장에 들어가는 것이 알맞습니다.

8 색소가 음식에 더해졌다는 의미가 되도록 ⓓ 문장에 들어가는 것이 알맞습니다.

심화

9 '탈퇴'는 어떤 단체에 들어가는 것을 뜻하는 '가입'과 뜻이 반대되는 말입니다.

조상의 지혜가 담긴 난방 장치, 온돌

글의 종류
설명문

글의 특징
이 글은 계절의 변화를 이겨 내기 위한 대표적인 장치인 온돌의 구성과 원리 및 장점을 설명한 글입니다.

주제
우리나라의 전통 난방 장치, 온돌

1 이 글은 우리나라 전통 난방 장치인 온돌에 관해 설명하고 있으므로 '난방'이 들어가기에 알맞습니다.

2 이 글의 두 번째 문단에서 방바닥에 구들장이 있고 그 아래에 이어진 통로에 아궁이가 있다고 했으므로, ②는 이 글의 내용으로 알맞지 않습니다.

3 이 글에 온돌이 언제부터 사용되었는지는 나와 있지 않습니다.

◆ 오답 풀이
② 세 번째 문단에서 아궁이에 불을 땐 뒤 방이 따뜻하게 데워지는 과정을 설명했습니다.
③ 첫 번째 문단에서 우리나라 사계절의 특징을 알 수 있습니다.
④ 두 번째 문단에서 방바닥에 구들장이 깔려 있고, 구들장 아래에 이어진 통로에 아궁이가 있다고 온돌의 짜임새를 설명하였습니다.
⑤ 첫 번째 문단에 온돌이 계절의 변화를 이겨 내기 위한 대표적인 장치라고 설명되어 있습니다.

4 이 글의 '고르게'는 '여럿이 다 높낮이, 크기, 양 따위의 차이가 없이 한결같게.'라는 뜻입니다. ③의 '고르게'는 이 글에 쓰인 '고르게'와 뜻이 서로 다릅니다.

어휘력 더하기 열의 양의 차이가 없이 한결같다는 '고르다'와 입을 옷을 선택하는 '고르다'는 서로 형태가 같지만 뜻은 다른 관계입니다. 이처럼 형태는 같지만 뜻이 다른 낱말을 동형어라고 합니다.

5 '게다가'는 '그러한 데다가.'라는 뜻으로, 앞 내용보다 더한 사실을 뒷 내용에 덧붙일 때 쓰는 말입니다. ① '또한'은 '거기에다 더.'라는 뜻이므로 '게다가'와 바꾸어 쓸 수 있습니다.

◆ 오답 풀이
② '예컨대'는 '예를 들자면.'이라는 뜻입니다. '게다가'가 쓰인 문장의 앞 문장이 예시를 들어 설명하고 있지 않으므로 바꾸어 쓸 수 없습니다.
③ '그런데'는 앞의 내용과 다른 이야기를 할 때 사용합니다. '게다가'가 쓰인 문장과 앞 문장이 둘 다 온돌의 장점에 대해 말하고 있으므로 바꾸어 쓸 수 없습니다.
④ '하지만'은 서로 반대되는 사실을 나타내는 두 문장을 이어 줄 때 사용합니다.
⑤ '그러므로'는 앞의 내용이 뒷 내용의 원인이나 뒷 내용을 뒷받침하는 까닭이 될 때 사용합니다. '게다가'가 쓰인 문장과 앞 문장은 서로 원인과 결과에 대한 내용이 아닙니다.

어휘력 더하기 '또한'과 '게다가'는 앞의 내용에 덧붙일 때 쓰입니다. 이러한 이어 주는 말이 쓰일 때는 앞뒤의 문장이 서로 반대되는 내용이면 안 됩니다.

어휘 학습

이해

1 '난방'은 '실내의 온도를 높여 따뜻하게 하는 일.'이라는 뜻입니다.
2 '온난화'는 '지구의 기온이 높아지는 현상.'이라는 뜻입니다.
3 '난류'는 '따뜻한 해류.'라는 뜻입니다.
4 '난로'는 '석탄·석유·장작 등을 연료로 써서 방 안을 따뜻하게 하는 기구.'라는 뜻입니다.

적용

5 방 안의 온도를 높여 따뜻하게 하는 일은 '난방'입니다.
6 따뜻한 해류는 '난류'입니다.
7 석유를 연료로 써서 방 안을 따뜻하게 하는 기구는 '난로'입니다.
8 지구의 기온이 높아지는 현상은 '온난화'입니다.

심화

9 더운 여름에는 냉방 장치인 에어컨의 온도를 26도로 해 두고, 추운 겨울에는 난방 장치의 온도를 20도로 하는 것이 좋다고 한 것에서 '냉방'과 뜻이 반대인 낱말이 '난방'임을 알 수 있습니다.

068~069 쪽

1 수동적   2 ④
3 다연 4 ⑤ 5 ②

수동적 독서 태도를 바꿔요

글의 종류
설명문

글의 특징
이 글은 독서 감상문을 잘 쓰기 위해 수동적인 독서 태도를 바로잡는 방법을 설명하는 글입니다.

주제
독서 감상문을 잘 쓰는 데 필요한 올바른 독서 태도

1 이 글에서는 독서 감상문을 잘 쓰기 위해서 수동적 독서 태도를 바로잡아야 한다고 설명하고 있습니다.

2 세 번째 문단에서 인물의 말이나 행동이 잘못되었다고 생각하면 그 부분을 지적하면서 독서 감상문을 써야 능동적인 독서 태도를 가질 수 있다고 했습니다.

3 두 번째 문단에서 책 속의 내용과 생각을 그대로 받아들이는 독서 태도로는 독서 감상문을 쓰는 것이 어려울 것이라고 했습니다. 따라서 책 속 인물의 행동을 그대로 따라하는 것은 능동적인 독서 태도로 볼 수 없습니다.

✔ 오답 풀이
지민: 세 번째 문단에서 나라면 어떻게 해결했을지 등장인물의 입장이 되어 생각하는 것은 능동적인 독서 태도라고 하였습니다.
호준: 세 번째 문단에서 책을 읽고 더 알고 싶은 내용을 적어 보는 것은 능동적인 독서 태도라고 하였습니다.
서윤: 세 번째 문단에서 등장인물의 말이나 행동에 대한 생각을 적어 보는 것은 능동적인 독서 태도라고 하였습니다.

4 '지적'은 '잘못된 점이나 허물을 가리켜 말하는 것.'이라는 뜻이므로 ⑤에 들어가는 것이 자연스럽습니다.

✔ 오답 풀이
① '가리키어 확실하게 정함.'이라는 뜻의 '지정'이 들어가야 알맞습니다.
② 놀이공원이 한가하고 고요하였다는 내용이 되도록 '한적'이 들어가야 합니다.
③ '좋은 점이나 착하고 훌륭한 일을 높이 평가함.'이라는 뜻의 '칭찬'이 들어가야 알맞습니다.
④ '일정한 조건이나 환경 따위에 맞추어 응하거나 알맞게 됨.'이라는 뜻의 '적응'이 들어가야 알맞습니다.

5 '다른 것에 이끌리지 아니하고 스스로 일으키거나 움직이는 (것).'이라는 뜻을 지닌 '능동적'과 반대의 뜻을 지닌 낱말은 '수동적'입니다.

✔ 오답 풀이
① '적극적'은 '대상에 대한 태도가 긍정적이고 능동적인 (것).'이라는 뜻입니다.
③ '활동적'은 '몸을 움직여 행동하는 (것).'이라는 뜻입니다.
④ '자발적'은 '남이 시키거나 요청하지 아니하여도 자기 스스로 나아가 행하는 (것).'이라는 뜻입니다.
⑤ '개방적'은 '태도나 생각 따위가 거리낌 없고 열려 있는 (것).'이라는 뜻입니다.

070 쪽

❶ 수동적   ❷ 수납
❸ 수신   ❹ 수락

071 쪽 이해 적용 심화

1 ㉣ 2 ㉢ 3 ㉠
4 ㉡ 5 수납 6 수락
7 수신 8 수동적
9 수동적

어휘 학습

이해
1 '수동적'은 '자기 힘이 아니라 남의 힘을 받아 움직이는 (것).'을 뜻합니다.
2 '수신'은 '우편물·통신 등을 받는 것.'을 뜻합니다.
3 '수납'은 '받아서 넣어 둠.'을 뜻합니다.
4 '수락'은 '요구를 받아들임.'을 뜻합니다.

적용
5 물건을 상자에 넣어 두는 것은 물건을 상자에 수납하는 것입니다.
6 바빠서 초대를 승낙하지 못했다는 뜻이므로, 요구를 받아들인다는 뜻의 '수락'과 뜻이 통합니다.
7 밑줄 친 부분은 '우편물·통신 등을 받는 것.'이라는 뜻의 '수신'과 뜻이 통합니다.
8 자기 힘이 아니라 남의 힘을 받아 움직이는 태도는 '수동적'인 태도입니다.

심화
9 능동적인 사람은 다른 것에 이끌리지 아니하고 스스로 움직이는 사람을 뜻합니다. 따라서 '능동적'과 반대되는 뜻을 가진 말은 '수동적'입니다.

다양한 형태로 발견되는 화석

글의 종류
설명문

글의 특징
이 글은 화석에 관해 설명한 글입니다.

주제
다양한 형태의 화석과 화석이 생기는 원리

1 이 글은 다양한 형태로 발견되는 화석과 화석이 생기는 원리 및 특징에 대해 설명하는 글입니다.

2 이 글에서 멸종된 공룡이 존재했다는 사실을 화석을 통해 알 수 있다는 내용은 나와 있지만, 공룡이 멸종된 까닭은 나와 있지 않습니다.

3 두 번째 문단에서 지층은 시간의 흐름에 따라 차곡차곡 쌓이므로 지층을 통해서 어떤 생물들이 같은 시대에 살았는지 등을 추측할 수 있다고 하였습니다. 따라서 어떤 화석이 같은 지층에 있다는 것은 비슷한 시기에 활동하다가 같은 지층에 흔적으로 남게 된 것이라고 생각할 수 있습니다.

✔ **오답 풀이**
① 이 글에서 화석은 옛날에 살았던 동물이나 식물의 몸체나 흔적이 지층 속에 남아 있는 것이라고 했습니다. 또한 세 번째 문단에서 공룡 발자국은 음각 화석의 예라고 했습니다.
② 세 번째 문단에서 나뭇잎 모양이 찍혀 있는 화석은 음각 화석의 예라고 했습니다.
③ 세 번째 문단에서 암모나이트 화석과 같이 원래 화석이 있던 부분이 사라지고 그 부분에 다른 물질이 채워져 생기는 화석은 양각 화석이라고 했습니다.
⑤ 두 번째 문단에서 어떤 생물이 먼저 존재했는지 추측할 수 있는 이유는 잘 부서지기 때문이 아니라 지층이 시간의 흐름에 따라 쌓이기 때문이라고 했습니다.

4 '몸체'는 '물체나 구조물의 중심을 이르는 큰 부분.'이라는 뜻입니다.

5 이 글에서 화석은 옛날에 살았던 동물이나 식물의 몸체나 흔적이 지층 속에 남아 있는 것이라고 했습니다. 따라서 ⓒ이 있는 문장은 화석을 통해 생물의 무게나 걸음걸이 등을 어림잡아 헤아려 볼 수 있다는 내용이 되어야 자연스러우므로, ⓒ에는 '가늠해', '짐작해', '추측해', '미루어'와 같은 말이 들어가는 것이 알맞습니다. '논의해'는 '어떤 문제에 대하여 서로 의견을 내어 토의해.'라는 뜻이므로, ⓒ에 들어가기에 알맞지 않습니다.

어휘력 더하기 '추측하다'와 비슷한 뜻을 지닌 낱말
1. 가늠하다: 목표나 기준에 맞고 안 맞음을 헤아려 보다.
2. 짐작하다: 사정이나 형편 따위를 어림잡아 헤아리다.
3. 헤아리다: 짐작하여 가늠하거나 미루어 생각하다.
4. 미루다: 이미 알려진 것으로써 다른 것을 비추어 헤아리다.

어휘 학습

이해

1 '무형'은 '형상이나 형체가 없음.'을 뜻합니다.

2 '원형'은 '원래의 모양. 처음 생긴 대로의 모습.'을 뜻합니다.

3 '형태'는 '사물의 생김새나 모양.'을 뜻합니다.

4 '형편'은 '살림살이의 형세.'를 뜻합니다.

적용

5 장사가 잘되어 가게의 형세가 좋아졌다는 뜻으로, '형편'이 들어가는 것이 적절합니다.

6 산봉우리의 생김새가 마치 토끼 귀와 비슷해 보였다는 것이 자연스러우므로 '사물의 생김새나 모양.'을 뜻하는 '형태'가 들어가는 것이 적절합니다.

7 건물을 원래 모양대로 회복하는 것에 성공했다는 뜻의 문장이므로, '원형'이 들어가는 것이 적절합니다.

8 판소리는 형태가 없는 공연 예술의 일종입니다. 이를 열심히 부른 할머니가 무형 문화재가 되었다는 것이 자연스러우므로 '무형'이 들어가는 것이 적절합니다.

심화

9 일정한 형태가 없는 문화재는 '무형' 문화재입니다.

076~077쪽

1 승무원   2 ②
3 ⑤   4 ②   5 ⑤

비행기 승무원이 되려면

글의 종류
설명문

글의 특징
이 글은 비행기 승무원이 하는 일과 비행기 승무원이 되기 위해 필요한 조건에 대해 설명하는 글입니다.

주제
비행기 승무원의 역할과 비행기 승무원이 되는 방법

1 승무원이라는 직업에 대해 설명하는 글이므로, 중심 낱말은 '승무원'입니다.

2 이 글에 승무원이 되면 좋은 점은 나와 있지 않습니다.

❤ 오답 풀이
① 비행 중에 위험한 상황이 일어나면 승객의 탈출을 책임지는 등 이 글에 승무원이 맡은 여러 가지 역할이 제시되어 있습니다.
③ 두 번째 문단에 승무원이 비행 전에 하는 일이 제시되어 있습니다.
④ 마지막 문장에서 승무원이 되기 위해서는 책임감 있는 마음가짐을 갖추어야 한다고 했습니다.
⑤ 세 번째 문단에 승무원이 되기 위해 필요한 여러 가지 조건들이 제시되어 있습니다.

3 세 번째 문단에서 승무원이 되려면 우리나라나 외국 항공사의 시험을 통과해야 한다고 했습니다. 이 내용은 둘 중 하나만 통과하면 된다는 뜻이므로 두 곳 모두 통과해야 한다는 것은 적절하지 않습니다.

❤ 오답 풀이
① 세 번째 문단에서 승무원은 다양한 나라의 승객과 소통하기 위해 외국어 실력을 갖추어야 한다고 했습니다.
② 두 번째 문단에서 승무원은 도움이 필요한 사람이 있는지 살피고, 비행 중에 위험한 상황이 일어나면 승객의 탈출을 책임지는 일을 한다고 했습니다.
③ 첫 번째 문단에서 승무원은 승객이 목적지까지 안전하고 편안하게 도착할 수 있도록 돕는 사람이라고 했습니다.
④ 두 번째 문단에서 비행기에 타면 승무원이 안전 장비 사용법이나 탈출 방법 등을 승객들에게 알려 준다고 했습니다.

4 이 글에 쓰인 '대비'는 '앞으로 일어날지도 모르는 어떠한 일에 대응하기 위하여 미리 준비함. 또는 그런 준비.'라는 뜻입니다.

어휘력 더하기 '대비'는 이 글에 쓰인 뜻 외에도 여러 가지 뜻이 있습니다. '마당 따위를 쓰는 큰 비.', '두 가지의 차이를 밝히기 위하여 서로 맞대어 비교함. 또는 그런 비교.', '죽은 임금의 부인.' 등의 뜻이 있습니다.

5 '임무'는 '맡은 일. 또는 맡겨진 일.'이라는 뜻으로 '역할'과 뜻이 비슷한 낱말입니다.

❤ 오답 풀이
① '당부'는 '말로 단단히 부탁함. 또는 그런 부탁.'이라는 뜻입니다.
② '사정'은 '일의 형편이나 까닭.'이라는 뜻입니다.
③ '경험'은 '자신이 실제로 해 보거나 겪어 봄. 또는 거기서 얻은 지식이나 기능.'이라는 뜻입니다.
④ '각오'는 '앞으로 해야 할 일이나 겪을 일에 대한 마음의 준비.'라는 뜻입니다.

어휘 학습

078 쪽

❶ 승무원   ❷ 승객
❸ 승마   ❹ 환승

이해

1 '승객'은 '버스·기차·지하철·비행기·배 등의 탈것을 타는 손님.'이라는 뜻입니다.

2 '승마'는 '말을 탐.'이라는 뜻입니다.

3 '환승'은 '(버스·기차 등을) 다른 것으로 바꾸어 타는 것.'이라는 뜻입니다.

4 '승무원'은 '비행기·기차·배 등에서 운항과 승객에 관한 일을 맡아보는 사람.'이라는 뜻입니다.

079 쪽 이해 적용 심화

1 ⓒ   2 ㉠   3 ㉡
4 ㉣   5 승무원
6 환승 7 승마 8 승객
9 ④

적용

5 승객을 자리로 안내해 주는 일을 하는 사람은 승무원이므로 빈칸에는 '승무원'이 들어가는 것이 알맞습니다.

6 중간에 버스를 지하철로 바꾸어 타서 할머니 댁에 갔다는 내용의 문장이므로, 빈칸에 들어갈 말은 '환승'이 알맞습니다.

7 말에서 떨어지는 것을 주의해야 하는 것은 말을 타는 '승마'를 할 때입니다.

8 자리에 앉아 안전벨트를 착용해야 하는 사람들은 탈것을 타는 손님인 '승객'입니다.

심화

9 비행기에서 승객을 도와주는 일을 하는 사람은 '승무원'입니다.

080~081 쪽

1 솔로몬 2 ④

3 ③ 4 ⑤ 5 (2) ○

지혜를 발휘한 솔로몬 왕의 판결

글의 종류
이야기

글의 특징
한 아기를 두고 서로 자신의 아이라고 주장하는 두 여인을 솔로몬 왕이 지혜를 발휘하여 판결한 내용의 이야기입니다.

주제
솔로몬 왕의 지혜

1 이 글은 솔로몬이 지혜를 발휘해 아기의 진짜 어머니가 누구인지 가려낸 이야기입니다.

2 솔로몬 왕은 칼로 아기를 절반으로 나누어 두 여인에게 공평하게 나누어 주라고 말했습니다.

✔ 오답 풀이
① 두 여인이 한 아기를 두고 서로 자신의 아기라고 주장했으나 아기가 어느 여인을 따랐는지는 나와 있지 않습니다.
② 마을 사람들은 현명하기로 이름난 솔로몬 왕이 어떤 판결을 할지 궁금해서 재판을 구경하였습니다.
③ 아기와 똑같이 생긴 또 다른 아기가 나타났다는 내용은 나와 있지 않습니다.
⑤ 아기의 아빠를 불렀다는 내용은 나와 있지 않습니다.

3 ㉠과 같이 말한 여인은 아기의 진짜 엄마로, 아기가 죽을 것을 걱정하여 상대 여인이 진짜 엄마라고 거짓말을 한 것입니다.

✔ 오답 풀이
① ㉠과 같이 말한 여인이 진짜 아기 엄마입니다.
② 상대 여인을 불쌍하게 생각한 것이 아니라 아기를 죽게 할 수 없어서 자신의 아이를 상대 여인에게 양보하려고 했습니다.
④ ㉠과 같이 말한 여인의 거짓말 때문에 아기가 죽을 위기에 처하지 않았고, 죄책감이 들었다는 것도 글의 내용과 맞지 않습니다.
⑤ ㉠과 같이 말한 여인은 자신의 아기가 죽을지도 모른다고 생각했기 때문에 상대 여인에게 아기를 키우게 하라고 했습니다.

4 이 글에 쓰인 '굽히지'는 '(자기 생각이나 주장을) 누그러뜨리지.'라는 뜻입니다. ①, ②, ③, ④에 쓰인 '굽히어'는 '한쪽으로 휘게 하여.'라는 뜻입니다.

5 '질리다'는 여러 가지 뜻을 지닌 낱말입니다. 이 글에서 솔로몬의 판결을 받은 한 여인은 왕의 판결에 몹시 놀랐으므로 '질려서'는 '몹시 놀라거나 무서워 얼굴빛이 변해서.'라는 뜻으로 쓰인 말입니다.

어휘력 더하기 '질리다'는 하나의 낱말이 여러 가지 뜻을 지니고 있습니다.
1. 놀라거나 두려워서 기가 막히거나 풀이 꺾이거나 하다. 예 가족들은 모두 그 남자에게 질려서 목소리만 들어도 진저리를 쳤다.
2. 어떤 일이나 음식 따위에 싫증이 나다. 예 오랫동안 면만 먹었더니 밀가루 음식에 질렸다.
3. 몹시 놀라거나 무서워 얼굴빛이 변하다. 예 친구의 얼굴은 귀신을 본 것처럼 새파랗게 질려 있었다.

082 쪽

❶ 발휘 ❷ 발단
❸ 발상 ❹ 유발

083 쪽 이해 적용 심화

1 발휘 2 발단 3 유발
4 발상 5 발상 6 유발
7 발휘 8 발단 9 초래

어휘 학습

이해
1 '재능, 능력 따위를 떨치어 나타냄.'이라는 뜻을 가진 말은 '발휘'입니다.

2 '어떤 일이 벌어지게 된 이유. 일의 시작.'이라는 뜻을 가진 말은 '발단'입니다.

3 '어떤 것이 다른 일을 일어나게 함.'이라는 뜻을 가진 말은 '유발'입니다.

4 '어떤 생각을 해 냄. 또는 그 생각.'이라는 뜻을 가진 말은 '발상'입니다.

적용
5 친구가 해 낸 생각에 감탄했다는 문장이 자연스러우므로, '발상'이 들어가는 것이 알맞습니다.

6 광고는 보는 사람들에게 물건을 사고 싶은 마음이 일어나게 하므로 '유발'이 들어가는 것이 알맞습니다.

7 잘 푸는 문제이니 실력을 떨쳐 나타내 보라는 뜻의 문장이므로 '발휘'가 들어가는 것이 알맞습니다.

8 옆자리에 앉게 된 것이 서로 친해진 계기가 되었으므로 '발단'이 들어가는 것이 알맞습니다.

심화
9 '유발'과 비슷한 말은 '일의 결과로서 어떤 현상을 생겨나게 함.'이라는 뜻의 '초래'입니다.

084~085 쪽

1 면역력   2 ②

3 ④   4 ①   5 (4) ○

침투한 병원균과 싸우는 면역력

- - - - - - - - - - - - - - - - -

글의 종류
설명문

글의 특징
이 글은 면역력의 기능과 중요성을 설명하고 면역력을 기르는 방법을 알려 주는 글입니다.

주제
면역력의 기능과 면역력을 기르는 방법

1 이 글은 면역력의 기능과 면역력을 기르는 방법 등을 설명하는 글입니다.

2 네 번째 문단에서 잠이 부족하거나 스트레스를 많이 받으면 면역력이 떨어진다고 했습니다.

✔ 오답 풀이
① 두 번째 문단에서 면역 물질은 몸에 생기는 병도 막아 준다고 하였습니다.
③ 세 번째 문단에서 면역력이 낮으면 병원균을 이겨 내지 못해 여러 가지 질병을 앓는다고 하였습니다.
④ 두 번째 문단에서 병원균 등이 몸속으로 침투하면, 면역 물질이 병원균을 공격해 죽이거나 약하게 만든다고 하였습니다.
⑤ 두 번째 문단에서 면역력은 외부에서 침투한 병원균에 저항하는 힘이라고 하였습니다.

3 네 번째 문단에서 면역력을 기르기 위해서는 잠을 충분히 자야 한다고 했습니다. 그러므로 잠자는 시간을 줄이는 것은 면역력을 기르는 생활 습관이 아닙니다.

✔ 오답 풀이
①, ③ 네 번째 문단에서 몸을 깨끗이 하는 습관이 몸에 배어야 한다고 했습니다. 따라서 양치질을 하고 손과 발을 잘 씻는 것은 면역력을 기르는 생활 습관이 맞습니다.
② 네 번째 문단에서 걷기와 같은 운동을 꾸준히 하면 면역력이 높아진다고 했습니다.
⑤ 네 번째 문단에서 스트레스를 받지 않도록 마음의 건강도 잘 챙겨야 한다고 했습니다. 따라서 속상한 마음을 쌓아 두지 말고 바로 푸는 것도 면역력을 기르는 생활 습관이라고 할 수 있습니다.

4 이 글에 쓰인 '침투'는 '세균이나 병균 따위가 몸속에 들어옴.'을 뜻합니다.

✔ 오답 풀이
① '아무 말도 없이 잠잠히 있음.'은 '침묵'의 뜻입니다.

어휘력 더하기 '침투'는 다양한 뜻을 가진 다의어입니다. 침투는 문장에서 쓰이는 뜻에 따라 1~3의 뜻으로 사용됩니다.
1. 액체 따위가 스며들어 뱀. 예 신발 속으로 빗물이 침투해서 양말이 몽땅 젖었다.
2. 세균이나 병균 따위가 몸속에 들어옴. 예 세균이 침투해서 상처가 빨갛게 부었다.
3. 어떤 곳에 몰래 숨어 들어감. 예 군대는 적의 침투에 대비했다.

5 ㉠의 '배다'는 '버릇이 되어 익숙해지다.'라는 뜻으로 쓰였습니다. (1), (2)의 '배다'는 '스며들거나 스며 나오다.'라는 뜻으로 쓰였고, (3)의 '배다'는 '냄새가 스며들어 오래도록 남아 있다.'라는 뜻으로 쓰였습니다.

---

086 쪽

❶ 침투   ❷ 침수
❸ 침식   ❹ 침습

087 쪽 이해 적용 심화

1 ㉯   2 ㉰   3 ㉱
4 ㉮ 5 침수 6 침습
7 침투 8 침식 9 ②

어휘 학습

이해

1 '침투'는 '세균이나 병균 따위가 몸속에 들어옴.'이라는 뜻입니다.

2 '침수'는 '홍수나 큰비로 물이 넘쳐서 집·밭·시설 등이 물에 잠기는 것.'을 뜻합니다.

3 '침식'은 '비, 하천, 빙하, 바람 따위의 자연 현상이 지표를 깎는 일.'을 뜻합니다.

4 '침습'은 '물이 스며들어 젖음.'을 뜻합니다.

적용

5 홍수로 인해 물에 잠긴 도로를 복구했다는 것이므로, '침수'가 들어가는 것이 알맞습니다.

6 방에 비가 스며들어 방이 눅눅한 것이므로, '침습'이 들어가는 것이 알맞습니다.

7 세균이 몸속에 들어오는 것을 막기 위해 손발을 깨끗이 씻어야 하므로, '침투'가 들어가는 것이 알맞습니다.

8 바닷가에서는 파도가 지표를 깎는 작용이 활발히 일어난다는 것이므로, '침식'이 들어가는 것이 알맞습니다.

심화

9 빈칸에는 해수면이 상승했을 때 일어날 일에 어울리는 낱말이 들어가야 하므로, '침식'이 들어가는 것이 알맞습니다.

088~089 쪽

1 생물 다양성　2 ④
3 ②　4 (3) ○　5 ③

생물 다양성을 지키자

글의 종류
논설문

글의 특징
이 글은 아일랜드 기근의 사례를 통해 생물 다양성을 지켜야 하는 일의 중요성을 이야기하고 있습니다.

주제
생물 다양성을 지키는 일에 관심을 기울이자.

1 이 글은 생물 다양성을 지키는 일에 관심을 갖자고 주장하는 글입니다.

2 두 번째 문단에서 아일랜드에서 일어난 기근은 생물 다양성을 중요하게 생각하게 된 계기가 되었다고 했습니다.

✔ 오답 풀이
① 첫 번째 문단에서 생물을 다양하게 보존하는 것은 인간의 생존에도 중요하다고 했습니다.
② 두 번째 문단에서 '감자 역병균'은 감자를 썩게 만드는 전염병이라고 했으므로, 사람들 사이에서 유행했던 전염병이 아닙니다.
③ 두 번째 문단에서 한 종류의 작물만 심었고 그것도 유전자가 같은 감자만 심었기 때문에 기근이 일어났다고 했습니다. 따라서 아일랜드 사람들이 병을 치료하려고 하지 않아서 기근이 일어났다는 설명은 적절하지 않습니다.
⑤ 첫 번째 문단에서 생물 다양성이란 식물, 동물과 같은 생물의 종류가 다양함을 뜻한다고 했습니다.

3 이 글에 이미 사라진 생물의 종류에 대한 내용은 나와 있지 않습니다.

✔ 오답 풀이
① 생물 다양성의 뜻은 첫 번째 문단에 제시되어 있습니다.
③ 이 글에서는 아일랜드에서 일어난 기근을 예로 들어 한 가지 농작물만 심었을 때 어떤 일이 일어났는지 알려 주고 있습니다.
④ 생물 다양성을 지키지 않았을 때 일어날 수 있는 일은 마지막 문단에 제시되어 있습니다.
⑤ 아일랜드에 감자 역병균이 돌자 식량을 구하기 어려워져서 기근이 일어났습니다.

4 '계기'의 뜻은 '어떤 일이 일어나거나 변화하도록 만드는 결정적 원인이나 기회.'입니다.

✔ 오답 풀이
(1) '뜻밖에 생긴 일, 또는 어떤 일이 뜻밖에 벌어지는 것.'은 '우연'이라는 낱말의 뜻입니다.
(2) '앞으로 할 일의 절차, 방법, 규모 따위를 미리 헤아려 작정함.'은 '계획'이라는 낱말의 뜻입니다.

어휘력 더하기 '계기'와 비슷한 뜻을 지닌 낱말에는 '시발점', '동기', '발단' 등이 있습니다.
(1) 시발점: 일이 처음 시작되는 계기.
(2) 동기: 어떤 일이나 행동을 일으키게 하는 계기.
(3) 발단: 어떤 일의 계기가 됨. 또는 그 계기가 되는 일.

5 '호전'은 '일의 형세가 좋은 쪽으로 바뀜.'이라는 뜻으로 '일의 형세가 나쁜 쪽으로 바뀜.'을 뜻하는 '악화'와 뜻이 반대됩니다.

090 쪽

❶ 다양성　❷ 다각형
❸ 다문화　❹ 다독

091 쪽　이해 적용 심화

1 다독　2 다각형
3 다양성　4 다문화
5 다문화　6 다양성
7 다독　8 다각형
9 ⑤

어휘 학습

이해
1 '많이 읽음.'은 '다독'이라는 낱말의 뜻입니다.
2 '세 개 이상의 선으로 둘러싸인 평면 도형.'은 '다각형'이라는 낱말의 뜻입니다.
3 '모양, 빛깔, 형태, 양식 따위가 여러 가지로 많은 특성.'은 '다양성'이라는 낱말의 뜻입니다.
4 '여러 인종이나 민족이 어우러져 다양한 언어와 풍습, 생활 양식이 나타나는 문화.'는 '다문화'라는 낱말의 뜻입니다.

적용
5 다양한 문화를 이해하기 위해 신청했다고 했으므로, '다문화'가 들어가는 것이 알맞습니다.
6 종류가 많아 여러 가지 맛을 느낄 수 있다는 뜻이므로 '다양성'이 들어가는 것이 알맞습니다.
7 한 권만 읽는 것과 반대되는 것은 많이 읽는 것이므로 '다독'이 들어가는 것이 알맞습니다.
8 사각형, 육각형은 세 개 이상의 선으로 이루어진 도형이므로, '다각형'이 들어가는 것이 알맞습니다.

심화
9 여러 생물 종이 함께 살아갈 수 있도록 각국에서 협약을 맺어 생물의 종류가 여러 가지로 많은 특성을 가지도록 노력하고 있다는 것이므로, '다양성'이 들어가는 것이 알맞습니다.

**고진감래의 마음으로
우물을 판 형**

글의 종류
이야기

글의 특징
이 글은 형제의 우물 파기 시합을 통해, 힘들어도 포기하지 않으면 좋은 일이 온다는 교훈을 주는 글입니다.

주제
'고진감래'라는 한자 성어와 관계있는 이야기

1 포기하지 않고 끝까지 우물을 파서 물줄기를 발견한 형의 이야기를 통해 '고진감래'의 뜻을 알려 주는 글입니다.

2 동생이 판 곳에서는 굵은 나무뿌리가 나오고, 형이 판 땅속에서는 큰 돌덩이가 나왔다고 했습니다.

3 형이 물줄기를 발견한 것은 힘들어도 포기하지 않았기 때문입니다. 따라서 이 글에 대한 생각이나 느낌을 바르게 말한 친구는 남일이입니다.

✔ **오답 풀이**

① 두 사람이 우물을 팔 장소를 신중하게 고민했으므로, 동생이 신중하게 장소를 고르지 않았다는 설명은 적절하지 않습니다. 또한, 우물을 팔 장소보다는 포기하지 않는 자세가 중요합니다.

② 동생에게 좀 더 열심히 하라고 할 수 있지만, 이 글에 대한 생각이나 느낌으로 알맞지 않습니다. 그러므로 동생을 나무라지 않은 형의 태도가 문제가 되는 것은 아닙니다.

③ 동생이 운이 없어 물줄기를 발견하지 못한 것이 아니라 형처럼 힘들어도 포기하지 않고 견디는 인내와 끈기가 부족했기 때문입니다.

⑤ 이 글에 형과 동생이 싸웠다는 내용은 나오지 않으며 힘들어도 포기하면 안 된다는 글의 주제와 맞지 않는 생각이나 느낌입니다.

4 '신중'은 '매우 조심스러움.'을 뜻하는 낱말입니다. '말이나 행동이 조심성 없이 가벼움.'은 '경솔'의 뜻입니다.

[어휘력 더하기] '신중하다'와 비슷한 뜻을 지닌 말로 '진중하다'가 있습니다. '진중하다'는 '무게가 있고 점잖다.'라는 뜻입니다.

5 ㉠은 '고진감래'와 관계있는 내용입니다. '고진감래'와 뜻이 비슷한 속담은 '고생 끝에 낙이 온다'입니다.

✔ **오답 풀이**

① '시작이 반이다'는 무슨 일이든지 시작하기가 어렵지 일단 시작하면 일을 끝마치기는 그리 어렵지 않다는 뜻입니다.

② '말이 씨가 된다'는 늘 말하던 것이 마침내 사실대로 되었을 때를 이르는 말입니다. 말을 조심해야 한다는 의미로 사용됩니다.

④ '아는 길도 물어 가랬다'는 잘 아는 일이라도 세심하게 주의를 하라는 말로, 신중함을 강조하는 속담입니다.

⑤ '천 리 길도 한 걸음부터'는 먼 길도 처음 한 걸음을 딛는 것이 중요하다는 뜻으로, 무슨 일이든 그 일의 시작이 중요하다는 뜻입니다.

096 쪽

❶ 고진감래 ❷ 사필귀정
❸ 유비무환 ❹ 인과응보

097 쪽 [이해] [적용] [심화]

1 ㉯ 2 ㉮ 3 ㉰
4 ㉱ 5 유비무환
6 인과응보 7 사필귀정
8 고진감래 9 ③

어휘 학습

[이해]

1 '고진감래'는 '고생 끝에 즐거움이 옴.'을 뜻합니다.

2 '사필귀정'은 '모든 일은 반드시 바른길로 돌아감.'을 뜻합니다.

3 '유비무환'은 '미리 준비가 되어 있으면 걱정할 것이 없음.'을 뜻합니다.

4 '인과응보'는 '전생에 행한 착한 일, 못된 일에 대한 값으로 지금의 행복이나 불행을 얻게 되는 것.'을 뜻합니다.

[적용]

5 비가 많이 온다고 해서 우산을 준비했으므로 '유비무환'이 어울립니다.

6 심술궂은 행동을 한 놀부가 벌을 받게 된 것은 '인과응보'와 어울리는 상황입니다.

7 지금은 억울하지만 결국 죄가 없음이 밝혀질 것이라는 문장에는 '사필귀정'이 어울립니다.

8 힘들 때마다 고생 끝에 즐거움이 온다는 '고진감래'를 생각하면 어려움을 참을 수 있습니다.

[심화]

9 쉬지 않고 일하며 겨울을 날 준비를 한 개미가 편안하게 겨울을 보낸 상황이므로 '유비무환'이 어울립니다.

촌철살인의 말을 들은 친구

글의 종류
이야기

글의 특징
이 글은 위급한 상황에서 친구를 버리고 자기만 도망치는 이기적인 행동을 통해 교훈을 주는 글입니다.

주제
어려운 상황에서도 자신만 생각하지 말자.

1 여행을 하던 두 친구가 숲속에 들어섰을 때 곰이 나타났습니다.

2 죽은 척한 친구는 일부러 그 행동을 선택한 것이 아니라 도망칠 기회를 놓쳤기 때문에 그런 행동을 한 것입니다.

☑ 오답 풀이
① 첫 번째 문장에서 두 친구는 여행을 하던 중이었다고 했습니다.
② 곰은 죽은 척 누워 있는 친구 주변을 어슬렁거렸다고 했습니다.
③ 곰이 나타나자 한 친구는 옆에 있는 친구는 돌아보지도 않고 재빨리 근처의 큰 나무에 기어올랐다고 했습니다.
④ 죽은 척한 친구는 자기만 살겠다고 혼자 도망친 친구의 의리 없음을 곰의 입을 빌려 비꼬아 말했습니다.

3 이 글은 위급한 상황에서 자기만 살겠다고 친구를 버리고 도망치는 태도가 옳지 않음을 지적하고 있습니다. 이 글을 통해 어려운 상황일지라도 의리 없고 이기적인 태도를 보이면 안 되겠다는 교훈을 얻을 수 있습니다.

☑ 오답 풀이
① 한 친구가 죽은 척을 해서 살아남았지만 그것이 이 이야기에서 말하고자 하는 바는 아닙니다.
② 위급한 상황에서 친구를 두고 간 행동이 옳지 않다고 했으므로 알맞은 내용이 아닙니다.
③ 어려울 때 남의 도움을 기대하지 말라는 내용은 글에 나와 있지 않습니다.
④ 다른 사람의 말을 무조건 믿어서는 안 된다는 내용은 글에 나와 있지 않습니다.

4 '촌철살인'은 간단한 말로도 남을 감동하게 하거나 남의 약점을 찌를 수 있음을 이르는 말입니다.

5 자기만 살겠다고 친구를 버려 두고 나무 위로 올라간 친구처럼 자신만 생각하는 것은 이기적인 태도입니다. '이기적'은 '자기 자신의 이익만을 꾀하는 (것).'을 뜻합니다.

☑ 오답 풀이
① '이타적'은 '자기의 이익보다는 다른 이의 이익을 더 꾀하는 (것).'을 뜻합니다.
② '희생적'은 '다른 사람이나 어떤 목적을 위하여 자신의 목숨, 재산, 명예, 이익 따위를 바치거나 버리는 (것).'을 뜻합니다.
③ '소극적'은 '스스로 나아가려는 힘이 부족하고, 협조적이거나 활동적이지 못한 (것).'을 뜻합니다.
⑤ '헌신적'은 '몸과 마음을 바쳐 있는 힘을 다하는 (것).'을 뜻합니다.

어휘력 더하기 '이기적'과 비슷한 뜻을 지닌 낱말에는 '계산적'이라는 낱말이 있습니다. '계산적'은 '어떤 일이 자기에게 이로움이나 해로움, 또는 얻는 것과 잃는 것이 있는지 따져 보는 (것).'을 뜻합니다.

어휘 학습

이해

1 '촌철살인'은 '간단한 말로도 남을 감동하게 하거나 남의 약점을 찌를 수 있음을 이르는 말.'입니다.

2 '유구무언'은 '변명할 말이 없거나 변명을 못함을 이르는 말.'입니다.

3 '언중유골'은 '예사로운 말 속에 단단한 속뜻이 들어 있음을 이르는 말.'입니다.

4 '청산유수'는 '막힘없이 썩 잘하는 말을 비유적으로 이르는 말.'입니다.

적용

5 '변명할 말이 없거나 변명을 못함을 이르는 말.'인 '유구무언'이 적절합니다.

6 막힘없이 썩 잘하는 말을 비유적으로 이르는 말인 '청산유수'가 적절합니다.

7 지나가는 말인 듯하지만, 단단한 속뜻이 들어 있는 상황과 관계있는 말인 '언중유골'이 적절합니다.

8 짧은 한마디로 남을 감동시킬 수 있는 상황과 관계있는 말인 '촌철살인'이 적절합니다.

심화

9 엄마와의 약속을 지키지 못해 꾸지람을 듣는 상황으로, 빈칸에는 '변명할 말이 없거나 변명을 못함을 이르는 말.'인 '유구무언'이 들어가기에 알맞습니다.

102~103 쪽

1 정약용　　**2** ⑤

3 ④　**4** (1) ○ **5** ⑤

수불석권의 삶을 보여 준 정약용

글의 종류
설명문

글의 특징
정약용의 독서에 관한 일화를 보여 주며 독서의 중요성을 강조하는 글입니다.

주제
'수불석권'한 정약용의 삶

1 이 글은 정약용의 이야기를 통해 독서의 중요성에 대해 말하고 있습니다.

2 정약용이 벼슬에 올라 많은 업적을 남기고, 벼슬에서 물러난 이후에는 500여 권의 책을 썼다고 했으나 정약용이 벼슬에서 물러난 까닭은 나와 있지 않습니다.

✅ 오답 풀이
① 정약용은 어렸을 때부터 손에서 책을 놓지 않고 늘 독서를 했다고 했습니다.
② 정약용은 경제, 법, 정치 등 다양한 분야에 걸쳐 500여 권의 책을 썼다고 했습니다.
③ 이 글의 처음 부분에 나온 어느 학자와의 대화는 정약용의 어린 시절의 일화를 보여 주고 있습니다.
④ 정약용은 아들에게 늘 책을 가까이할 것을 강조했다고 했습니다.

3 이 글은 독서를 중요시한 정약용의 어릴 적 일화를 보여 주며 독서의 중요성을 강조하고 있습니다.

✅ 오답 풀이
① 정약용이 벼슬에 올라 많은 업적을 남겼다고 했지만, 그 내용이 구체적으로 나와 있지 않습니다.
② 이 글에서 책을 외워 읽는 것의 장단점을 설명하고 있지는 않습니다.
③ 정약용이 소년이었을 때 중국의 방대한 역사를 다룬 책을 읽었다고 했지만, 정약용이 어린 시절에 즐겨 읽었던 책을 소개하는 것이 이 글의 주된 내용은 아닙니다.
⑤ 이 글에 정약용의 편지가 아들에게 어떠한 영향을 미쳤는지는 나와 있지 않습니다.

4 '방대한'은 '규모나 양이 매우 크거나 많은.'을 뜻하는 말입니다.

✅ 오답 풀이
(2) '가진 것이 매우 적거나 힘이 없는.'은 '빈약한'의 뜻입니다.
(3) '아주 정교하고 치밀하여 빈틈이 없고 자세한.'은 '정밀한'의 뜻입니다.

5 정약용이 손에서 책을 놓지 않고 늘 독서를 했다는 것은 '수불석권'이라는 한자 성어와 어울립니다.

✅ 오답 풀이
① '일편단심'은 '한 조각의 붉은 마음이라는 뜻으로, 진심에서 우러나오는 변치 아니하는 마음을 이르는 말.'입니다.
② '청출어람'은 '쪽에서 뽑아낸 푸른 물감이 쪽보다 더 푸르다는 뜻으로, 제자나 후배가 스승이나 선배보다 나음을 비유적으로 이르는 말.'입니다.
③ '풍수지탄'은 '효도를 다하지 못한 채 어버이를 여읜 자식의 슬픔을 이르는 말.'입니다.
④ '개과천선'은 '지난날의 잘못이나 허물을 고쳐 올바르고 착하게 됨.'이라는 뜻입니다.

104 쪽

❶ 수불석권　**❷** 독서삼매
❸ 주경야독　**❹** 위편삼절

어휘 학습

이해

1 '책을 열심히 읽음을 이르는 말.'은 '위편삼절'의 뜻입니다.

2 '손에서 책을 놓지 아니하고 늘 글을 읽음.'은 '수불석권'의 뜻입니다.

3 '어려운 여건 속에서도 꿋꿋이 공부함을 이르는 말.'은 '주경야독'의 뜻입니다.

4 '다른 생각은 전혀 안 하고 오직 책 읽기에만 골몰하는 경지.'는 '독서삼매'의 뜻입니다.

105 쪽　이해　적용　심화

1 위편삼절　**2** 수불석권

3 주경야독　**4** 독서삼매

5 수불석권　**6** 독서삼매

7 주경야독　**8** 위편삼절

9 ②

적용

5 손에서 책을 놓지 않고 꾸준히 글을 읽는 태도는 '수불석권'이 적절합니다.

6 다른 생각은 전혀 안 하고 오직 책 읽기에만 빠져들어 자신을 부르는 소리도 듣지 못하는 태도는 '독서삼매'가 적절합니다.

7 낮에는 회사에 다니고 밤에는 공부하는 태도는 '주경야독'이 적절합니다.

8 책을 한 번 읽고 마는 것이 아니라 여러 번 곱씹으면서 열심히 읽는 태도는 '위편삼절'이 적절합니다.

심화

9 책이 너덜너덜할 때까지 매일 열심히 읽는 모습에 어울리는 말은 책을 열심히 읽음을 뜻하는 '위편삼절'입니다.

106~107 쪽

1 최척, 옥영   **2** ③
3 ②   **4** ①   **5** ②

갑남을녀가 겪은 고난

글의 종류
이야기

글의 특징
이 글은 고전 소설 「최척전」의 내용을 간략하게 간추린 글로, 전쟁에서 일반 백성이 겪는 이산의 고통과 비극을 나타내고 있습니다.

주제
전쟁의 비극 속에서도 가족을 지킨 최척과 옥영의 이야기

1 이 글은 최척과 옥영 가족의 이야기를 다루고 있습니다.

2 이 글은 임진왜란과 정유재란 등 역사적 사건이 일어난 순서에 따라 전개되고 있습니다.
  ◎ 오답 풀이
  ① 이 글의 등장인물은 모두 사람입니다.
  ② 이 글에 인물의 속마음은 나타나 있지 않습니다.
  ④ 전쟁이 일어난 까닭은 글에 제시되지 않았습니다.
  ⑤ 이 글에는 뛰어난 능력을 지닌 인물이 아니라 평범한 인물들이 등장합니다.

3 조선에서 일어난 두 번의 전쟁과 명나라에서 일어난 전쟁으로 최척과 옥영은 세 차례나 이별하고 만나는 과정을 반복하였습니다.
  ◎ 오답 풀이
  ① 최척과 옥영은 전쟁으로 여러 차례 이별의 슬픔을 겪지만, 마지막에는 결국 모든 가족이 만나 행복한 삶을 누렸습니다.
  ③ 명나라에 전쟁이 일어났을 때 최척은 명나라 병사로 참여하였습니다.
  ④ 옥영의 어머니가 부잣집 아들과 옥영을 결혼시키려고 한 것으로 보아, 옥영의 어머니는 최척이 가난했기 때문에 두 사람의 혼인을 반대했다는 것을 알 수 있습니다.
  ⑤ 정유년에 일어난 전쟁 이후에 최척의 가족은 뿔뿔이 흩어졌는데, 옥영은 일본으로, 최척은 중국으로 건너가게 되었습니다.

4 '갑남을녀'는 '갑이란 남자와 을이란 여자라는 뜻으로, 평범한 사람들을 이르는 말.'입니다.
  ◎ 오답 풀이
  ② '어릴 때부터 같이 놀며 자란 벗.'은 '죽마고우'의 뜻입니다.
  ③ '같은 이름을 가진 서로 다른 사람.'은 '동명이인'의 뜻입니다.
  ④ '많은 사람 가운데서 뛰어난 인물을 이르는 말.'은 '군계일학'의 뜻입니다.
  ⑤ '여러 방면에 능통한 사람을 비유적으로 이르는 말.'은 '팔방미인'의 뜻입니다.

  어휘력 더하기 '갑남을녀'와 뜻이 비슷한 한자 성어로는 '필부필부(匹夫匹婦)'가 있습니다. '필부필부'는 '평범한 남녀.'라는 뜻입니다.

5 최척의 가족이 고생 끝에 다시 만나 행복한 삶을 누리는 상황은 고생 끝에 즐거움이 옴을 뜻하는 한자 성어 '고진감래'와 어울립니다.

어휘 학습

108 쪽

❶ 갑남을녀   ❷ 장삼이사
❸ 필부필부   ❹ 초동급부

109 쪽 이해 적용 심화

1 ②   **2** ①   **3** ©
4 ⓒ   **5** 장삼이사
6 초동급부 **7** 필부필부
8 갑남을녀 **9** 장삼이사

이해

1 '장삼이사'는 '장씨의 셋째 아들과 이씨의 넷째 아들이란 뜻으로, 이름이나 신분이 특별하지 아니한 평범한 사람들을 이르는 말.'입니다.

2 '필부필부'는 '평범한 남녀.'를 뜻합니다.

3 '초동급부'는 '땔나무를 하는 아이와 물을 긷는 아낙네라는 뜻으로, 평범한 사람을 이르는 말.'입니다.

4 '갑남을녀'는 '갑이란 남자와 을이란 여자라는 뜻으로, 평범한 사람들을 이르는 말.'입니다.

적용

5 평범한 사람의 삶에도 특별한 일이 생길 수 있다는 문장으로, '장삼이사'가 적절합니다.

6 작은 마을의 평범한 사람들도 모두 나라의 위기를 걱정하고 있다는 문장으로 '초동급부'가 적절합니다.

7 평범한 남녀로 살아가는 삶이 좋다는 문장으로, '필부필부'가 적절합니다.

8 평범하지만 맡은 일을 묵묵히 해내는 평범한 사람들이 많다는 말로, '갑남을녀'가 적절합니다.

심화

9 '특별한 사람'과 반대되는 뜻을 가진 한자 성어는 '장삼이사'입니다.

110~111쪽

1 마이동풍 2 ①
3 ④ 4 ⑤ 5 ④

마이동풍의 유래와 최치원의 삶

글의 종류
설명문

글의 특징
이 글은 '마이동풍'의 유래와 마이동풍과 같은 귀족들의 태도 때문에 능력을 펼치지 못한 최치원에 대해 설명하고 있는 글입니다.

주제
'마이동풍'의 유래와 최치원의 삶

1 '마이동풍'의 유래와 마이동풍과 같은 귀족들의 태도 때문에 능력을 펼치지 못한 최치원의 삶에 대해 소개하는 글입니다.

2 세 번째 문단에서 통일 신라는 태어날 때부터 정해진 신분에 따라 오를 수 있는 관직이 정해져 있는 나라였다고 했습니다. 또한 최치원은 신분이 낮았기 때문에 높은 관직에 오르지 못했다고 했습니다.

✔ 오답 풀이
② 첫 번째 문단에 따르면, 이태백이 살던 시절에는 무예를 잘하는 사람만 인정받을 수 있었다고 했습니다. 그러나 신라에서 무예를 잘하는 사람이 인정받았다는 설명은 나오지 않습니다. ③ 세 번째 문단에서 신분이 높은 귀족들에게는 최치원이 내놓은 개혁 방안이 '마이동풍'이었다고 했습니다. ④ 첫 번째 문단에서 이태백은 무예를 잘하는 사람만 인정받고 글을 잘 쓰는 이들은 인정받지 못한 것을 안타까워했습니다. ⑤ 첫 번째 문단에 따르면, 마이동풍은 이태백이 무예를 잘하는 사람만 인정하고 시인들이 훌륭한 글을 써도 아무도 알아주지 않는 당시 세상 사람들을 빗대어 표현한 말입니다.

3 첫 번째 문단에서 이태백은 무예를 잘하는 사람들만 인정받고 아무리 글을 잘 써도 인정받지 못하는 현실을 안타까워했다고 했습니다.

✔ 오답 풀이
① 통일 신라 귀족들의 능력이 뛰어났는지 아닌지는 글에 나와 있지 않습니다. ② 최치원이 능력을 펼치지 못한 까닭은 신분이 낮았기 때문입니다. ③ '마이동풍'은 남의 말을 귀담아듣지 않고 흘려버리거나 남의 의견이나 충고를 전혀 듣지 않는 경우에 쓸 수 있습니다. ⑤ 신라는 신분에 따라 오를 수 있는 관직이 정해져 있는 나라였습니다.

4 '귓등으로도 안 듣는다'는 '어떤 말을 마음에 새겨듣지 아니하고 들은 체 만 체 하다.'라는 뜻으로, 남의 말을 귀담아듣지 않고 흘려버리는 모습을 가리키는 한자 성어인 '마이동풍'과 비슷한 뜻을 지닌 관용어입니다.

✔ 오답 풀이
① 귀가 얇다: '남의 말을 쉽게 받아들인다.'라는 뜻입니다.
② 귀가 따갑다: '너무 여러 번 들어서 듣기가 싫다.'라는 뜻입니다.
③ 귀를 기울이다: '남의 이야기나 의견에 관심을 가지고 주의를 모으다.'라는 뜻입니다.
④ 귀를 의심하다: '믿기 어려운 이야기를 들어 잘못 들은 것이 아닌가 생각하다.'라는 뜻입니다.

5 '하던 일, 제도, 풍습 등을 그만두게 하거나 없애는 것.'을 뜻하는 낱말은 '폐지'입니다.

112쪽

❶ 마이동풍 ❷ 우이독경
❸ 목불식정 ❹ 무지몽매

113쪽 이해 적용 심화

1 ㉐ 2 ㉮ 3 ㉯
4 ㉰ 5 마이동풍
6 무지몽매 7 우이독경
8 목불식정 9 ②

어휘 학습

이해
1 '마이동풍'은 '남의 말을 귀담아듣지 아니하고 지나쳐 흘려버림을 이르는 말.'입니다.
2 '목불식정'은 '글자를 전혀 모름을 이르는 말.'입니다.
3 '무지몽매'는 '세상 물정도 잘 모르고 세상 이치에도 어두움.'을 뜻하는 말입니다.
4 '우이독경'은 '아무리 가르치고 일러 주어도 알아듣지 못함을 이르는 말.'입니다.

적용
5 나의 말을 귀담아듣지 않고 흘려버리는 상황은 '마이동풍'이라는 표현과 어울립니다.
6 아이들이 어려서 세상 물정을 잘 모른다는 것은 '무지몽매'라는 표현과 어울립니다.
7 여러 번 이야기해도 알아듣지 못하는 상황은 '우이독경'이라는 표현과 어울립니다.
8 한 글자도 못 읽을 정도로 아는 것이 없는 상태는 '목불식정'이라는 표현과 어울립니다.

심화
9 '낫 놓고 기역 자도 모른다'는 '글자를 전혀 모름을 이르는 말.'인 '목불식정'과 뜻이 통합니다. '경거망동'은 '경솔하여 생각 없이 망령되게 행동함.'이라는 뜻입니다. '반포지효'는 자식이 자란 후에 어버이의 은혜를 갚는 효성을 이르는 말입니다. '안하무인'은 방자하고 교만하여 다른 사람을 업신여김을 이르는 말입니다.

116~117쪽

1 농부, 도깨비 2 ①
3 ⑤ 4 엽전 5 ④

**하늘이 무너져도 솟아
날 구멍이 있는 법**

글의 종류
이야기

글의 특징
이 글은 도깨비를 만난 농부
의 이야기를 통해 아무리 어
려운 상황이라도 해결할 방
법은 있기 마련이라는 교훈
을 주는 글입니다.

주제
지혜를 발휘해 도깨비를 쫓
은 농부의 이야기

1 이 글은 농부가 도깨비를 만나 벌어지는 내용을 담은 이야기입니다.

2 농부는 정말 엽전을 무서워한 것이 아니라 두려움에 떠는 척하며 도깨비에게 엽전이 무섭
다고 거짓말한 것입니다.

> ✔ 오답 풀이
> ② 농부가 도깨비에게 세상에서 가장 무서워하는 것이 무엇이냐고 질문하자 도깨비는 개의 피가 가장 무섭다고
>   대답하였습니다.
> ③ 도깨비는 매일 농부의 집에 찾아와 밥을 내놓으라고 했습니다.
> ④ 농부는 먹을 것을 준비하느라 가난해졌고 도깨비의 심술 때문에 괴로웠다고 했습니다.
> ⑤ 도깨비는 자신이 무서워하는 개의 피가 농부의 집 둘레에 뿌려져 있어서 화가 났습니다.

3 이 글은 도깨비의 심술 때문에 몹시 괴로웠던 농부가 해결책을 찾은 것을 통해, 아무리 어
려운 경우에 처하더라도 해결할 방법이 있음을 깨닫게 해 주는 글입니다.

> ✔ 오답 풀이
> ① 농부는 도깨비의 명령에 따르는 척하다 꾀를 내서 도깨비를 쫓아냈으므로 글의 주제로 알맞지 않습니다.
> ② 처음에 농부는 도깨비의 요구를 거절했으므로 글의 주제로 알맞지 않습니다.
> ③ 농부가 도깨비를 속여 위기에서 벗어났으므로 글의 주제로 알맞지 않습니다.
> ④ 농부가 처음부터 도깨비를 쫓아내려고 한 것은 아니었습니다. 농부가 꾀를 내어 도깨비의 무리한 요구에 대처
>   한 것이므로 글의 주제로 알맞지 않습니다.

4 '예전에 사용하던, 놋쇠로 만든 돈.'을 뜻하는 말은 '엽전'입니다.

5 도깨비를 쫓아내고 큰돈도 얻었으므로 좋은 일 위에 또 좋은 일이 더하여짐을 비유적으로
이르는 말인 '금상첨화'라는 한자 성어가 적절합니다.

> ✔ 오답 풀이
> ① '사필귀정'은 '모든 일은 반드시 바른길로 돌아감.'이라는 뜻을 지닌 말입니다.
> ② '동가홍상'은 '같은 값이면 좋은 물건을 가짐을 이르는 말.'입니다.
> ③ '설상가상'은 '난처한 일이나 불행한 일이 잇따라 일어남을 이르는 말.'입니다.
> ⑤ '동상이몽'은 '겉으로는 같이 행동하면서도 속으로는 각각 딴생각을 하고 있음을 이르는 말.'입니다.

> **어휘력 더하기** '금상첨화'가 좋은 것에 좋은 것이 더해지는 상황을 나타내는 말이라면 '설상가상'은 나쁜 일에
> 나쁜 일이 더해지는 상황을 나타내는 말로 둘은 서로 뜻이 반대되는 한자 성어입니다.

118 쪽

❶ 구멍   ❷ 낙
❸ 이슬   ❹ 햇빛

119 쪽 　이해·적용·심화

1 ⓒ 2 ㉠ 3 ㉣
4 ⓛ 5 × 6 ×
7 ○ 8 ○ 9 (2) ○

> 이해

1 '고생 끝에 낙이 온다'는 ⓒ의 뜻을 지녔습니다.

2 '개똥밭에 이슬 내릴 때가 있다'는 ㉠의 뜻을 지녔습니다.

3 '응달에도 햇빛 드는 날이 있다'는 ㉣의 뜻을 지녔습니다.

4 '하늘이 무너져도 솟아날 구멍이 있다'는 ⓛ의 뜻을 지녔습니다.

> 적용

5 매일 꽃에 물을 주었는데 꽃이 시든 것은 성과를 거두지 못한 상황입니다.

6 못된 놀부가 재산을 빼앗긴 상황은 좋은 운수가 터지는 것과 관련이 없습니다.

7 한 달 내내 연극을 준비하여 멋진 무대를 보일 수 있어서 뿌듯해하는 상황은 '고생 끝에
낙이 온다'라는 속담과 어울리므로 바르게 쓰였습니다.

8 지갑을 잃어버려 집에 올 수 없는 상황이었지만 옆에 계신 할머니의 도움으로 집에 올 수
있었던 상황에는 '하늘이 무너져도 솟아날 구멍이 있다'라는 속담이 어울립니다.

> 심화

9 서연이는 노래 가사를 잊어서 당황스러운 상황이었지만, 친구들의 도움으로 무사히 장기
자랑을 마칠 수 있었으므로 '하늘이 무너져도 솟아날 구멍이 있다'라는 속담과 어울립니다.

120~121쪽

1 태산 2 ⑤ 3 ③
4 ③ 5 (1) ○

'갈수록 태산'의 태산은?

- - - - - - - - - - - -

글의 종류
설명문

글의 특징
이 글은 속담이나 시에 사용된 '태산'이 어떤 산인지에 대해 설명하고 있는 글입니다.

주제
'태산'이 들어간 표현의 뜻과 태산에 대한 설명

1 이 글에서는 '갈수록 태산'이라는 속담에 들어 있는 '태산'이 어떤 산인지 설명하고 있습니다.

2 이 글은 '갈수록 태산', '걱정이 태산', '할 일이 태산' 등의 표현에 들어 있는 태산이 어떤 산인지에 대해 설명하고 있습니다.

✔ 오답 풀이
① 이 글은 태산에 대해 설명하는 글이지, 산을 오르는 것의 좋은 점을 설명하고 있지 않습니다.
② 태산보다 우리나라의 한라산이나 지리산이 더 높다고 하였지만, 우리나라에서 가장 높은 산이 무엇인지는 설명하고 있지 않습니다.
③ 태산은 중국의 황제들이 하늘에 제사를 지낸 곳이라고 했지만, 어떻게 제사를 지냈는지는 설명하고 있지 않습니다.
④ 태산은 중국에 위치한, 실제로 존재하는 산이라고 했습니다.

3 이 글에 태산이 제일 오래된 산이라는 설명은 나오지 않습니다. 태산은 규모가 크고 산세가 험하여 넘기 힘든 산으로 여겼다고 했습니다.

✔ 오답 풀이
① 두 번째 문단에서 태산은 중국에 있는 산이라고 하였습니다.
② 세 번째 문단에서 태산이 유명한 까닭은 예로부터 중국 사람들이 태산을 성스럽게 여겼기 때문이라고 하였습니다.
④ 첫 번째 문단에서 '갈수록 태산'이라는 속담은 상황이 점점 어려워질 때 쓴다고 했습니다.
⑤ 세 번째 문단에서 옛날 사람들 사이에서는 태산을 한 번 오를 때마다 10년씩 젊어진다는 믿음이 있었다고 하였습니다.

4 '규모'는 '사물이나 현상의 크기나 범위.'를 뜻하는 말입니다. '사람이나 사물 사이의 거리.'는 '간격'의 뜻입니다.

5 속담 '산 넘어 산이다'는 '갈수록 더욱 어려운 지경에 처하게 되는 경우를 비유적으로 이르는 말.'입니다. 그러므로 '산 넘어 산이다'는 '갈수록 태산'과 바꾸어 쓸 수 있는 표현입니다.

✔ 오답 풀이
(2) '하늘의 별 따기'는 '무엇을 얻거나 성취하기가 매우 어려운 경우를 비유적으로 이르는 말.'입니다.
(3) '마른하늘에 날벼락'은 '뜻하지 않은 상황에서 뜻밖에 입는 재난을 이르는 말.'입니다.

122쪽

❶ 태산   ❷ 코
❸ 벼룩   ❹ 닭

123쪽 이해 적용 심화

1 ㉯ 2 ㉮ 3 ㉰
4 ㉭ 5 태산 6 벼룩
7 코 8 지붕 9 (3) ○

어휘 학습

이해
1 '갈수록 태산'은 ㉯의 뜻을 지녔습니다.
2 '뛰어야 벼룩'은 ㉮의 뜻을 지녔습니다.
3 '내 코가 석 자'는 ㉰의 뜻을 지녔습니다.
4 '닭 쫓던 개 지붕 쳐다보듯'은 ㉭의 뜻을 지녔습니다.

적용
5 감기에 걸렸는데 몸살까지 왔으므로, '갈수록 태산'이라는 속담이 어울립니다.
6 동생이 도망쳤지만 멀리 가지 못한 상황이므로 '뛰어야 벼룩'이라는 속담이 어울립니다.
7 자신의 숙제도 다 끝내지 못해서 친구를 도와줄 여유가 없는 상황이므로 '내 코가 석 자'라는 속담이 어울립니다.
8 형이 퀴즈 대회에 나가지 못한 상황이므로 '닭 쫓던 개 지붕 쳐다보듯'이라는 속담이 적절합니다.

심화
9 애쓰던 일이 실패로 돌아가게 된 상황이므로 '닭 쫓던 개 지붕 쳐다보듯'이라는 속담과 어울립니다.

백 번 듣는 것이 한 번 보는 것만 못합니다

글의 종류
이야기

글의 특징
이 글은 '백 번 듣는 것이 한 번 보는 것만 못하다'라는 말과 같은 뜻을 가진 속담 '백문이 불여일견'의 유래에 대해 이야기한 글입니다.

주제
직접 경험해 보는 것의 중요성

1 이 글은 조충국이 적을 물리칠 전략을 세워 나라를 안정시킨 이야기입니다.

2 이 글은 조충국이 강족의 침입이라는 문제를 해결하기 위해 직접 상황을 살펴보고 전략을 세워서 적을 물리치고 나라를 안정시킨 이야기입니다.

❤ 오답 풀이
② 조충국과 황제의 갈등은 글에 나와 있지 않습니다.
③ 조충국이 다녀온 장소에 대한 설명은 나와 있지 않습니다.
④ 조충국의 전쟁 경험을 소개한 내용은 나와 있지 않습니다.
⑤ 조충국이 세운 전략의 장단점을 비교한 내용은 나와 있지 않습니다.

3 신하들은 조충국이 전쟁을 치르기에는 나이가 너무 많다고 생각해 반대했지만, 황제는 조충국을 믿고 그에게 문제를 맡겼다고 했습니다.

❤ 오답 풀이
① 신하들은 조충국이 예전에 공을 세운 것은 인정하지만, 이제는 전쟁을 치르기에 나이가 너무 많다고 생각하였습니다.
② 황제가 누구에게 전쟁을 맡길지 묻자 조충국은 자신이 직접 문제를 해결하겠다고 했습니다.
③ 조충국은 직접 전쟁이 일어난 곳의 상황을 살펴본 후 전략을 말하겠다고 했으므로, 강족이 침입한 곳의 상황을 전부터 잘 알고 있었다는 설명은 적절하지 않습니다.
⑤ 조충국은 군사가 얼마나 필요한지, 어떤 전략을 사용할 것인지는 아직 말할 수 없고 상황을 직접 살펴본 후에 말하겠다고 했으므로, 황제 앞에서 바로 전략을 짠 것이 아닙니다.

4 '어떤 일을 당장 처리하지 아니하고 나중으로 미루어 둠.'은 '보류'라는 낱말의 뜻입니다.

5 어떤 것이든 실제로 경험해 봐야 제대로 알 수 있다는 것은, 듣기만 하는 것보다 직접 보는 것이 확실하다는 뜻입니다.

❤ 오답 풀이
① '뛰어야 벼룩'은 도망쳐 보아야 크게 벗어날 수 없다는 말입니다.
② '우물 안 개구리'는 넓은 세상의 형편을 알지 못하는 사람을 비유적으로 이르는 말입니다.
③ '굼벵이도 구르는 재주가 있다'는 무능한 사람도 한 가지 재주는 있음을 비유적으로 이르는 말입니다.
④ '사공이 많으면 배가 산으로 간다'는 주관하는 사람 없이 여러 사람이 자기주장만 내세우면 일이 제대로 되기 어려움을 비유적으로 이르는 말입니다.

어휘 학습

이해

1 '하나를 듣고 열을 안다'는 ⓒ의 뜻을 지녔습니다.

2 '물은 흘러야 썩지 않는다'는 ⓒ의 뜻을 지녔습니다.

3 '서당 개 삼 년에 풍월을 읊는다'는 ⓔ의 뜻을 지녔습니다.

4 '백 번 듣는 것이 한 번 보는 것만 못하다'는 ㉠의 뜻을 지녔습니다.

적용

5 직접 해 봐야 안다는 말은 '백 번 듣는 것이 한 번 보는 것만 못하다'가 어울립니다.

6 경기가 없어도 매일 연습하여 실력을 유지한 것은 '물은 흘러야 썩지 않는다'가 어울리는 상황입니다.

7 힌트를 하나만 보고 정답을 미루어 맞힌 것은 '하나를 듣고 열을 안다'가 어울리는 상황입니다.

8 아빠를 따라 낚시를 다니다 보니 물고기 이름을 많이 알게 되었다는 것은 '서당 개 삼 년에 풍월을 읊는다'가 어울리는 상황입니다.

심화

9 직접 보는 것은 듣기만 하는 것과 다르다고 했으므로, '백 번 듣는 것이 한 번 보는 것만 못하다'라는 속담이 어울립니다.

128~129 쪽

1 흥부, 놀부   2 ③
3 ①   4 ③   5 (2) ○

**목구멍에 풀칠하려고
형을 찾아간 흥부**

글의 종류
이야기

글의 특징
이 글은 흥부가 놀부에게 쌀을 꾸러 가서 매만 맞고 돌아오는 내용으로, '목구멍에 풀칠하다'라는 관용어의 쓰임을 알 수 있는 글입니다.

주제
목구멍에 풀칠하기 위해 쌀을 꾸러 간 흥부

1 이 글은 흥부와 놀부의 이야기를 담고 있습니다.

2 놀부와 흥부가 나누는 대화를 통해 놀부의 심술궂은 성격과 흥부의 순진한 성격을 드러내고 있습니다.

　❷ 오답 풀이
　① 장소의 변화는 글에 나타나 있지 않습니다.
　② 이야기가 일어난 시간이 언제인지는 설명하지 않았습니다.
　④ 이 이야기에는 시간의 변화가 나타나 있지 않습니다.
　⑤ 이 글에 등장하는 인물은 흥부와 놀부 두 사람이며, 두 사람의 행동을 평가하고 있지도 않습니다.

3 '놀부는 우애가 전혀 없는 사람인지라 모르는 체하였다.'라는 부분에서 놀부가 흥부를 몰라본 것이 아니라 모른 체한 것임을 알 수 있습니다.

　❷ 오답 풀이
　② '아이들이 사흘을 굶어 배고프다 울고 있소.'라고 한 흥부의 말에서 알 수 있습니다.
　③ 놀부는 달래서는 흥부가 가지 않을 것이고 쌀을 주면 또 올 것이라고 생각해서 흥부를 때렸습니다. 이를 통해 놀부가 흥부에게 쌀을 나누어 줄 마음이 없다는 것을 알 수 있습니다.
　④ '함께 살다 쫓아낸 동생인데'라는 부분을 통해 놀부가 함께 살던 흥부를 집에서 쫓아낸 적이 있음을 알 수 있습니다.
　⑤ '조금이라도 좋으니 쌀을 좀 꾸어 주시오. 아이들이 사흘을 굶어 배고프다 울고 있소.'라는 내용을 통해 흥부가 자식을 위해 먹을 것을 구하러 놀부를 찾아왔다는 것을 알 수 있습니다.

4 '깍듯이'는 '분명하게 예의범절을 갖추는 태도로.'라는 뜻으로, ㉠과 바꾸어 쓸 수 있습니다.

　❷ 오답 풀이
　① '대강'은 '자세하지 않게 기본적인 부분만 들어 보이는 정도로.'라는 뜻입니다.
　② '기어코'는 '어떠한 일이 있더라도 반드시.'라는 뜻입니다.
　④ '분명히'는 '모습이나 소리 따위가 흐릿함이 없이 똑똑하고 뚜렷하게.'라는 뜻입니다.
　⑤ '신속하게'는 '매우 날쌔고 빠르게.'라는 뜻입니다.

5 '목구멍에 풀칠하다'는 '굶지 않고 겨우 살아가다.'라는 뜻입니다. (1)은 '목을 걸다', (3)은 '목을 풀다'라는 관용어의 뜻입니다.

　어휘력 더하기 '풀칠하다'는 '종이 따위를 붙이려고 무엇에 풀을 바르다.'라는 뜻 이외에도 '겨우 끼니를 이어 가다.'라는 뜻이 있습니다.

130 쪽

❶ 풀칠   ❷ 힘
❸ 목구멍   ❹ 목

131 쪽   이해 · 적용 · 심화

1 ㉣   2 ㉡   3 ㉢
4 ㉮   5 ㉢   6 ㉠
7 ㉣   8 ㉡   9 ④

어휘 학습

이해

1 '목에 힘을 주다'는 '거드름을 피우거나 남을 깔보는 듯한 태도를 취하다.'라는 뜻입니다.

2 '목구멍에 풀칠하다'는 '굶지 않고 겨우 살아가다.'라는 뜻입니다.

3 '목구멍까지 차오르다'는 '분노, 욕망, 충동 따위가 참을 수 없는 지경이 되다.'라는 뜻입니다.

4 '목이 빠지게 기다리다'는 '몹시 안타깝게 기다리다.'라는 뜻입니다.

적용

5 화가 터져 나오려는 상황이므로 '목구멍까지 차오르다'라는 말이 어울립니다.

6 남을 깔보는 듯한 태도는 '목에 힘을 주다'라는 말이 어울립니다.

7 강아지가 문 앞에서 가족을 몹시 기다리는 상황은 '목이 빠지게 기다리다'라는 말이 어울립니다.

8 먹을 것이 없어 굶지 않고 겨우 살아가는 상황은 '목구멍에 풀칠하다'라는 말이 어울립니다.

심화

9 노인이 도깨비가 오기만을 애타게 기다리고 있는 상황이므로, '목이 빠지게 기다리다'라는 말이 어울립니다.

132~133 쪽

1 입 2 ③ 3 ③

4 ④ 5 (3) ○

입만 살고 행동은 없는 공약

글의 종류
수필

글의 특징
이 글은 학급 회장 선거 이야기를 통해 말만 그럴듯하게 하는 태도가 좋지 않음을 깨닫게 하는 글입니다.

주제
말만 그럴듯하게 하는 태도에 대한 비판

1 이 글은 공약을 그럴듯하게 말하기만 하고 실제로 실천하지는 않은 입만 산 지혜의 행동에 대해 비판하는 글입니다.

2 몇몇 친구가 공약을 발표한 후 지혜의 차례가 되었다고 한 것에서 회장이 되고 싶은 친구는 지혜 한 명이 아니라 여럿이라는 것을 알 수 있습니다.

✔ 오답 풀이
① 글쓴이는 지혜가 발표한 공약대로 제일 먼저 교실에 와 있지 않아 실망했습니다.
② 지혜의 공약에 대한 친구들의 반응이 좋았으므로, 친구들이 지혜의 공약에 관심을 가져서 지혜를 회장으로 뽑아 주었음을 알 수 있습니다.
④ 글쓴이는 교실에 들어서면서 지혜의 밝은 인사를 기대했다고 했으므로, 지혜가 공약을 지킬 것이라고 믿었다는 것을 알 수 있습니다.
⑤ 지혜는 학급 회장 선거 공약에서 제일 일찍 등교해 친구들에게 아침 인사를 하겠다고 약속한 것을 지키지 않았습니다.

3 이 글은 친구들에게 그럴듯한 공약을 내세우고 지키지 않은 지혜와 그로 인해 실망한 글쓴이의 모습을 통해 말만 그럴듯하게 하는 입만 산 행동에 대해 지적하고 있습니다.

✔ 오답 풀이
① 말만 그럴듯하게 하고 실천하지 않는 행동을 비판한 글의 주제와 맞지 않는 반응입니다.
② 선거 공약을 미리 준비해야 한다는 것은 글의 주제와 관련이 없습니다.
④ 말만 잘하는 것보다 행동을 하는 것이 중요하다는 글의 주제와 맞지 않는 생각입니다.
⑤ 친구에게 마음을 넓게 써야 한다는 것은 글의 주제와 관련이 없습니다.

4 '단단히'는 '뜻이나 생각이 흔들림 없이 강하게.'라는 뜻입니다. '일 처리나 솜씨가 야무지지 못하게.'는 '무르게'의 뜻입니다.

5 '말에 따르는 행동은 없으면서 말만 그럴듯하게 잘하다.'라는 뜻에 알맞게 쓴 문장은 (3)입니다.

✔ 오답 풀이
(1) 주어진 문장은 기우가 새로 산 가방에 대해 계속해서 말했다는 내용입니다. 그러므로 '다른 사람이나 물건에 대하여 거듭해서 말하다.'라는 뜻의 '입이 마르다'를 써야 자연스러운 문장이 됩니다.
(2) 주어진 문장은 민성이가 음식을 별로 많이 먹지 않는다는 내용입니다. 그러므로 '음식을 심하게 가리거나 적게 먹다.'라는 뜻의 '입이 짧다'를 써야 자연스러운 문장이 됩니다.

134 쪽

❶ 입   ❷ 입
❸ 입   ❹ 입

135 쪽 이해 · 적용 · 심화

1 ⓒ 2 ㉠ 3 ㉣
4 ㉡ 5 살았다
6 담지 7 맞추었다
8 막았다   9 ⑤

어휘 학습

이해
1 '입만 살다'는 '말에 따르는 행동은 없으면서 말만 그럴듯하게 잘하다.'라는 뜻입니다.

2 '입에 담다'는 '무엇에 대해 말하다.'라는 뜻입니다.

3 '입을 막다'는 '시끄러운 소리나 자기에게 불리한 말을 하지 못하게 하다.'라는 뜻입니다.

4 '입을 맞추다'는 '서로의 말이 일치하도록 하다.'라는 뜻입니다.

적용
5 막상 일은 제대로 하지도 않고 말만 그럴듯하게 잘했다는 내용으로, '입만 살았다'라는 표현이 적절합니다.

6 사고 현장이 말하지 못할 정도로 끔찍했다는 문장이 자연스러우므로 '입에 담지 못할 만큼'이라는 표현이 적절합니다.

7 같은 말을 하기로 한 상황이므로 '입을 맞추다'라는 표현이 적절합니다.

8 비밀을 말하지 못하게 했다는 내용이므로, '입을 막았다'라는 표현이 적절합니다.

심화
9 깜짝 선물을 준비하기로 한 것을 어머니께 숨기기 위해 그냥 노는 중이라고 서로의 말이 일치하도록 했다는 것이므로 '입을 맞추다'라는 관용어가 어울립니다.

136~137 쪽
1 백아, 종자기 2 ③
3 ⑤   4 ⑤   5 ①

마음이 통하는 친구

글의 종류
이야기

글의 특징
이 글은 서로 마음이 통하는 절친한 친구 백아와 종자기에 관한 이야기입니다.

주제
서로 잘 이해하여 마음이 통하는 친구 사이

1 이 글은 절친한 친구 사이인 '백아'와 '종자기'에 관한 이야기입니다.

2 백아가 거문고를 연주하면 종자기는 곁에서 그 소리를 들었다고 했습니다. 종자기가 거문고를 연주했다는 내용은 찾을 수 없습니다.

✔ 오답 풀이
① 이 글에서 백아는 거문고를 잘 타기로 이름난 사람이었다고 했습니다.
② 종자기가 백아의 거문고 연주를 듣고 그의 마음을 정확하게 이해해 주면서 둘은 절친한 친구 사이가 되었다고 했습니다.
④ 백아는 자신의 연주를 정확하게 이해하는 종자기가 무척 신기했다고 했습니다.
⑤ 백아는 종자기의 무덤 앞에서 자신의 슬픔을 담은 곡을 연주한 뒤 죽을 때까지 거문고를 연주하지 않았다고 했습니다.

3 백아는 "나의 소리를 알아주는 친구가 없으니 이제 나는 누구를 위해 연주한단 말인가!"라고 하면서 거문고 줄을 끊었다고 했습니다. 이는 단순히 연주를 들어 줄 사람이 없다는 것이 아니라, 진정으로 자신의 마음을 알아주는 사람이 없어졌다는 뜻으로 한 말입니다.

4 '타다'는 상황에 따라 다양한 뜻으로 해석되는 낱말입니다. '타기로'의 앞에 '거문고'라는 낱말이 나오므로, '악기의 줄을 퉁기거나 건반을 눌러 소리를 내기로.'라는 뜻으로 쓰였다는 것을 알 수 있습니다.

어휘력 더하기 '타다'는 동형어입니다. ①의 '타다'는 '우유에 미숫가루를 탔다.', ②의 '타다'는 '비행기를 타고 제주도에 갔다.'와 같이 쓰입니다. ③의 '타다'는 '할머니께 용돈을 탔다.', ④의 '타다'는 '햇볕에 팔이 타서 너무 따갑다.', ⑤의 '타다'는 '경아는 가야금 타는 솜씨가 뛰어나다.'와 같이 쓰입니다.

5 '이심전심'은 '마음과 마음으로 서로 뜻이 통함.'을 뜻하므로 '마음이 통하다'와 비슷한 뜻을 지녔습니다.

어휘력 더하기 마음이 통하는 친구를 나타내는 한자 성어에는 '지음', '백아절현', '수어지교', '관포지교' 등이 있습니다.
• '지음'은 '마음이 서로 통하는 친한 벗을 비유적으로 이르는 말.'입니다.
• '백아절현'은 '자기를 알아주는 참다운 벗의 죽음을 슬퍼함.'입니다.
• '수어지교'는 '아주 친밀하여 떨어질 수 없는 사이를 비유적으로 이르는 말.'입니다.
• '관포지교'는 '우정이 아주 돈독한 친구 관계를 이르는 말.'입니다.

138 쪽
❶ 마음   ❷ 마음
❸ 마음   ❹ 마음

139 쪽   이해 적용 심화
1 ㉲   2 ㉮   3 ㉯
4 ㉳   5 ○   6 ✕
7 ○   8 ✕   9 (4) ○

어휘
학습

이해
1 '마음에 두다'는 '잊지 아니하고 마음속에 새겨 두다.'라는 뜻입니다.

2 '마음에 차다'는 '마음에 흡족하게 여기다.'라는 뜻입니다.

3 '마음이 통하다'는 '서로 생각이 같아 이해가 잘되다.'라는 뜻입니다.

4 '마음이 풀리다'는 '마음속에 맺히거나 틀어졌던 것이 없어지다.'라는 뜻입니다.

적용
5 미술 시간에 그린 그림이 마음에 흡족했다는 뜻이므로, '마음에 차다'가 어울립니다.

6 동생과 사소한 일로 다퉈서 마음이 상해 있을 것이므로, '마음속에 맺히거나 틀어졌던 것이 없어지다.'라는 뜻의 관용어는 어울리지 않습니다.

7 내가 한 말을 잊지 않고 마음속에 새겨 둔 상황이므로 '마음에 두다'가 어울립니다.

8 '나'와 '너'는 서로 가고 싶어 하는 곳이 다르므로 '서로 생각이 같아 이해가 잘되다.'라는 뜻의 관용어는 어울리지 않습니다.

심화
9 상우의 사과를 받고 경원이는 마음속에 맺힌 속상한 감정이 가라앉은 상황이므로, '마음이 풀리다'가 어울립니다.

142~143 쪽

1 단일어, 복합어

2 ①   3 (3) ○

4 ①   5 ④

단일어와 복합어

글의 종류
설명문

글의 특징
단일어와 복합어의 뜻과 구분하는 방법 등에 대해 설명하고 있는 글입니다.

주제
단일어와 복합어

1 이 글은 '단일어'와 '복합어'에 대해 설명하는 글입니다.

2 두 번째 문단에 따르면 단일어는 쪼개면 말의 뜻이 달라지거나 사라져서 더 이상 작은 부분으로 나눌 수 없다고 했습니다.

✔ 오답 풀이
② 세 번째 문단에서 복합어는 쪼개진 부분을 바탕으로 그 뜻을 짐작할 수 있다고 했습니다.
③ 첫 번째 문단에서 '풋사과', '사과나무'처럼 하나의 낱말에 다른 말을 더하여 새롭게 만들어진 낱말을 복합어라고 한다고 했습니다.
④ 첫 번째 문단에서 단일어는 다른 말과 합쳐지지 않고 혼자 쓰인 낱말을 뜻한다고 했습니다.
⑤ 네 번째 문단에서 복합어는 뜻을 더해 주는 말과 뜻이 있는 낱말을 합해서 만드는 경우가 있다고 했습니다.

3 두 번째 문단에서 단일어는 쪼개면 말의 뜻이 달라지거나 사라져서 더 이상 작은 부분으로 나눌 수 없다고 했습니다. 세 번째 문단에서 이와 다르게 낱말을 두 부분 이상으로 쪼갤 수 있다면 복합어라고 하였습니다.

✔ 오답 풀이
(1) 쪼개진 낱말의 뜻은 낱말의 짜임을 파악하는 것과 관련이 없습니다.
(2) 쪼개진 낱말의 개수로는 낱말의 짜임을 파악할 수 없습니다.

4 '고구마'는 단일어로, 더 이상 쪼갤 수 없습니다.

✔ 오답 풀이
② '새빨갛다'는 뜻을 더해 주는 말 '새-'와 뜻이 있는 낱말 '빨갛다'로 나눌 수 있습니다.
③ '모래시계'는 뜻이 있는 낱말 '모래'와 '시계'를 합해서 만든 낱말입니다.
④ '심부름꾼'은 뜻이 있는 낱말 '심부름'과 뜻을 더해 주는 말 '-꾼'으로 나눌 수 있습니다.
⑤ '잠꾸러기'는 뜻이 있는 낱말 '잠'과 뜻을 더해 주는 말 '-꾸러기'로 나눌 수 있습니다.

어휘력 더하기 혼자 쓰일 수 없으나 다른 낱말에 붙어 새로운 낱말을 만드는 말에는 여러 가지가 있습니다.
② '새-'는 '매우 짙고 선명하게'의 뜻을 더하는 말입니다.
④ '-꾼'은 '어떤 일을 전문적으로 하는 사람' 또는 '어떤 일을 잘하는 사람'의 뜻을 더하는 말입니다.
⑤ '-꾸러기'는 '그것이 심하거나 많은 사람'의 뜻을 더하는 말입니다.

5 '풋사과'는 뜻을 더해 주는 말인 '풋-'과 뜻이 있는 낱말인 '사과'를 합해서 만든 낱말이므로 ④가 알맞지 않습니다.

144 쪽

❷ 밤하늘

145 쪽   이해   적용   심화

1 ㉮   2 ㉯   3 ㉮

4 ㉯   5 햇   6 개

7 책   8 비   9 ㉤

어법 학습 이해
1 '산'은 더 이상 쪼갤 수 없는 낱말이므로 단일어입니다.

2 '맨발'은 '맨-'과 '발'로 나눌 수 있으므로 복합어입니다.

3 '바위'는 더 이상 쪼갤 수 없는 낱말이므로 단일어입니다.

4 '장난꾸러기'는 '장난'과 '-꾸러기'로 나눌 수 있으므로 복합어입니다.

적용

5 올해에 나온 사과이므로 빈칸에는 '햇'이 들어가는 것이 알맞습니다.

6 지우는 용도로 쓰이는 것은 '지우개'이므로 빈칸에는 '개'가 들어가는 것이 알맞습니다.

7 책 등을 담는 가방이라는 뜻이 되도록 '책'이 들어가는 것이 알맞습니다.

8 우산 대신 쓰일 수 있는 것이므로, 빈칸에 '비'를 넣어 '비옷'이라는 낱말을 만들 수 있습니다.

심화

9 '우리나라'는 '우리'+'나라', '솜버선'은 '솜'+'버선', '겹버선'은 '겹-'+'버선', '홑버선'은 '홑-'+'버선'으로 이루어진 낱말입니다.

146~147쪽

1 의미 2 ③　3 ④

4 (1) 동물 (2) 꽃

5 ⑤

낱말의 의미 관계

- - - - - - - - - - - - - - -

글의 종류
설명문

글의 특징
이 글은 낱말의 의미 관계에
대해 설명하는 글입니다.

주제
유의 관계, 반의 관계, 포함
관계에 관한 설명

1 이 글은 낱말의 의미 관계인 유의 관계, 반의 관계, 포함 관계에 관해 설명하는 글입니다.

2 상황에 따라 낱말의 쓰임이 다를 수 있기 때문에 유의 관계의 낱말이라고 해서 바꾸어 썼을 때 항상 뜻이 통하는 것은 아닙니다.

　✅ 오답 풀이
① 두 번째 문단에서 '예쁘다'는 '아름답다', '곱다'와 유의 관계라고 하였습니다.
② 세 번째 문단에서 '반의 관계'는 서로 뜻이 반대되는 낱말들의 관계를 말한다고 하였습니다.
④ 마지막 문단에서 낱말은 비교하는 낱말에 따라 포함하는 낱말이 될 수도 있고, 포함되는 낱말이 될 수도 있다고 하였습니다.
⑤ 세 번째 문단에서 반의 관계는 두 낱말 사이에 공통점이 있으면서, 동시에 반대되는 특성이 한 가지 있어야 한다고 하였습니다.

3 ㉠과 ㉡은 각각 '아직 완전히 성숙하지 아니한 어린 사내아이.', '아직 완전히 성숙하지 아니한 어린 여자아이.'라는 뜻을 지닌 낱말로, 나이가 어린 사람이라는 공통점을 가지고 있습니다.

　✅ 오답 풀이
① ㉠과 ㉡은 포함 관계가 아닙니다.
②, ③ ㉠과 ㉡은 유의 관계가 아니므로, 서로 바꾸어 쓸 수 없습니다.
⑤ ㉠과 ㉡은 나이가 어린 사람이라는 공통점이 있으며 성별로 인해 반대되는 뜻을 지녔습니다.

4 (1) '너구리'는 '동물'에 포함되는 말입니다. (2) '해바라기'는 '꽃'에 포함되는 말입니다.

　어휘력 더하기　포함 관계는 포함하는 낱말과 포함되는 낱말의 관계를 뜻합니다. 이때 포함하는 낱말 쪽이 더 공통적이고 일반적인 의미를 지닙니다. '너구리'와 '해바라기'는 각각 '동물'이나 '꽃'의 일종으로 '동물', '꽃'이 더 일반적인 의미의 낱말입니다.

5 '위'와 '아래'처럼 반의 관계가 아닌 것은 ⑤입니다. '더하다'와 '합하다'는 유의 관계입니다.

　✅ 오답 풀이
① '참'은 '사실이나 이치에 조금도 어긋남이 없는 것.'이라는 뜻이고, '거짓'은 '사실과 어긋난 것. 또는 사실이 아닌 것을 사실처럼 꾸민 것.'이라는 뜻입니다.
② '오다'와 '가다'는 말하는 사람이 기준이 되어 위치를 옮기는 방향이 반대인 낱말들입니다.
③ '높다'와 '낮다'는 아래에서 위까지의 길이를 기준으로 길고 짧음이 반대되는 낱말들입니다.
④ '좋다'는 '대상의 성질이나 내용 따위가 보통 이상의 수준이어서 만족할 만하다.'라는 뜻이고, '나쁘다'는 '좋지 아니하다.'라는 뜻입니다.

148쪽

❷ 음식

149쪽　이해　적용　심화

1 반의 관계 2 반의 관계

3 포함 관계 4 유의 관계

5 길다　　6 당기고

7 열다가　8 벗다가

9 재주

**어법
학습**

이해

1 '앞'과 '뒤'는 반의 관계입니다.

2 '출발'과 '도착'은 반의 관계입니다.

3 '계절'은 '겨울'을 포함하는 낱말로, 두 낱말은 포함 관계입니다.

4 '산울림'과 '메아리'는 서로 바꾸어 쓸 수 있는 낱말로, 유의 관계입니다.

적용

5 '짧다'는 '길다'와 뜻이 반대됩니다.

6 '밀다'는 '(뒤에서 힘을 가하여 물체를) 앞으로 움직이게 하다.'라는 뜻으로, '(무엇을) 끌어서 가까이 오게 하다.'라는 뜻의 '당기다'와 뜻이 반대됩니다.

7 '닫다'는 '열다'와 뜻이 반대됩니다.

8 '입다'는 '(옷을) 몸에 걸치거나 두르다.'라는 뜻으로, '(입거나 쓰거나 걸치거나 신은 것 등을) 몸에서 떼어 내다.'라는 뜻의 '벗다'와 뜻이 반대됩니다.

심화

9 '재능'은 '어떤 일을 하는 데 필요한 재주와 능력.'이라는 뜻이고, '재주'는 '무엇을 잘할 수 있는 타고난 능력과 슬기.'라는 뜻입니다. 따라서 두 낱말은 유의 관계에 있는 낱말입니다.

150~151쪽

1 기본형 2 ①
3 ⑤   4 그리다
5 ②

낱말의 활용과 기본형

글의 종류
설명문

글의 특징
이 글은 낱말의 활용과 기본형에 관해 설명한 글입니다.

주제
낱말의 활용과 기본형

1 이 글은 낱말의 활용과 기본형에 대해 설명하는 글입니다.

2 움직임을 나타내는 낱말을 활용할 때, 형태가 바뀌지 않는 부분에 '-는다', '-ㄴ다', '-아라/-어라', '-자' 등을 붙일 수 있다고 했습니다.

   ✔ 오답 풀이
   ② 첫 번째 문단에 따르면 기본형은 형태가 바뀌는 낱말들을 대표하는 형태를 정한 것이라고 했습니다.
   ③ 움직임을 나타내는 낱말의 형태가 바뀌지 않는 부분에 현재를 뜻하는 '-는다', '-ㄴ다'를 붙일 수 있다고 했습니다.
   ④ 성질이나 상태를 나타내는 낱말에는 형태가 바뀌지 않는 부분에 명령을 뜻하는 '-아라/-어라'를 붙일 수 없다고 했습니다.
   ⑤ 움직임을 나타내는 낱말과 성질이나 상태를 나타내는 낱말은 형태가 바뀌는 부분과 형태가 바뀌지 않는 부분으로 나눌 수 있습니다.

3 ㉠과 ㉡ 모두 성질이나 상태를 나타내는 낱말입니다.

   ✔ 오답 풀이
   ① ㉠과 ㉡은 같은 낱말이며 상황에 따라 형태가 바뀐 것입니다.
   ② ㉠과 ㉡에서 바뀌지 않는 부분은 '좋-'이므로 '좋다'가 기본형입니다.
   ③ ㉠과 ㉡은 성질이나 상태를 나타내는 낱말입니다.
   ④ ㉠은 앞 내용과 반대되는 내용이라는 것을 나타내고, ㉡은 근거나 까닭을 나타냅니다.

4 국어사전에 실리는 것은 기본형입니다. 보기 의 낱말 중에서 기본형은 '그리다'입니다.

   ✔ 오답 풀이
   '기쁘는'는 '기쁘고', '기뻐서'와 같이 활용되므로 '기쁘다'가 기본형입니다. '받아라'는 '받고', '받아서'와 같이 활용되므로 '받다'가 기본형입니다. '웃는데'는 '웃고', '웃어서'와 같이 활용되므로 '웃다'가 기본형입니다.

5 움직임을 나타내는 낱말은 '먹자', '읽자', '하자', '가자'와 같이 청유의 뜻을 담고 있는 '-자'를 붙일 수 있습니다. 그러나 '좋다'처럼 성질이나 상태를 나타내는 낱말에는 '-자'를 붙일 수 없습니다.

   어휘력 더하기 '밝다'와 같이 뜻이 여러 개인 낱말은 움직임을 나타내는 낱말로도 쓰이고 성질이나 상태를 나타내는 낱말로도 쓰입니다. '밝다'가 '밤이 지나고 환해지며 새날이 오다.'라는 뜻으로 쓰이면 움직임을 나타내는 낱말이 됩니다. 이때에는 '벌써 날이 밝는다.'와 같이 현재를 뜻하는 '-는다'를 붙일 수 있습니다. 그러나 '밝다'가 '불빛 따위가 환하다.'라는 뜻으로 쓰이면 성질이나 상태를 나타내는 낱말이 됩니다. 이때에는 현재를 뜻하는 '-는다'를 붙일 수 없습니다.

152쪽
❷ 먹다

153쪽 이해 · 적용 · 심화
1 입다 2 받다 3 높다
4 맑다 5 × 6 ○
7 × 8 ○ 9 ㉠, ㉢

어법 학습

이해

1 형태가 바뀌지 않는 부분은 '입-'이므로, 기본형은 '입다'입니다.

2 형태가 바뀌지 않는 부분은 '받-'이므로, 기본형은 '받다'입니다.

3 형태가 바뀌지 않는 부분은 '높-'이므로, 기본형은 '높다'입니다.

4 형태가 바뀌지 않는 부분은 '맑-'이므로, 기본형은 '맑다'입니다.

적용

5 '깊다'는 성질이나 상태를 나타내는 낱말이므로 '-는다'를 붙일 수 없습니다.

6 '먹어서'는 형태가 바뀌지 않는 부분 '먹-'에 '-어서'를 붙여 앞 내용에 대한 까닭을 나타내고 있습니다.

7 '빠르다'는 성질이나 상태를 나타내는 낱말이므로 '-자'를 붙일 수 없습니다.

8 '좋지만'은 형태가 바뀌지 않는 부분 '좋-'에 '-지만'을 붙여 앞 내용과 반대되는 내용을 나타내고 있습니다.

심화

9 ㉡, ㉣, ㉤은 움직임을 나타내는 낱말입니다.

낱말의 종류 – 고유어, 한자어, 외래어

글의 종류
설명문

글의 특징
우리가 사용하는 낱말을 고유어, 한자어, 외래어로 나누고 각각의 특성에 대해 설명한 글입니다.

주제
우리말 낱말의 종류

1 이 글은 우리말 낱말을 유래에 따라 고유어, 한자어, 외래어 세 가지로 나누어 설명하고 있습니다.

2 이 글은 고유어, 한자어, 외래어의 개념과 특징을 설명하고 있는 글입니다.
   ✔ **오답 풀이**
   ② 외국어와 외래어를 비교한 내용은 있지만 외국어의 장점을 설명하지는 않았습니다.
   ③ 한자어는 고유어보다 좀 더 분명하고 자세한 뜻을 전달할 수 있다고는 하였지만 고유어의 단점을 설명하지는 않았습니다.
   ④ 한자어와 외래어를 쓰면 안 된다는 내용은 글에 나와 있지 않습니다.
   ⑤ 이 글에서는 우리가 사용하는 낱말을 세 가지로 나누어 설명하였습니다.

3 첫 번째 문단에서 고유어는 하나의 낱말이 여러 가지 의미를 담고 있는 경우가 많다고 했습니다.
   ✔ **오답 풀이**
   ① 외래어는 외국어와 달리 바꾸어 쓸 수 있는 우리말이 없는 경우가 많아 그 자체를 우리말처럼 씁니다.
   ② '순우리말' 또는 '토박이말'이라고도 부르는 것은 고유어입니다.
   ③ 분명하고 자세한 뜻을 전달해 주는 것은 한자어의 특징입니다.
   ④ 외래어는 다른 나라에서 사용하는 말을 빌려 와서 우리말처럼 쓰는 낱말이라고 했습니다.

4 (1)은 '병을 치료하다.', (2)는 '옷을 수선하다.', (3)은 '자전거를 수리하다.'로 바꾸어 쓸 수 있습니다.
   〔어휘력 더하기〕 '고치다'는 여러 가지 뜻을 지닌 낱말입니다. '고치다'의 뜻 중에서 '고장이 나거나 못 쓰게 된 물건을 손질하여 제대로 되게 하다.'라는 뜻과 바꾸어 쓸 수 있는 한자어는 '수선하다'와 '수리하다'입니다. '고치다'가 '병 따위를 낫게 하다.'라는 뜻으로 쓰이면 '치료하다'와 바꾸어 쓸 수 있습니다.

5 '파랗다', '생각하다', '고치다'는 고유어, '수리하다', '치료하다'는 한자어, '컴퓨터'는 외래어입니다. '펜슬'은 '연필'이라는 우리말이 있으므로 외국어에 해당합니다.
   〔어휘력 더하기〕 외래어는 우리말로 바꿀 수 없지만 외국어는 우리말로 바꿀 수 있습니다. 하지만 우리 주변에는 우리말이 있는데도 외국어를 사용하는 경우가 많습니다. 외국어를 무분별하게 사용하면 아름다운 우리말이 사라지고 말에 담긴 우리의 정신도 훼손될 수 있습니다. 그러므로 외래어는 적절히 사용하되 외국어를 지나치게 많이 사용하지 않도록 주의해야 합니다.

어법 학습

이해
1 '시험', '학교', '학생'은 한자어입니다.
2 '친구', '예절', '관심'은 한자어입니다.
3 '구름', '나무', '아버지'는 고유어입니다.
4 '피아노', '라디오', '넥타이'는 외래어입니다.

적용
5 '빵'은 외래어입니다.
6 '가족'은 한자어입니다.
7 '스케이트'는 외래어입니다.
8 '청색'은 한자어입니다.

심화
9 (1) '냄새'와 '후루룩후루룩'은 고유어입니다. '후루룩후루룩'은 '적은 양의 액체나 국수 따위를 잇따라 야단스럽고 빠르게 들이마시는 소리. 또는 그 모양.'이란 뜻입니다. (2) '식당(食堂)'과 '식사(食事)'는 한자어입니다. (3) '스파게티'는 외래어입니다.

동아출판 ❯

실수를 줄이는 한 끗 차이!

빈틈없는 연산서

• 교과서 전단원 연산 구성　• 하루 4쪽, 4단계 학습　• 실수 방지 팁 제공

수학의 기본 ## 큐브

실력이 완성되는 강력한 차이!

새로워진
유형서

• 기본부터 응용까지 모든 유형 구성
• 대표 예제로 유형 해결 방법 학습
• 서술형 강화책 제공

개념 이해가 실력의 차이!

대체불가
개념서

• 교과서 개념 시각화 구성
• 수학익힘 교과서 완벽 학습
• 기본 강화책 제공

정답과 해설

빠작

초등 국어 **어휘**X**독해**

믿고 보는 동아출판 초등 교재

기초학습서부터 교과서 개념 다지기, 과목별 전문서까지!
초등학교 입학 전부터, 예비 중등까지! 초등학생에게 꼭 필요한 영역을 빠짐없이! **동아출판 초등 교재 라인업**

초등 영역별 기초학습서
초능력 국어/수학/과학/한국사/한자

예비 중등
초고필 국어/수학/한국사
적중 반편성 배치고사 + 진단평가